大学生媒介素养系列教材

媒介与人生

主编　陈亚旭

武汉大学出版社

图书在版编目(CIP)数据

媒介与人生/陈亚旭主编.—武汉:武汉大学出版社,2016.8
大学生媒介素养系列教材
ISBN 978-7-307-18210-3

Ⅰ.媒… Ⅱ.陈… Ⅲ.传播媒介—高等学校—教材 Ⅳ.G206.2

中国版本图书馆 CIP 数据核字(2016)第 145012 号

责任编辑:王智梅 责任校对:汪欣怡 版式设计:马 佳

出版发行:**武汉大学出版社** (430072 武昌 珞珈山)
(电子邮件:cbs22@whu.edu.cn 网址:www.wdp.com.cn)
印刷:湖北省荆州市今印印务有限公司
开本:787×1092 1/16 印张:9.5 字数:224 千字 插页:1
版次:2016 年 8 月第 1 版 2016 年 8 月第 1 次印刷
ISBN 978-7-307-18210-3 定价:28.00 元

序　言

罗以澄

　　前些天收到亚旭同志寄来的书稿《媒介与人生》，并嘱我点评几句。记得亚旭的第一部专著《媒介生态与地域性传播——中国地市报生存发展态势研究》面世时，我曾为其作过序；没想到两年刚过，由他主持完成的第二部著作又将问世。亚旭在学术追求上的执著、勤奋，让我兴奋，令我钦佩。

　　《媒介与人生》这部书稿，从选题上看，是很有新意的。据我了解，在有关媒介的研究中，大多聚焦于媒介的生存与发展、媒介与社会、媒介与政治等领域的研讨，而专注于媒介与人生的探究尚属鲜见，甚至是"空白"。这部书稿从媒介与人生的关系入手，不仅全面、系统地剖析了媒介对人生的各种概念（包括道德观、价值观等）的影响，而且还深入、具体地阐释了媒介对人生的社会行为、文化修养的潜移默化，以及媒介对人类历史、对人的日常生活等起到的种种作用。论述视野开阔，理论联系实践，有理有据，颇具说服力。因此，可以说，在同类研究中，《媒介与人生》是一部具有"补白"意义的创新之作。

　　作为大学生媒介素养的教材，《媒介与人生》的及时出版是有着很强的现实意义和深远的历史意义的。众所周知，在当下媒介社会化和社会媒介化时代，对媒介是天使还是恶魔的争论已经失去意义。无论是传统媒介还是新兴媒介，都是人类创造出来并为人类服务的工具。人们在享受其带来的社会进步及各种好处、便利的同时，自然也要承受它们带来的种种麻烦，必须解决和消化它们带来的种种问题。而大学生作为现今中国社会的一个特殊群体，他们成长于今天，却代表着未来。他们是优化中国社会阶层结构的生力军，正在发展中的中国社会中上阶层主要从他们之中产生、形成。他们不仅是传统媒介潜在的目标受众，也是当今新兴网络媒体的核心用户。他们的媒介认知、接触与使用，对媒介与社会发展的影响不可限量。因此，《媒介与人生》这部书稿旨在帮助大学生正确地认知媒介、接触媒介、使用媒介，进而全面提升媒介素养，其意义非凡。

　　我十分希望亚旭同志能够再接再厉，多出几部此类专著、教材，不仅针对大学生群体，而且还针对中小学生以及其他社会群体。提升媒介素养是全民的事情，是一项长期的、艰苦的工作。"路漫漫其修远兮，吾将上下而求索！"让我们新闻传媒业界和学界同仁共同携手，为全面提高国人的媒介素养而努力奋斗！

2015 年 9 月 15 日

于武汉珞珈山

目　　录

第一章　概　说

媒介与人生的关系极为密切，媒介离不开人生，它通过人生社会获得各类原始资料，又把这些资料通过选择加工再传递给社会，为人生营造一个拟态社会；人生离不开媒介，通过媒介，人们可以得到多种信息，了解人生，丰富人生，使之为己所用。

有人说媒介是人生的拐杖，它可以辅助人生；有人说媒介是一面镜子，它可以映照人生；有人说媒介是人体的延伸，使人们成为千里眼、顺风耳，可以眼观六路、耳听八方；也有人说，媒介是潘多拉盒子，它使人生变得复杂、扭曲、丑恶……

诚然，任何事物都是辩证的，媒介亦不例外。它能够给人生带来方便，辅佐人生，但同时，它亦可以颠倒是非、混淆视听，蒙蔽人的双眼。因此，在今天这个信息爆炸的时代，如何正确认识媒介、分析媒介、选择媒介、批判媒介以及使用媒介，让媒介成为人生的助推器、原动力，就成了人生一个不容忽视的重要问题。

第一节　何谓媒介

媒介之于人生，关系十分重要。我们要研究媒介与人生之间那种错综复杂的关系，便可以得出一个明确的结论。

首先，必须弄清何谓媒介，《辞海》对媒介有这样的解释：使双方发生关系的人或事物。《旧唐书·张行成传》："观古今用人，必因媒介。"[①]"媒"字，在先秦时期是指媒人，后引申为事物发生的诱因。《诗·卫风·氓》："匪我愆期，子无良媒。"《文中子·魏相》："见誉而喜者，佞之媒也。"而"介"字，则一直是指居于两者之间的中介体或工具。在英语中，媒介"media"系"medium"的复数形式，它大约出现于19世纪末20世纪初，是指使事物之间发生关系的介质或工具。"媒介"一词，不仅在人类的日常生活中时有所闻，就是在传播学著作中也屡见不鲜。在加拿大学者马歇尔·麦克卢汉（M. McLuhan）的笔下，媒介即万物，万物皆媒介，而所有媒介都可以与人体发生某种联系，他认为，凡是能使人与人、人与事物或事物与事物之间产生联系或发生关系的物质都是媒介。

媒介有狭义与广义之说，从广义的层面诠释媒介：媒介可以是任何一种用来传播人类意识的载体。在狭义的层面上，媒介是指承载并传递信息的物理形式，包括物质实体和物理能。前者如文字、各种印刷品、记号、有象征意义的物体、信息、传播器材等；后者如声波、光、电波等。有时它与载体、渠道、信息等概念也有重叠之处。

在当代，人们认为媒介就是传递大规模信息的载体，是通讯社、报纸、杂志、书籍、

---

① 《辞海》，上海辞书出版社1980年版，第1105页。

1

广播、电视、电影等的总称，一般又称大众媒介。通俗地讲，媒介就是一种传播的渠道——传播信息的载体与传输管道。

实际上，人们对"媒介"的理解和运用是各不相同的。有时把它与传播形式相混，有学者认为媒介是一个简单方便的术语，通常用来指所有面向广大传播对象的信息传播形式，包括电影、电视、广播、报刊、通俗文学和音乐。有时它与渠道、信息混淆，所以，有人把媒介称为口语、印刷等。现在，我们每每说到大众媒介的时候，不仅指大众传播的渠道，而且指这些渠道的内容，甚至还指那些为之工作的人们的行为。浙江大学邵培仁教授则认为，媒介，就是指介于传播者与受传者之间的用以负载、传递、延伸特定符号和信息的物质实体，它包括书籍、报纸、杂志、广播、电视、电影、网络等及其生产、传播机构。

时代不同，人们对"媒介"这个概念的认识和采纳过程也不尽相同。在100多年的时间里，人们一直将纸媒作为一种媒介实体来理解，直到电视事业获得惊人发展，人们才意识到沿用"报业"这一概念来描述他们为之工作的报社、杂志社、广播台、电视台和网站等机构并不准确，于是找到了"媒介"这一可以作为一种普通类别而非分类形式的通用术语。随着电视的到来，然后是有线电视和卫星广播、卫星电视的出现，报业集团、出版集团、广电集团的相继出现，跨媒介联合的逐步普及与推广，人们所理解的媒介已不只是一个大型实体，而且还是一类或多媒体联合的实体。对此，美国媒介研究专家利奥·博加特对媒介概念的分析认为，传播形式的传统划分已不再适用于一个由于电脑技术的出现，而使广播电视与印刷媒介界限变得模糊的世界。媒介联合企业的发展表明，创造性的产品已能从一种媒介形式转换到另一种媒介形式，而且会继续转换成玩具、装饰品甚至食品类的非媒介形式。它们的基本原则是：象征性信息跨越媒介疆界而进行转移时，可以发挥"协同"作用，从而使整体较之个体的总和更大，更能赢利。我们从博加特的描述中，可以认为媒介的疆界更加广泛和正在不断地向外延扩展。

媒介包括传统媒介和现代媒介。传统媒介主要包括诸如报纸、广播、电视和杂志等媒体介质。纸介质，如报纸、杂志等传统媒介，因为其消耗自然资源，时效性差且容量有限，与网络、电子纸、手机等新的介质相比，的确存在失去主流介质地位的可能性。目前这样的趋势已经日益显露出来。自20世纪90年代开始，传统纸质媒体就开始了启蒙意义上的数字化工程，到目前为止，绝大多数报纸已经有了自己的网站，其中有一些已开始拥有自己的手机报、网络电子报及电子纸，虽然到目前还仅仅是停留在介质层面的延伸与利用，但这种由单一介质向多种介质并存的趋势已经形成。

现代媒介主要是基于数字技术而产生的媒介，它的最大特点是时效性强、互动性好、自然资源耗费少。如：数字电视、数字广播、数字电影、手机报、电子书、互联网等。互联网的崛起是媒介领域的一次真正意义上的革命，它用物理链路将各个孤立的工作站或主机相连在一起，组成数据链路，从而实现资源共享和通信的目的。互联网是将不同地理位置，并具有独立功能的多个计算机系统通过通信设备和线路连接起来，且以功能完善的网络软件(网络协议、信息交换方式及网络操作系统等)实现网络资源共享的系统。网络是没有边界的，有不受地域限制的突出特点，网络媒体无时间限制，随时可以加工发布新闻，特别是今天，每个人都能够借助现代媒介发表信息或新闻，从而开创了一个崭新的自媒体时代。这与传统媒介的报纸、广播、电视相比，现代媒介的优势就非常明显了。报纸版面有限，广播电视有时间性。而网络没有时间和空间的限制。传统媒体的报道是线性的，而互联网的报道是网状的、立体的。

在我国，许多人将媒介称为媒体，实际上，两者没有本质区别，在《辞海》与《现代汉语词典》中只有"媒介"一词，没有"媒体"一词。有些人认为媒体除了有媒介的意思之外，更重要的是强调它的物质性，比如电视、广播、报纸、网络被称为当今的四大媒体；也有人将各种传播方法综合运用的媒介形式，称为多媒体。这种诠释也具有一定的合理性。另外，有人还用"传媒"这样的称谓，事实上就是传播媒介的简称。现在传媒特定的意义还有大众传播的含义。

第二节　媒介素养是人生必修课

了解媒介是为了更好地使用媒介，使用与消费媒介是人们在社会生活中的关键一环，这里涉及一个重要的专业名称——媒介素养。

"媒介素养"虽然是近年来才在我国逐渐为大家所熟知，但"媒介素养"一词绝非新词，它已有近百年的历史。早在 20 世纪 30 年代，英国和丹麦学者率先提出了媒介素养(media literacy)的主张，"literacy"一词早期只是用来描述人们阅读书报杂志的识字能力的高低，同时也是指具有某种技能或者知识积累的统称。最近几年，"素养"一词的使用频率很高，诸如电视素养、视觉素养、网络素养、计算机素养等概念陆续出现，该词的内涵外延在不断地扩大和丰富。"媒介素养"在香港被译为"传媒教育"，在台湾被译为"媒体识读教育"。对于媒介素养的概念，人们有不同的理解。1992 年美国媒介素养研究中心给出了如下定义：媒介素养就是指人们对于媒介信息的选择、理解、质疑、评估的能力，以及制作和生产媒介信息的能力。美国一家媒介素养专业研究网站提出：媒介素养是一种能力，用这种能力来接触、分析和评价大众媒介中所传递的诸多复杂信息。媒介素养着重于帮助人们尤其是青年人成为对待媒介信息更谨慎和理性的消费者，从而在有关健康、购物和价值判断上能够做出更明智的选择；同时也帮助人们成为对媒介有创新的生产者，使之更有效地传递他们的所思、所想。[①]

有人简明扼要地将媒介素养总结为三种主要能力：第一，是人们利用媒介，借助媒介工作和生活，并通过媒介发出自己的声音和维护自己的利益的能力；第二，是人们主动接触媒介，获取所需要的信息的能力；第三，是人们在解读媒介时，批判的接受媒介信息等能力。我们认为，媒介素养是指人们对不同媒介的特性、功用的认知能力，对媒介的各种信息时的选择能力、理解能力、质疑能力、评估能力、创造和运用信息的能力，以及运用媒介信息为个人生存发展和为社会进步服务的能力。

媒介素养是人生的必修课，在世界许多国家和地区是作为一项重要的教育内容提了出来。鉴于其在现代媒介社会中的重要作用，欧美一些发达国家，积极开展了媒介素养教育的研究和实践工作。

---

① 宋小卫：《西方学者论媒介素养教育》，载《国际新闻界》2000 年第 4 期。

媒介素养教育组织加拿大联合会主席约翰·彭金特曾提出了媒介素养教育的八大理念①：

（1）媒介并不提供外部客观世界的简单映像。更准确地说，媒介向我们提供的是经过人工精心建构的产品，这种产品反映了生产者的各种选择和判断，是多种因素影响的结果。媒介素养教育致力于解剖和辨析媒介的建构，使人们得以洞悉其中的机理与因果联系。

（2）我们对于外部世界的多数观察和体验，是通过媒介获得的。我们有关客观事实的许多看法和观点，是在媒介信息的基础上产生和发展的。因此，从某种意义上说，媒介不仅向我们提供了信息，它也左右着我们对客观事实的感觉和判断。

（3）如果说，媒介向我们提供了认知世界的大部分材料，那么，我们每一个人都将根据自己的需要、期望、日常的喜怒哀乐、种族立场、性别意识、家庭和文化背景等诸多个人因素来捕获或者"勾兑"媒介信息的意义和蕴涵。

（4）媒介素养教育的目的，在于提醒人们注意商业动机对媒介的影响，注意这种影响如何侵蚀到媒介信息的内容、技术和资源的分配。

（5）所有的媒介产品都具劝服因素，且从某种意义上说，所有的媒介产品都昭示着一定的价值观念和生活方式。

（6）媒介对于政治和社会变革具有巨大的影响。媒介使我们关注诸如公民权利、非洲饥荒和艾滋病流行趋势等时事议题。媒介使我们对国家事务和全球范围内的重要事件和问题保持一种密切的接触，我们因此而成为麦克卢汉所言的地球村的村民。

（7）每一种媒介都有自己的文本建构规则，并以自己特有的方式梳理和呈现事实。不同的媒介可以报道同一个事件，但它们所产出的是不同的映象和信息。

（8）正像我们可以品赏某一诗篇或散文的动人韵律一样，我们也应当学会去品赏不同媒介带给我们的美的形式与影像。

彭金特的媒介素养教育理念使我们理解了媒介素养的基本内涵，而英国著名媒介素养教育学者莱恩·马斯特曼关于媒介素养教育的 18 项基本原则更使我们明了该项教育的核心内容，这些基本原则是：

（1）媒介素养教育是一种值得认真对待，并有重要意义的努力尝试。它事关大多数人的权利得失和社会民主结构的稳定与盛衰。

（2）媒介素养教育的一个核心概念是"再现"。媒介不是简单地反射现实，而是再现现实。媒介就是符号或符号的系统。不承认这一原则，任何媒介素养教育都将无所作为；依循这一原则，则媒介素养教育可以满盘皆活，尽展所长。

（3）媒介素养教育是一种终身教育。因此，提高学生的学习兴趣，培养学生在媒介素养方面的求知欲是媒介素养教育的最高追求。

（4）媒介素养教育应当着眼于增强学生（对于媒体信息）的独立自主的批评、判断能力，而不仅仅是单纯要求学生记住某些批评、判断的手法和技巧。

（5）媒介素养教育重在调查研究，它不应将某种特定的文化价值强加于人。

---

① 转引自宋小卫：《西方学者论媒介素养教育》，载《国际新闻界》2000 年第 4 期。

（6）媒介素养教育应当与时俱进，善于应对周遭情势的变化。它力求送给人们终身受益的理智之光。为达此目的，它可能将眼前的事件和问题置于更加广阔的历史和意识形态环境之中加以分析和考量。

（7）媒介素养教育的核心理念首先是分析的工具，而不仅仅是教材、课本上的某些段落和章节。

（8）对于媒介素养教育而言，内容是达到目的的一种手段。这里所说的目的，就是学会灵活地应用各种分析的方法与工具。

（9）媒介素养教育的效果可以用以下两种标准来评估：学生以自己的批评思维应对新的（媒介）环境和情势的能力；学生在各种活动中所展示出来的责任感的高低和主动精神的强弱。

（10）媒介素养教育理想中的"评价"，首先意味着学生的"自我评价"，这种自我评价既为学生的个性所影响，也反过来影响学生的个性之发展。

（11）媒介素养教育尝试重塑教者与受教者的双边关系，它既向受教者，同时也向施教者提出问题，请求对话。

（12）媒介素养教育更多的是通过对话而不是通过论说来展开自己的调查研究。

（13）媒介素养教育本质上是能动的、与人分享的，它鼓励发展一种更加开放的、民主的教学方法。它鼓励学生对自己的学习承担更多的责任，享有更多的支配权，鼓励学生参与课程提纲的安排和调整，鼓励学生以更长远的眼光对待和审视自己的学习。简而言之，媒介素养教育所采用的工作方法，正如它的教育内容一样，都有诸多新的尝试。

（14）媒介素养教育涉及合作的学问，它强调团体精神。在媒介素养教育工作者看来：个人学业的进步，不是竞争的结果，而是源自共享整个团队的智识和资源。

（15）对于媒介素养教育来说，实践的批评和批评的实践两者缺一不可。它认定文化批评的位置，高于文化生产。

（16）媒介素养教育是一种牵涉整体的教学过程。理想的媒介素养教育意味着以最佳的配方整合学生与父母、媒介从业者及教师的多边关系。

（17）媒介素养教育信守变无止境的原则，它必须不断发展，以应对随时变化的现实。

（18）媒介素养教育植根于一种独具特色的认识论。这种认识论认为，现有的知识不是简单地来自教师的传授或学生的"发现"。它是起点而非终点。它是一门批评性的调查研究和对话的学科，通过这种批评性的调查研究和对话，新的知识和认识被学生和教师能动地创造出来。[①]

我们可以通过这些专家的论述得出这样的结论，媒介素养教育是人生重要的必修课，我们一定要了解和理解媒介，才能够很好地选择媒介，分析媒介和质疑媒介，以达到让媒介为己所用，使媒介为个人生存发展和为社会进步服务。

---

① 转引自宋小卫：《西方学者论媒介素养教育》，载《国际新闻界》2000年第4期。

第三节　中西媒介素养教育管窥

媒介素养教育的重要性已为社会所认识，从而在各国形成了一场颇有声势的媒介素养教育运动。媒介素养教育或媒体教育与培养媒体从业人员的教育是完全不同的，媒介素养教育的对象是全体公民，旨在培养人们对媒体本质、媒体常用的手段以及这些手段所产生的效应的认知力和判断力，使人们既了解媒体自身如何运作、媒体如何构架现实，也知道怎样制作传媒作品与媒介信息。

1932 年，在纽约市的中、小学门口，每天都可看到一辆车身印有"All the news that's fit to print"的邮车前往送报，这并不是传统的订阅发行，而是报纸培养潜在读者的探路之举。当时，《纽约时报》刚与学校建立了定期订阅的关系，成为全美第一份"送报入校"的报纸。可以这么说，这是美国报纸和学校最初的合作形态，也可以说是美国 NIE（报纸教育工程）的雏形。

NIE（报纸教育工程）是 Newspaper In Education 的英文缩写，也可译为"报纸参与教育"。20 世纪 30 年代，美国报纸在发行链上增加了学校这一环，但在当时并不是迫在眉睫。第二次世界大战结束后的几年，是美国报纸销量的黄金时期。到 1947 年，仅纽约六家日报的星期天刊期发行量就达到 1010 万份，可以说，这一年是美国报纸销量的顶峰时期。然而近几十年来，美国日报的发行量持续下降，美国传媒研究者认为，报纸销量减少的原因之一是，新媒体的迅速崛起，诱使愈来愈多的年轻读者抛弃了报纸。因此，越来越多的报纸加入了报纸教育行列，积极培养青少年读者，以期占领报纸的未来受众市场。《纽约时报》的总编辑豪厄尔·雷恩斯在介绍 NIE 时曾说："NIE 的目的是令年轻人从学校起就成为我们的读者，希望他们从学生时代就开始习惯于阅读《纽约时报》，毕业后成为我们稳定的订户或稳定的读者。"[1]报纸教育工程的具体做法是，报纸通过与学校教育有机结合或创办辅助性刊物和印发相关资料，不但可将"潜在读者"发展为"可持续读者"，而且还可以增加报纸在学校的发行量。

事实上，NIE 对于报纸和学校来说是一种双赢的局面。1795 年 6 月 8 日，美国缅因州波特兰市的《东部先驱报》的一篇社论指出：阅读报纸对于学生和学龄前儿童的教育价值一直被人们忽略，而实际上报纸是最便宜的教科书，报纸的每一个版面都可以给学生提供一些新鲜的、有价值的信息，学生通过报纸可以学到许多实用或有趣的知识；有创造性的教师可以想出各种各样的点子、把报纸作为教学辅助工具应用于各个学科、各个年级的教学中。常常位列美国发行量榜首的《华尔街日报》是一份专业性很强的报纸，也十分重视学校的教育。该报不仅向大中学生优惠提供半价的报纸及其电子版，而且还设有专门机构精心编辑出版每月一期的"课堂版"，将身边生活与金融理财等知识有机结合起来。与之相随的还有教师辅助读物《教师指南》，该读物一般提供课堂版封面故事的内容及文章的关键段落、主要文章的主题和关键概念、难题解答、教师提示、针对主要文章的练习题、各类问题写作要求等。

---

① 转引自辜晓进：《走进美国大报》，南方日报出版社 2004 年版，第 216 页。

在美国，报纸教育工程从 1932 年"送报入校"开始，发展至今已有 80 多年的历史，而且越来越被重视，显示出了勃勃生机。根据美国报纸协会的统计，在美国几乎所有发行量在 5 万份以上的报纸和大多数发行量在 1.5 万到 5 万份之间的报纸开设了 NIE 工程。

媒介素养教育的这些理念原则对于提高受众媒介素养具有非常重要的指导作用，特别是提高青少年媒介素养更具现实意义，所以世界上许多国家和地区在大、中、小学校里积极开展媒介素养教育，如英国、加拿大、澳洲等，都已把媒介教育纳入正规教育体系中。例如，新西兰的学生在五年级课程中就已加入媒介素养的培训科目，日本文部科学省于 2001 年在中小学与高中设立的"综合教育"科目中纳入了媒体素养；我国的台湾和香港地区也持续关心媒体教育的需求，台湾当局在 2002 年公布了《媒体素养教育政策白皮书》，香港亦在 1997 年教育改革时开始推动媒介素养教育，2005 年推行的英语新课程及 2007 年推行的中文新课程，亦纳入了媒介素养教育的有关内容。

第四节　媒介之于人生

媒介与人生的关系是非常紧密的，人生在任何情况下都离不开媒介，可以说，媒介是人生的拐杖，它辅佐着人们在崎岖的人生道路上踽踽前行。人的一生有媒介做伴才不会感到孤独与无助。媒介是人生的路标，它不断地在我们面前展现那些人生的辉煌，使我们对人生充满信心，努力地到达人生阶段一个个的终点，有满怀憧憬地开始人生阶段一个个的起点。每个人的人生，都不免会走许多弯路、错路，甚至是歧途，媒介会将这一切详细地展现给我们，让大家少走弯路、错路，更不要误入歧途，以免毁掉自己的人生。

媒介对人生的道德理念是有一定的影响。一个人道德理念的形成除了与其家庭环境、个人经历有关之外，更重要的是与媒介所传播的道德理念、宣扬的人生典范有关。媒介所宣扬的道德理念小则影响到每个人的道德观的形成，大则涉及一个国家所认同的道德理念。大的道德观维系一个国家的稳定，小的道德观是人生道路上行为的准则。每个时代媒介都在传播各种不同的道德观，同时，总有一个占主导地位的道德观，我们称其为"主流道德观"，比如在我国古代社会所传播所奉行的是儒家道德观，近代是中山先生的"天下为公"的道德观，现代我们所张扬的是"为人民服务"的道德观。今天所耳濡目染所逐步形成的道德观与媒介的传播有最直接的关系。

同样，媒介不仅对人生的道德理念产生影响，而且对于人生的价值判断、价值观的形成也有非常重要的作用。价值观是人们对客观世界及行为结果的评价和看法，因此，它从某个方面反映了人们的人生观和世界观，反映了人的主观认知世界。人的主观认知世界一方面是自身对客观世界的体验，另一方面来自媒介对客观世界的报道。对于客观世界的好、坏、优、劣的评判，对美、丑、善、恶的标准，其相当的分量来源于媒介所传播给人们的信息。人的价值观是一个颇为庞杂的系统，它包括人生价值观、社会价值观、职业价值观、宗教价值观、经济价值观，等等。但无论是哪一种价值观，它的传播与形成都离不开媒介。

媒介传承文化是其主要功能之一，各种文化是通过媒介进行传播。人的文化修养的营养大多来源于媒介，通过媒介了解文化，接受文化，不断提高其文化修养。因此，我们可以这样认为：媒介在一定意义上，决定人的文化修养水平。人的文化修养包括人的文化品位、知识素养、人文情愫、审美情趣、思想观念、道德情操等，修养是人生中不断地学习、实践和感悟，通过接触媒介，接受和消化媒介所传播的各种文化内容，使自己的知识、能力、作风、品德、胸怀、境界达到了一定的水平。修养的铸成，是在接受和消化媒介的基础上不断积累和沉淀、理解和深悟、提高和丰富的过程。

媒介的一举一动都会牵动人的敏感的神经。媒介影响着人生，它在人生中担负着许多重要的角色。我们可以说，媒介是记录员，它记录着人生的各种轨迹；媒介是调味剂，它把人生调理的多姿多彩，多味多品；媒介是助推器，它使人生的步伐迈得更快，奔得更远；媒介是警世钟，它不时敲响人生路上的警钟，提醒着人们在人生的路上左顾右盼，谨慎前行。媒介不愧为人生路上的良师益友和患难知己。

◎ **思考题：**

    1. 何谓媒介？其特点是什么？

    2. 媒介素养主要提高受众的哪些能力？

    3. 简述美国的 NIE 工程特点。

第二章　媒介是人生的路标

在人生的道路上，媒介具有路标的功用，每个人都希望自己的一生能尽量避免灾祸、平安幸福；更希望自己能够出人头地、事业有成。怎样才能实现这样的目标？媒介就成了人生道路上一个个重要的参照路标。媒介对于人生中各类成功者的宣扬，使人们了解成功之路的基本要素，了解成功路上的跌宕起伏，了解成功的艰辛和不易。媒介对于人生中的那些失败者的报道，又在人生路上竖起了一个个教训标志，亮出了一个个人生需要规避的暗礁险滩的警告牌。

第一节　媒介——展现人生的一路风景

媒介展现人生的一路风景。可以肯定地说，每一个人的一生都有许多动人的故事，都有一些惊心动魄的经历，甚至许多人一生会与死亡之神多次擦肩而过，所以，每个人的经历都是一部经典的长篇小说。

这一部部经典的小说，人们通过媒介把它挖掘出来，并将其传播出去。我们且不讲那浩如烟海的古今中外的反映人生的名作，仅从纸媒（报纸、刊物等）入手，就可对媒介展现人生的一路风景略知一二。

美国《纽约时报》长期开设一个十分热门的专栏——讣闻报道。这个专栏听起来并不好听，但却有众多读者，因为讣文所传播的是一个个人生的故事，是一道道人生的风景线。

《纽约时报》的老记者理查德在他的《报纸档案》一书中说："讣闻报道是《纽约时报》最重要的报道内容之一，公众对这类报道有着非同寻常的兴趣。因此编辑们对此高度重视，有时连发行人都会亲自过问。讣闻报道的写作，或长或短，实际上都是对死者生平及形象的描述，它们所组成的版面往往是《纽约时报》中最引人入胜的版面。"[1]事实上，在美国，讣闻版被所有的报社和读者重视，并已成为一种特色、一大亮点。

讣闻报道，顾名思义，就是关于某逝世之人的人生进行的报道。对于这类报道，国内的读者可能并不陌生，只不过，我们看到的报道对象仅仅是一些名人或达到一定级别的领导，也就是说，国内报纸讣闻报道的报道范围是有一定局限的。在这一点上，美国的报纸就截然不同。他们报道的涵盖面非常广，不仅包括政界商界名流、军警法医、文艺影视明星，也包括普通的老百姓，其中，"小人物"还是重头戏，这恰恰体现了美国一些报纸的草根性特点。

---

① 转引自辜晓进：《走进美国大报》，南方日报出版社 2004 年版，第 256 页。

确实，有些小人物的故事更能让人产生共鸣。《纽约时报》总编辑豪厄尔·雷恩斯说，很多人一生是丰富多彩的，但知者甚少，淹没不彰，对死者本人和读者来说都是不公平的。读者从这些有趣的人生经历中读到的不仅仅是眼泪，更多的是欢乐，他们为自己身边曾经有过如此动人的生命而感到欣慰。[1]

人的一生无论过得有多平凡，总是会有那么一两点闪耀着无可比拟的光辉，讣闻报道就是从这一两点出发，体现人生价值，并给人启发。

在我国，在媒介展现人生精彩，讲述人间故事，在我们的精神领域立起了一尊尊伟岸的雕像，如《县委书记的榜样——焦裕禄》，向我们讲述了优秀共产党员，党的好干部焦裕禄的一生，特别是他在河南兰考所作出的巨大贡献，以及焦裕禄那些催人泪下的动人故事，这些故事激励着我们在人生的道路上奋勇前行；《为了周总理的嘱托——记农民科学家吴吉昌》写吴吉昌在逆境之中如何进行科学实验，在经历了千辛万苦之后，终于在农作物特别是棉花的改良方面取得了骄人的成绩。在我国媒介所传播出的各行各业的英雄模范人物，如董存瑞、黄继光、雷锋、王杰、焦裕禄、王进喜、孔繁森……为我们竖起了一座座人生路上的丰碑，他们的动人故事感动着我们一代代中国人，他们的事迹成为亿万中国人效仿的典范。

媒介所传播的群像式人生故事更是瀚若星辰、数不胜数。媒介不仅向我们传播那些英雄模范人物，也将那些不为人知的小人物的生动故事展现给我们。如《中国青年报》1995年1月8日《冰点》栏目的开山之作《北京最后的粪桶》，写了几个从北大荒返城的知青，写那一代人的喜怒哀乐，写那一代人的悲欢离合，那些小人物是整个中国那一代人浓缩的人生。苏州大学慕小烟感慨说，我们已用了太多的视线去仰望名人，却找不到自己精神的轨迹。这个世界里生活了太多的普通人，他们在自家的镜子面前表演着喜怒哀乐，把镜子从房间里抬到街头也是要紧的。而《冰点》就是这样一面抬到街头的"镜子"。《中国青年报》的《冰点》栏目的宗旨就是让社会了解那些小人物。

魏巍《谁是最可爱的人》用他那支饱蘸感情之笔描述了中国人民志愿军在朝鲜战场上所展现出来的那种大无畏的国际主义精神——他们为了祖国，为了朝鲜人民，用自己的生命去捍卫和平。

人活着就有故事，衣、食、住、行就是风景。媒介通过传播他们的故事，向人们展现了人类在不同的社会环境中如何去生存，如何去战胜各种各样的困难，又如何取得一个又有一个的成功。

第二节 媒介为成功者总结经验

媒介不断地展现人生，旨在通过他人的人生去激励后人。在我们的印象中，许多历史上的大家或哲人，都是高不可攀的巨人。获得成功的人，他们都是那样的光鲜照人。然而，当我们通过媒介了解到他们成功的故事，了解他们那些不为人知的苦辣酸甜时，我们

---

[1] 转引自阿良：《北京记者争抢"死亡报道"下一目标锁定了谁》，http://www.qianlong.com/3413/2003-1-12/98@620702.htm，访问时间，2016-03-10。

才明了伟人不是神,那些成功人士也是普通的凡人,他们亦是食人间烟火的。

1742年,德国数学家哥德巴赫发现,每一个大偶数都可以写成两个素数的和。他对许多偶数进行了检验,都说明这是成立的,但这需要予以证明。在被证明之前,它只能称为猜想。哥德巴赫自己不能证明它,就写信请教瑞士大数学家欧拉,请他帮忙作出证明。欧拉一直到死也没有完成。两百多年来,多少数学家试图给这个猜想作出证明,都没有成功。数学界有一种说法:"自然科学的皇后是数学,数学的皇冠是数论,而哥德巴赫猜想是皇冠上的明珠。"在中国,有一个年轻的科学家,在这场摘取"明珠"的竞赛中,成为领先者,他的名字叫陈景润。这段文字使我们知道何谓哥德巴赫猜想,更知道著名的中国数学家陈景润。此时此刻,我们也更迫切地想了解陈景润到底是个怎样的人物,他是如何成为举世闻名的数学大家的。

"陈景润是福建人,生于一九三三年。当他降生到这个现实人间时,他的家庭和社会生活并没有对他呈现出玫瑰花朵一般的艳丽色彩。他父亲是邮政局职员,老是跑来跑去的。当年如果参加了国民党,就可以飞黄腾达,但是他父亲不肯参加。有的同事说他真是不识时务。他母亲是一个善良的操劳过甚的妇女,一共生了十二个孩子。只活了六个,其中陈景润排行老三。上有哥哥和姐姐;下有弟弟和妹妹。孩子生得多了,就不是双亲所疼爱的儿女了。他们越来越成为父母的累赘——多余的孩子,多余的人。从生下的那一天起,他就像一个被宣布为不受欢迎的人似的,来到了这人世间。"(徐迟《哥德巴赫猜想》)

"多余的孩子,多余的人。"借助媒介,我们通过徐迟的《哥德巴赫猜想》,真正了解到当代伟大的数学家陈景润的身世。借助媒介,我们也真正看到了一个活生生的陈景润,有谁不为陈景润坎坷艰辛的成功之路掬一把感怀之泪?

对照今天的生活条件看陈景润的成功之路,是让人匪夷所思的。在20个世纪70年代,陈景润居住在一个6平方米的小房间,没有桌子,没有电灯,更没有电脑,且在重病缠身的情况下完成了著名的哥德巴赫猜想,完成了他的"陈氏定理"。陈景润的成功使我们看到了一个成功者那钢铁般的斗志,战胜一切困难的决心和不屈不挠、勇攀高峰的精神。

在美国,史蒂夫·乔布斯的名字几乎无人不知。当我们借助媒介了解了史蒂夫·乔布斯时,我们会更加同情这位刚刚问世就被父母遗弃的苦命的孩子。幸运的是,保罗·乔布斯和克拉拉·乔布斯——一对好心的夫妻领养了他。但由于乔布斯家境贫寒,老两口只能使其生存,而不能供其读书,因此,乔布斯仅上了一年大学就辍学了。比起陈景润,史蒂夫·乔布斯的命运无疑就更悲惨了。有时,悲惨的命运是成功者的助推器,乔布斯用他勤劳的双手拯救了自己,他开创了苹果电脑,开创了一个属于他的时代。正所谓:"天将降大任于斯人也,必先苦其心志,劳其筋骨,饿其体肤,空乏其身,行拂乱其所为也,所以动心忍性,增益其所不能。"(《孟子·告子下》)

媒介将世界数不胜数的名人大家的成功之路展现给我们,使我们坚信只要努力,每个人都可以获得成功。媒介为成功者搭起了一座座信息的桥梁,塑起一尊尊成功者的雕像。

第三节　媒介为失败者汲取教训

失败乃成功之母。生活中、事业上的失败是令人沮丧的事情，但失败并不可怕，当我们从失败中总结经验教训，吃一堑长一智，我们便逐渐聪明起来。媒介在许多时候会将一些人生失败的事件传播出来，使我们从中获得裨益。

失败有多种，从人生的角度看，有事业失败、婚姻失败、为人失败、为官失败等；从时间的角度看，有一时的失败与长期的失败。

2013年9月27日，《新民周刊》发布了一篇题为"三十五载高官落马记"的报道：

> 35年来，超过150名省部级以上官员因贪腐行为受到查处。在今天这个既打苍蝇又打老虎的年代，"老虎"人数持续增加，涉贪金额节节攀高。贪腐持续时间长、家庭腐败、带病提拔等成为了这些落马官员贪腐案的共同特性。
>
> 2012年，中共中央政治局原委员、重庆市委原书记薄熙来受贿、贪污、滥用职权案一审宣判。济南中院判处薄熙来无期徒刑，剥夺政治权利终身，并处没收个人全部财产及其他非法所得。
>
> 薄熙来也成为继原北京市委书记陈希同、原上海市委书记陈良宇之后，改革开放35年来第三名因为贪腐问题被司法审判的中央政治局委员。算上因腐败被判死刑的全国人大常委会原副委员长成克杰，薄熙来是第四名获刑的国家级副职以上领导。
>
> 根据公开资料统计，在改革开放的头十年间，省部级干部落马的只有2人。第二个十年，落马的达到15人。而2003年至2012年的最近十年，共有80余名省部级以上官员落马，年均8人以上。在整个35年的"打虎"史上，共有超过150名省部部级以上官员因贪腐行为遭到查处。

该文用了四个小标题揭示了当代贪官的主要特点：贪腐数额节节高；权力家族化；窝案连连；普遍带"病"提拔。通过这四个小标题，使我们看到了一些贪官是如何走上犯罪的道路。

2011年广西日报出版社曾经出版了《我们错了》一书，作为媒介人，不仅对社会上一些犯错误的人与事进行披露，而且，对于媒介自身在反映社会的过程所出现的错误亦敢于大胆的曝光，自亮家丑，这需要何等的勇气。人民网曾高度评价了此书，并指出：这是一本自揭家丑的书，这是一本需要勇气和展现勇气的书，这是一本以错为鉴面向未来的书，这是一本承传着优良传统又闪耀着开拓精神的书。这本书的启迪意义将远远超出书中所写的单位和行业。

人们只有在失败中不断地反省自我、不断地修正自我，才能够在人生路上不断地前行。

第四节　媒介永远为人生服务

媒介存在的一个主要功用是为人生服务，满足人生不同阶段的不同需求。媒介对于人生有使用和满足的需求,这在 20 世纪 50 年代末,著名的美国社会学家、传播理论家伊莱休·卡茨就提了出来。伊莱休·卡茨(Elihu Katz)生于 1926 年,他是一位社会学家,但一生却致力于传播学的研究,卡茨从 20 世纪 60 年代到 90 年代一直在关注受众对于传媒"使用与满足"的问题,先后发表了《论为"逃避"而使用大众媒介:一个概念的澄清》(1962)、《个人对大众传播的使用》(1974)等论文。他总结出了媒介使用满足理论的基本模式:其核心内容为:第一,人们接触使用传媒的目的都是为了满足自己的需要,这种需求和社会因素、个人的心理因素有关。第二,人们接触和使用传媒的两个条件:a. 接触媒介的可能性;b. 媒介印象即受众对媒介满足需求的评价,是在过去媒介接触使用的经验基础上形成的。第三,受众选择特定的媒介和内容开始使用。第四,接触使用后的结果有两种:一种是满足需求,一种是未满足需求。第五,无论满足与否,都将影响到以后的媒介选择使用行为,人们根据满足结果来修正既有的媒介印象,不同程度上改变着对媒介的期待。

卡茨在他的著作中认为:人生对于媒介的需求是多方面的,总结起来大致存在五大需求[1]:

(1)认知的需求(获得信息,知识和理解);

(2)情感的需求(情绪的,愉悦的,或美感的体验);

(3)个人整合的需求(加强可信度,信心,稳固性和身世地位);

(4)社会整合的需求(加强与家人、朋友等接触);

(5)纾解压力的需求(逃避和转移注意力)。

人们需要媒介,媒介是为人生服务的。媒介为人生服务表现为其媒介功用的多样性,总结起来主要有五大功能:第一,信息的功能:报道新闻,提供信息,是守望或监视环境的"雷达"。第二,协调和管理的功能:推动政策制定与执行,反映社会舆论,促进社会机制运行。第三,教育功能:教育社会成员,传播文化知识、社会道德规范和价值观念。第四,娱乐功能:提供娱乐、裨益身心,摆脱工作和现实烦扰。第五,刊载广告、发展经济。

媒介服务于人生是全方位的,在西方参与竞选,媒介的作用更是不可小觑。在英国的一次大选中,英国传播学家丹尼斯·麦奎尔用问卷调查的方式了解在本国大选时,人们对媒介的使用目的,总结出媒介的八种用途:(1)看某个政党在执政后会做什么;(2)与每天的议题保持接触;(3)评论政党领袖像什么样子;(4)提醒自己本党的优点;(5)判断谁可能赢得选举;(6)帮助我决定如何投票;(7)享受选举竞赛的刺激;(8)用作与人争辩时的资料。在西方竞选过程中,能否最大限度地运用好媒介是赢得竞选的一个重要环节。[2]

在现实生活中,任何事情都有其两面性,新闻媒介也不例外,它既有为人所用的正效应,同时也有混淆视听、污染信息的负效应,人们从五个方面来总结媒介的正负效应:第

---

① 转引自[美]沃纳·赛佛林、小詹姆斯·坦卡德:《传播理论起源、方法与应用》,郭镇之、孟颖等译,华夏出版社 2000 年版,第 324 页。

② 转引自[美]沃纳·赛佛林、小詹姆斯·坦卡德:《传播理论起源、方法与应用》,郭镇之、孟颖等译,华夏出版社 2000 年版,第 322 页。

一，新闻媒介把整个世界呈现在人们眼前，但新闻失实、信息污染干扰误导受众；第二，新闻媒介连接了世界，却淡漠了人际关系；第三，丰富了知识，却降低了思考能力；第四，改变了人们的时空观，却诱发了个人的无限欲望；第五，促进了人类文明的发展，却污染了社会空气。我们不难看出，媒介在服务人生的过程之中，既有积极、正面的功用与效应，同时也具有消极、负面的功用与效应。

因此，媒介服务于人生要辩证地看待，客观地看待。这样，媒介为我所用，应该有所吸取，也有所摒弃。

◎ **思考题：**

1. 媒介怎样展现人的一路风景？
2. 媒介如何为人所用？
3. 媒介的正负效应表现在哪里？

第三章　媒介是人生的道德标尺

道德是人们每天都在谈论的一种社会意识形态。汉语中最早出现这两个字，还要追溯到先秦时期思想家老子的著作《道德经·第五十一章》："道生之，德畜之，物形之，势成之。是以万物莫不尊道而贵德。道之尊，德之贵，夫莫之命而常自然。"在老子的口中，"道"是指自然运行与人世共通的真理，而"德"则是指人世的品行与涵养。

在现代社会中，我们可以说："道德就是以善恶为评价标准，以人的内心信念、传统习惯和社会舆论维系的价值观念、心理活动、行为规范的总和。"①也可以说，它是人类把握世界的特殊方式，是"人们用来调节人与人关系的简单原则"②。尽管我们对道德的描述纷繁不一，但总的来说，道德规定了社会的人伦秩序与个人的品行修养。它是人们在共同生活中的行为准则和规范，是一种社会在发展过程中自发形成的不成文的规则，贯穿于社会生活的各个方面，对人的个人行为与相互关系起到一定的约束作用，与法律共同保障正常的社会秩序。

而我们通常所说的道德观，就是人们对这些行为准则和规范的认识和态度，也就是人们对道德的一些基本观点。这些观念决定着人们对道德的认识水平，也就决定了人们的道德行为。通常来说，这些观念不尽相同，对同一种道德现象，不同社会地位、认知能力或时代背景的人会有不同的道德认识；不同的观察侧重点，也会使得人们形成不同的道德观念。人生需要道德规范，而媒介则是受众道德行为的传播者和影响者。

第一节　媒介对道德观的传播与重塑

自大众媒介产生后，它们就与社会各个方面产生了密不可分的联系。它们以文字、声音和图像的形式将信息呈现出来，就必然会给受众带来一定的认识，使受众在精神层面起到或多或少的变化，而道德观念正是人精神层面上必不可少的一环。媒介将隐含有道德观念的信息传播给受众，受众对这些信息产生正面或负面的反应，从而深化或者变更原有的观念，最终影响到人们的道德行为层次。可以说，媒介不仅传播的道德观念，还从一定程度上塑造了社会道德规范。

一、媒介营造道德信息圈

随着社会发展步入信息时代，我们的生活无时无刻不在接触大众媒介，它们传播的信

---

①　宋希仁：《道德观通论》，高等教育出版社 2000 年版，第 12 页。

②　《马克思恩格斯选集》第 1 卷，人民出版社 2009 年版，第 427 页。

息构成了人们认识社会的重要方式。道德作为人生重要的社会规范，被媒介暗含在各类信息中，通过对受众进行反复交叉的影响，将道德观念传播开来，最终形成了一种萦绕受众生活的道德信息圈。在这个信息圈中，人们通过媒介了解优良的道德，认识了败坏的道德。在这个过程中，大众媒介的信息传播功能、新闻价值观念与议程设置功能起到了重要的作用。

1. 媒介传播受众所需道德信息

"环境监视"历来都被众多学者视为大众媒体的第一功能，是媒体"在特定社会的内部和外部收集和传达信息的活动"①。著名传播学者拉斯韦尔把媒体的这一功能称作社会的"瞭望哨"，传播学科创始人施拉姆则认为可以更加形象地将它比做"社会雷达"。用我们现在的话说，媒介的这一功能就是传播信息，它负责把新近发生的事情传达给受众或者提供一个信息发布与传播的平台，通常这些信息都是对公众而言有价值的、有需求的。而社会道德相关的信息，正是每个人在精神层面上都需要的信息。媒介将社会事件以新闻的形式报道出来，这些事件中或多或少地带有道德规范信息与道德观念的判断，我们就生活在充满着媒介传达的道德信息之中。

2. 道德冲突具有很高的新闻价值

道德观是人们对道德认识的基本观点，具体体现在对道德现象与道德活动有主观认识。对于同一道德现象，不同人会形成不同道德观念，这必然导致不同人群间的道德观冲突。这种具有一定冲突性、普遍性的道德事件显然充满着新闻价值，正是新闻媒介所青睐的新闻事实。媒介往往会在第一时间对这样的道德冲突事件进行传播发布，将围绕此事件不同的道德观呈现于社会公众前，同时也将社会上对于这种冲突的不同观点传播开来。2010 年发生在杭州的"做好事求宣传"的新闻事件正是其中的典范。是年 8 月，57 岁的何大妈晨练时一头栽进了荷花池，82 岁的孙老伯奋不顾身跳入池中救人。事后大妈心存感激，打算登门道谢，却被老伯要求找电视台报社宣传一下他的行为。大妈的女儿得知此事之后，在网上发帖质疑老伯的救人目的。随后，包括搜狐新闻、腾讯新闻、凤凰网、《光明日报》《重庆晚报》在内的新闻网站与纸媒纷纷报道。这一道德冲突事件被媒介呈现在社会公众面前，隐含于其中的道德观念冲突，引发了公众的热议。在大妈的女儿发帖初期，网络论坛上多数人表示对孙老伯的谴责，"做好事不留名"的传统道德观念应该保持。但随着媒介对事件的传播，不同的观点开始在媒体中传播开来，《老伯救人"要宣传"无可厚非》《老伯要宣传的不是救人是道德》②等为老伯喊冤的声音开始占据主流。这正是媒介通过对具有新闻价值的道德冲突事件的呈现，传播了不同的道德观，促进了道德规范的完善与道德信息圈的形成。

3. 媒介设置议题塑造道德环境

早在 20 世纪 70 年代，美国传播学家 M. E. 麦库姆斯和 D. L. 肖就提出了媒介的议程设置假说。他们认为："大众媒介的新闻报道和信息传达活动以赋予各种'议题'不同程度

---

① 郭庆光：《传播学教程》，中国人民大学出版社 1999 年版，第 93 页。

② 分别载于《广州日报》2010 年 8 月 2 日 A2 版、南海网 2010 年 8 月 4 日南海时评频道。

的显著性的方式，影响着人们对周围世界的'大事'及其重要性的判断。"①实际上，在媒介技术发达的今天，大众媒介设置议程的方式已经不仅限于新闻报道和信息传达活动，包括电视节目、电视剧、网络论坛、网络投票等媒介信息形式，都能发挥议程设置的功能。媒介通过选择这些信息形式的内容，并有意识地设定他们的呈现形式、频率与显著程度，从而将特定内容的信息传达出去，以影响人们的判断。也就是说，媒介是在从事一种"环境构成"的作业，通过对传播内容有目的地取舍选择，在受众心中塑造一种拟态环境。

媒介正是通过这种功能营造了环绕在人们四周的道德信息圈。每当含有价值判断的社会事件发生，媒介就会围绕此事件，以各种信息形式进行传播。有些媒介以发布信息的形式报道，但是筛选不同的角度与事实的不同方面来传播特定的道德观念；有些媒体则选择了此类事件为讨论主题设置节目；而有些媒介就直接以言论的形式发表对此类事件的看法。由此，媒介设定了公众的议程主题，将公众的视线引导到一定的道德领域，使人们生活在道德信息圈中。在我国，这样的媒介形式很多，如传统纸媒的社论、电视杂志类和访谈类节目，甚至于网络媒介上一条短短的消息，都能设定公众的议程，引发公众对道德事件的热议，从而营造一个充满道德观念的信息圈。

二、媒介是道德秩序的调节器

道德作为一种维护社会秩序的规范，其功能的实现依赖于个体的自律与社会评价、社会舆论的外在压力。② 在信息科技高度发达的现代社会，大众媒介不仅是社会信息的发布平台，还是社会观点与评价的聚集地。运用科技手段，公众对社会事件的中的道德行为、观念的评论都可以通过媒体广泛传播。同时，大众媒介借助自身的公共属性与强大的资源，也能对道德现象发表评论。这些方式使得大众媒介站在了社会舆论传播的第一线，社会成员碍于社会舆论的压力，对自己的道德行为有所约束与规范。这种大众传播的道德规范效应，增强了社会道德的同质性和一致性，增进了人际关系的有序化，可以说具有道德秩序调节器的良效。而这一功效，是由媒介所肩负的社会责任决定的。

媒介有舆论监督与道德弘扬的社会责任。大众媒介产生之后，新闻自由理论盛行，而随着自由泛滥导致的诸多问题蔓延，传播学者们开始探寻媒介的社会责任。在 20 世纪 40年代，一批美国学者构建了大众媒介的"社会责任理论"，他们认为媒介不仅享有新闻自由的权利，而且还对公众社会负有一定的责任。该理论修正了新闻自由主义理论，并提出了媒介具体的社会责任：一是提供"真实的、概括的、明智的关于当天事件的论述，并说明事件的意义"；二是成为"交换评论和批评的论坛"；三是准确表现"社会各成员集团的典型形象"；四是"提出和澄清社会的目标和价值观"；五是使人们"充分贴近每天的信息"。③ 社会责任理论产生了深远的影响，从此，媒介的社会责任进入大众的视野，真实、公正、社会监督、舆论导向、遵守法律等概念成为大众广泛认可的社会责任内容。

在我国，舆论导向、社会监督与社会道德弘扬是媒介要承担的重要社会责任。通过传

---

① 郭庆光：《传播学教程》，中国人民大学出版社 1999 年版，第 214 页。

② 周年洋、闻晓祥：《论团体和大众传播的道德效应》，载《理论与现代化》1996 年第 11 期。

③ 陈茹：《大众传播现状与"社会责任理论"》，载《中国报业》2014 年第 10 期。

播道德现象与道德事件，媒介将各种不同的道德观传播给公众，引发公众的关注与讨论，从而引导舆论走向。在此过程中，媒介将优良的社会道德弘扬开来；同样，丑恶的社会现象也被媒介呈现在公众面前，接受公众的监督与批判。于是，在媒介强大的舆论构造的影响下，优良的社会道德及其模范被树立为社会标杆，得到公众的好评与喜爱；而相对败坏的道德行为则为人所唾弃，成为人们日常行为的警钟。在不知不觉中，媒介对社会道德秩序起到了调节的作用。

三、媒介与国民道德教育

道德教育是指一定的社会、组织依据相应的道德准则，对他人有计划地施加系统影响的一系列活动。传统的道德教育主要由家庭与学校承担，这两种道德教育类型目的性强、范围小、短时间效果明显。而随着信息科技的发展，大众媒介也担负起道德教育的重任。各种不同的媒体通过丰富多样的多媒体形式，巧妙地将道德观念糅合进不同的传媒形式中，使得新闻报道、评论、电视节目、电视剧、电影以及广告等媒介表现形式都具有一定的道德教育作用。所以，有人称大众媒介俨然是一所道德教育的学府，它传递含有道德观念的信息，对受众施加着系统的道德影响，通过传播进行道德教育。

相较于传统的道德教育形式，大众媒介的道德教育有其独特之处，主要表现为以下几点：

（1）形式多样性。广播电视、报纸与互联网等媒介能以声音、图像以及文字等多种方式将信息呈现出来，这些信息被编入新闻、评论、电视节目、广告、影视剧等不同的媒介形式中，人们有丰富的方式接收道德观念，这增强了道德教育的生动性。

（2）深远性。传统的道德教育往往目的性明显，家长与学校老师通常直陈社会道德规范，明确地教导孩子的道德行为。而与此不同的是，媒介的实施道德教育过程是无形的，在无形中对受众进行潜移默化的影响。就新闻报道来说，大众媒介运用议程设置功能，对道德现象进行有选择、有主次地报道。它们可以仅仅通过安排不同的版面与报道频次来呈现不同信息的重要程度，从而决定受众接受到的道德观念，由此对受众的道德观施加无形的影响。就影视类媒介形式而言，大众传媒的"涵化效应"起到了很大的作用。传播学的涵化理论认为："大众传媒具有特定的价值和意识形态倾向，通过'报道事实'、'提供娱乐'等形式传达给受众，从而潜移默化地形成人们的现实观、社会观。大众传媒的'教养效果'，主要表现在形成当代社会观和现实观的'主流'，而电视媒介在主流形成过程中发挥了强大的作用。"①影视制作者将道德观念信息以某种形式隐藏于节目中，或者是一个影视剧情节，或者是一个小品节目，都将道德观念潜移默化地传播给受众，起到一定的道德教化作用。

（3）寓教于乐。除了提供信息外，大众媒介的另一个重要功能是提供娱乐，这是受众使用媒介的目的之一。在使用大众媒介时，并没有人主观上是来接受教导的，而大众媒介往往通过寓教于乐的道德教育方式来做到这一点。媒体策划制作娱乐节目或趣味性报道，将道德观念巧妙地融入其中，把德育功能与娱乐功能有机结合，使受众在轻松愉快中获得

---

① 郭庆光：《传播学教程》，中国人民大学出版社 1999 年版，第 226 页。

心灵启迪。

（4）广泛性。大众媒介的种类众多，从人人都能收听、收看的广播电视，到要求一定知识水平的报纸，从老一辈人熟知的传统媒体，到年轻人更为青睐的网络媒体，在大众传媒无孔不入的今天，我们可以毫不夸张地说，每个社会成员都能成为其传播对象，从而也就覆盖了非常宽泛的德育对象，大众传播堪称一所全民德育学校。

因此，大众传播在社会公德、职业道德的教育体系中，具有极为突出的功效，已然成为普及道德教育、提高全民道德水平的重要工具。

四、媒介与社会道德重塑

在通常情况下，在一定的历史时期里，社会道德规范趋向于稳定，此时的人们根据道德标准行事，"人们对何者为真善美，何者为假恶丑，能作出普遍接受和广泛认同的价值判断"①。然而在社会变革时期，社会生产力、社会关系发生了一定的变化，作为社会意识的道德规范也随之发生改变，很容易产生道德失范现象，即"用于衡量人们行为活动是非对错的道德标准缺失或者失效，无法发挥其正常的引导和调节作用，从而导致一些不正当行为的发生"②。此时，拥有"环境监测"功能的大众媒介往往是最先嗅到不良道德现象的，它们本着"舆论导向与监督"的社会责任，发出新闻报道或传媒作品反映这一社会现象，以引起公众的重视。同时，媒介通过专题评论发表观点，引导社会重新确立正确的道德规范。可以说，在社会转型时期，大众媒介扮演着社会道德重塑师的角色。

目前我国正处于改革开放的社会转型时期，社会不断发展，在经济、政治与文化交叉渗透之下，社会利益结构、社会固有秩序开始重新建立，人们的道德观念也发生了变化。有些道德变化对社会生活造成了很多消极影响，导致了人情冷漠、诚心缺失、享乐拜金主义盛行等道德失范现象。例如2011年广东佛山的小悦悦被两车相继碾压，没有路人施以援手；人们害怕做"好心人反被讹"而不敢扶起摔倒的老人；食品安全领域频频失守，地沟油、苏丹红、毒奶粉、白酒塑化剂等损害公众健康的事件相继发生。这些道德失范事件一次次刺痛人们的神经，有人惊呼"道德失守"，给社会公众造成了不少困扰，"明礼诚信、团结友善、勤俭自强、敬业奉献"等社会道德规范需要重塑。在此形势下，大众媒介在社会转型时期的精神领域发挥了巨大的作用，它们并不是中立地传递信息，而是有态度地对道德现象发表观点：一方面，站在批判道德失范行为的前线，用不同的新闻形式对丑恶现象进行揭发，引起公众的重视；另一方面，它们坚持对社会正能量的弘扬，"最美司机"、"最美教师"等优良道德典范通过媒体广为公众传颂。在大众媒介的引导下，社会谴责丑恶而赞扬美善，形成了相对一致的观点，社会道德规范得以重塑。

第二节　媒介教人向善　传播正能量

大众媒介运用议程设置给受众营造了道德信息圈，这些信息中，一些人和事体现出的

---

① 彭向阳：《中国社会转型时期的道德失范及对策研究》，辽宁大学2013年硕士论文。
② 朱贻庭：《伦理学小词典》，上海辞书出版社2004年版，第230页。

"真善美"往往被我们称为"正能量"。"正能量"一词来源于物理学，因英国心理学家理查德·怀斯曼的著作《正能量》而流行于世界。它体现的是一种健康乐观、积极向上、给人以奋进力量的动力和情感。毫无疑问，一个国家和社会需要这样的"正能量"，它们在社会中的流传对于社会意识形态与国家政权稳定健康地发展有着不可替代的作用。

凭借其自身的特性，大众媒介在公众间享有极高的信任感，每当有大事件发生，人们总是通过大众媒介了解信息，并以它们的态度为判断是非的标准。我们的时代需要"正能量"，"弘扬正能量精神能够汇聚起构建社会主义核心价值体系的强大力量，汇聚起建设和谐社会、创造美好生活的强大力量"①。而肩负着"舆论导向"与"道德弘扬"的社会责任的大众媒介，往往是传播"正能量"的主力军。它们将社会生活中的"真、善、美"融入各种媒介形式中，将"正能量"信息反复地呈现在公众面前，在弘扬优良道德的同时，引导人们形成优良的道德观念，发挥道德教育的功用。大众媒介的这一社会机能，也被我们称为媒介的道德激励机制。媒介道德激励就是"媒介促进人们向善、促进人们积极进行道德实践的特殊机制"②。大众媒介自身的特性，使得经其传播的社会"正能量"，能迅速在社会中传递，形成舆论场，潜在地影响人们的道德观念，进而促使人们做出更好的道德选择。在我国，不同的大众媒介及其产品形式都扮演着道德激励的角色。

一、媒体典型宣传弘扬社会道德

开展新闻报道与宣传报道是我国传统媒介的一项重要职能，两者在大众媒介中有时是结合起来的。传统媒介选择社会发生的与道德有关的事件与人物，借助媒介的大众性将其广泛传播，由此弘扬社会道德规范，我国的典型宣传报道就是其中的代表。

1. 典型宣传概述

提起典型宣传，人们总会想起雷锋、焦裕禄、王进喜、张海迪、李素丽等社会主义建设发展以来出现在媒体典型报道中的个人道德楷模。毫无疑问，这些人物的先进事迹，他们身上体现出的优良道德品质，通过媒体经久不衰的传播，为人们所了解学习，成为社会的榜样，塑造了一代又一代人的道德观念。

典型宣传是我国大众传媒最常用的主导道德观的方法，它最常见的形式是媒体典型报道。它的产生可以追溯到 20 世纪 40 年代，"它伴随着改革开放前不同时期的劳动竞赛和劳模运动不断发展"③。铁人王进喜式的劳动模范、先进工作者频繁出现在报纸的头版头条，成为时代性很强的典型人物在社会各界流传。随着改革开放的深入发展，我国社会政治、经济形势的不断变化，人们的生活方式、思想观念也发生了巨大的变化，一些转型时期难以避免的道德失范问题成为社会健康发展的绊脚石，加强社会主义精神文明建设的任务日趋紧迫。在此背景下，大众媒介的典型报道"逐渐改变了过去以劳动英雄为主要报道对象的格局，开始重视道德楷模的树立"④。典型报道成为大力弘扬社会道德的有力工具，

①　蔡国英：《大力培育和践行社会主义核心价值观》，载《共产党人》2013 年第 11 期。
②　熊力：《媒介道德激励功能及其实践研究》，湖南大学 2013 年硕士论文。
③　朱梦琪：《论中国典型报道的历史转型》，载《媒体时代》2013 年第 8 期。
④　朱梦琪：《论中国典型报道的历史转型》，载《媒体时代》2013 年第 8 期。

正如中国人民大学陈力丹教授指出的，典型报道"提供一种温馨的相互激励的道德环境，一种和谐的社会气氛，现在的典型宣传，是为了某种目的（主要是道德宣传）而来做的一种事项"①。

媒体选择时代最有代表性的典型人物，长时间、大量地报道他们的道德事迹，采用多种形式宣传他们的道德品质，在公众间形成深刻的优良道德印象，从而教人向善，树立道德规范。这种道德激励方式出现在各种各样的传统媒体，最初是我国的党报报道劳动模范对社会主义道德观念的开展宣传；此后，逐渐崛起的都市类报纸也扛起典型报道的大梁，它们推出的典型人物生动活泼，贴近百姓；与此同时，广播电视的典型报道也日新月异，《感动中国》《时代先锋》等电视节目红遍大江南北。

2. 报纸媒体的典型宣传

传统媒介在展开典型宣传时，通常做的第一步是树立道德楷模。它们选择有突出道德行为的社会人士，运用专题宣传的形式将其树立为某一领域的道德楷模。在我国最具地位的报纸媒体中，这样的宣传早已不仅限于党报，同时也出现在各类媒介上。例如在全国轰动一时的"信义兄弟"：孙水林、孙东林，最先由湖北的《楚天都市报》报道。该报在收到相关信息源后，发掘出事件背后令人震撼的感人故事：孙水林在赶回家为工友发工资过年的途中遭遇车祸，而其弟孙东林在没有找到工资账单的情况下，毅然决定代哥哥将工资带回家，让工友凭良心领工钱。为此，《楚天都市报》以"信义"为主题，连发多篇系列报道，将孙水林、孙东林兄弟树立为社会诚信的楷模。这样的人物并非社会精英人士，他们只是日常生活中百姓身边的有着普通职业的人。他们被《楚天都市报》以特别专题报道的形式曝光出来，树立成为道德楷模。

3. 电视媒体的典型宣传

电视媒体具有声像俱全、直观性强等先天优势，是典型宣传常见的阵地。除了自己发掘社会典型人物，电视媒体还是这些社会模范的放大器，在典型人物首先被报道出来后，更为大型的、受众更广泛的电视媒体参与到对这些人物事迹的报道中来，典型宣传随之扩大。由此，更多的公众知晓了这些人物的道德事迹，道德榜样也在更广阔的人群中树立起来。中央电视台每年都会举办的"感动中国"节目就是其中的典范。

（1）"感动中国"简介。2003 年创办以来，"感动中国"年度评选已经成为中国电视屈指可数的标志性节目，不仅被誉为"中国人的年度精神品牌"，也被认为是"最具网络影响力的电视媒介事件"②。节目的流程十分程序化，首先，从每年 10 月开始，到次年 2 月，中央电视台联合各地方媒体和网络媒体，梳理全年的新闻事件，在全国各地寻找"感动人物"；随后，结合由社会各界人士组成的推选委员会与公众的意见，评选出 10 名"感动中国年度人物"和一个特别奖；到了每年的元宵节左右举办颁奖典礼，典礼经过播放获奖人物的事迹短片、访谈、颁奖词宣读，到最后获奖人高举奖杯在观众的掌声中结束。于是，为救学生而失去双腿的"最美女教师"张丽莉、自办爱心小院的农家妇女高淑珍、退休后

①　陈力丹：《新中国成立 60 年来典型报道演变的环境与理念》，载《当代传播》2009 年第 5 期。

②　李岭涛、李德刚、周敏：《中国最具网络影响力的电视事件》，社会科学文献出版社 2008 年版，第 107 页。

依旧坚持出诊 20 年的河南仁医胡佩兰等道德楷模，通过"感动中国"成为家喻户晓的人物，而其道德品质也成为社会公众的道德规范。

（2）"感动中国"树立道德楷模。"感动中国"中的部分典型人物实际上已经在此之前为大众媒介甚至网络媒介报道过很多次，然而这些人物一旦登上了该节目，再次引起社会的轰动，产生了巨大的社会反响。除了央视的全国影响力与权威性的原因以外，另一个重要的原因是，"感动中国"节目对社会阶层、各类道德品质的全方位覆盖，从而给予全国公众无尽的感动与心灵的洗礼。

与以往的党报典型宣传与传统电视人物报道不同，"感动中国"树立的道德榜样不仅局限于社会精英阶层，它涉及各行各业、各种阶层的人群。我们可以从 2002—2013 年"感动中国"节目的 133 位获奖人物中窥见一斑（见表 1-1）。

表 1-1①　　　　　　　　　　　　　　《感动中国》当选人物

身份/职业类型	人数	比例	代 表 人 物
普通群众： 教师、工人、农民、大学生、医生等	50	38%	徐本禹、田世国、魏青刚、洪战辉、陈健、王顺友、郭明义、吴菊萍、唐山十三农民兄弟、三峡工程移民、微尘
高级知识分子： 学者、各领域专家等	27	20%	袁隆平、钟南山、巴金、钟期荣胡鸿烈夫妇、季羡林、叶笃正、钱学森、闵恩泽
社会管理者： 政府公务员	12	9%	梁雨润、孙必干、牛玉儒、郑培民、沈浩、杨善洲、张荣锁
文体精英： 演员、艺术家、运动员等	11	8%	陈忠和、成龙、刘翔、丛飞、濮存昕、姚明、中国女排、张艺谋奥运团队
军警人员： 军人、公安、航天员等	29	22%	任长霞、杨利伟、王伟、赵新民、王百姓、孟祥斌、红军、海地中国维和人员、衡阳武警消防官兵
商界名流：企业家、职业经理人	2	1.5%	霍英东、张瑞敏
外籍人士	2	1.5%	尾山宏、萨布利亚-坦贝肯

对这些感动中国人物的职业与社会阶层进行总结（表 1-1），我们可以看到，这些人物身份各异，职业分布十分广泛。如：身患重病，仍然坚持助学的歌手丛飞；坚持 5 年背着生病母亲上下班的孝子陈斌强；20 多年在大山中行医的乡村医生夫妇周月华和艾起。在获选人物中，有明星，有科学家，有工人，有农民，从社会精英到平凡的公民，有些来自普通群众，有些已是有一定名气的公众人物；有些来自脑力劳动行业，有些则做着体力劳

① 获选人物身份与职业分类参考资料均引自陈卫亮：《"国家价值观的个人呈现"——对央视"感动中国"栏目的解读》，载《新闻记者》2011 年第 7 期。

动。甚至在同一职业中，有些是社会精英贡献巨大，有些只是普通百姓，做着自己平凡的事。例如，在获选的医生中，有被称为"中国肝胆外科之父"的吴孟超（2011 年获奖人物）这样的医学领域泰斗，也有坚持在大山中行医 20 多年的普通乡村医生夫妇周月华和艾起（2012 年获奖人物）。他们都在各自的岗位上做着各自的工作，高尚的道德使他们被媒体树立为楷模人物，感动着十几亿中国人。

与此同时，这些获选人物由于其不同的感人事迹，被树立成为不同层面的道德楷模。中华民族传统美德博大精深，涉及诸如个人美德、家庭美德、职业道德与社会公德等各个领域。

表 1-2①   **"感动中国"人物涉及领域**

美德类型	人数	所占比例	代 表 人 物
自强不息	22	17%	刘伟、洪战辉、翟墨、邰丽华、黄舸
诚实守信	5	3%	陈健、孙水林和孙东林兄弟
乐于助人	19	14%	吴菊萍、高淑珍、孟祥斌、张丽莉
热爱祖国	13	10%	孙必干、黄伯云、钱学森、金晶
勤恳敬业	42	32%	王顺友、杨善洲、袁隆平、牛玉儒
投身公益 服务社会	26	20%	郭明义、丛飞、成龙、阿里木
尊老爱幼 知恩图报	6	4%	孟佩杰、谢延信、陈斌强、陈俊贵

从表 1-2 中，我们可以看到，"感动中国"评选 12 年中，共计 133 位获选人物，涉及中华民族道德的各个领域。有属于促进自我修养的个人道德，如"自强不息"、"诚实守信"；涉及家庭伦理道德的"尊老爱幼"、"知恩图报"；还有很多社会公德与职业道德，例如"乐于助人"、"勤恳敬业"等。获选人物在自己的岗位上做着本分或者超出其职责的感人事迹，这些事迹符合某一个或多个道德规范，有些还超越了一般的道德要求。媒介将他们树立成道德领域各方面的模范，传播他们的优秀事迹，使其成为公众学习与效仿的对象，激励整个社会形成良好的道德风尚。

二、媒介休闲产品传递正能量

信息传播是媒介的首要功能，但在经济社会不断发展的今天，提供娱乐也成为媒介的又一重要任务。传播学者赖特在其著作《大众传播：功能的探讨》中，提出了有别于拉斯韦尔大众传播功能理论的"四功能说"，他认为第四种功能就是"提供娱乐"。② 在公众日

---

① 获选人物美德类型参考资料见陈卫亮：《"国家价值观的个人呈现"——对央视"感动中国"栏目的解读》，载《新闻记者》2011 年第 7 期。

② 郭庆光：《传播学教程》，中国人民大学出版社 1999 年版，第 114 页。

常生活日渐丰富、时间更加充裕的情况下，使用媒介休闲与娱乐成为人们的一大选择，为了满足受众的这一需求，各类媒介休闲产品就随之而生了。诸如影视剧、电视节目、网络空间中传播的短文，这些媒介文化产品有些根植于人们的现实生活而创作，有些则是人们生活交流的承载器，他们都或多或少地涉及社会道德伦理，成为传递正能量的载体。

1. 电视节目传递正能量

电视是目前我国公众接触最多的媒体，也是大多数人休闲娱乐的优先选择。经过新世纪电视产业的转型升级后，我国的电视节目日渐丰富，许多不同种类的节目活跃在各大电视台，诸如真人秀娱乐节目、音乐选秀节目、民生调解节目、文艺节目等类型的休闲产品都有广大的受众。这些节目在播出各自领域内容的同时，也不同程度地传递着社会正能量。像"爸爸去哪儿"、"我是歌手"、"一路上有你"等明星真人秀节目，将明星的常人生活的一面呈现于公众面前，人们为歌手们努力创作歌曲而感动、为明星们朴质的亲情与爱情而动容，欢乐之余也是对每个人家庭道德观念的洗礼；自"超级女声"而开始红火的音乐选秀节目，在音乐新秀被遴选出的同时，参赛选手感人的奋斗精神、追逐梦想的不屈不挠也广为传颂，激励着更多的年轻人为梦想而艰苦奋斗，向社会传达出层层正能量信号；更不用说本就扎根于公众日常生活的民生调解类节目，"金牌调解"、"幸福魔方"、"8090"等节目将家庭矛盾、邻里纠纷、百姓生活搬上荧屏，邀请专家从道德角度评论事件，促进矛盾解决的同时也将正确的道德观念昭示公众，传递了满满的正能量。

概而言之，休闲娱乐性与正能量传播相结合已经成为越来越多电视节目的选择。这些节目在安排供大众休闲娱乐的节目内容时，注重遴选出一些闪耀着人性光辉的人与事穿插其中。诸如勤俭孝悌、艰苦奋斗、尊老爱幼、乐于助人、与人为善等优良道德观念在娱乐内容中展现出来，凭借着电视娱乐节目的高收视率而广泛传播，这是对优良道德的大力弘扬，也播撒了万千正能量的种子。

2. 网络社交媒体传递正能量

随着网络媒体的迅猛发展，社交这一人与人之间的实际活动也进入虚拟的网络空间，随之产生的网络社交媒体成为越来越多人日常联系与休闲娱乐的选择。诸如 Twitter、Facebook、新浪微博、QQ 空间、微信、人人网等社交网络服务的活跃，为人们提供信息发布、联系交流与生活分享的服务。根据传播公司 We Are Social 的统计数据显示，无论是国外的 Facebook、Twitter 等社交媒体，还是国内的新浪微博、微信，其注册用户量都在 5 亿以上，活跃用户量也都在 1 亿以上，Facebook 甚至一度达到了 22 亿的注册用户量，更不用说越来越多新晋的社交媒体成为人们休闲娱乐的选择。可见，社交媒体对社会公众有相当大的覆盖率，这样的一个媒体空间，也就给正能量的传递提供了一个广阔的平台，而且正在成为力量越来越大的正能量中心。

微博公益就是一个很好的例子。新浪微博作为中国用户量最大的微博，其中活跃着大量的公共知识分子，他们拥有庞大的粉丝群体，有着很高的关注度。于是公共知识分子在微博中的言论能起到相当大的影响。他们中的很多人在自己擅长的领域向公众呼吁一些公益行为，大多数得到了呼应并在社会中起到了良好的反响。由记者王克勤和中华社会救助基金共同发起的"大爱清尘"基金，是专项救助中国 600 万尘肺病农民，并致力于推动预防和最终消灭尘肺病的公益基金①，其主要宣传平台正是微博；由 500 多名记者和多家媒体于 2011 年联合发起的"免费午餐"计划，凭借对微博直播、转发等功能的运用，将"为贫困学童提供免费午餐"这一概念广泛传播，最终促成了国务院启动实施义务教育学生营养改善计划，接棒"免费午餐"；更不用说在微博中大量传播的救助病人、帮助贫困人群，乃至灾难中对捐助与志愿者的呼吁。在这样一种娱乐休闲的媒体平台上，救助弱者、互帮互助的中国传统美德得以体现，美好的道德规范得以传递，正能量在人们的一举一动中自然流露。

流行于 QQ 空间与微信的"心灵鸡汤"也是其中的范例。"心灵鸡汤"一词最早来自于美国的《心灵鸡汤》系列书，该套畅销书目影响了全球 6600 多万读者。② 在我国，"心灵鸡汤"经由《读者》《意林》等小故事类杂志而为大众所熟知，这种采用讲故事的方式撰写的小短文，通常能起到说明人生道理、给予人安慰以及鼓励支持人生的作用。如果说畅销书和热销杂志是"心灵鸡汤"的发迹点，那么网络社交媒体就是这些小短文最为合适的流传平台了。在 QQ 空间、微信等联系着我国熟人关系网络的社交媒体中，"心灵鸡汤"类的小短文广为流传。诸如《2015，走自己想走的路》《爱父母，五不怨》《迷茫的时候怎么办，这些回答很暖》等短文，通过沁人心脾的语言文字，传达了为梦想奋斗、友善和睦、孝敬父母等社会传统优良道德。它们一般由社交媒体中团体公众号、明星、知识分子等"意见领袖"最先发出，而阅读后深有感触的用户再进而分享，就此一传十、十传百而广为人知。腾讯科技 2014 年年底的数据显示，4.68 亿活跃的微信用户中，日均阅读文章数超过 3 篇的占比 51%，而情感咨询类的"心灵鸡汤"文章，即是阅读人数最多的，也是得到分享最多的。③ 可见，主题积极、充满正能量的"心灵鸡汤"在网络社交媒体中得到了充分的传播，这对于一个需要"正能量"与正确道德引导的社会无疑是有着巨大贡献的。

三、媒体广告弘扬道德规范

广告是商品经济的产物，自从有了商品生产和交换，广告就随之出现，并成为社会重要组成因素。正如美国传播学者施拉姆所言："传播是基本的社会过程。那么广告作为一种特殊的信息传播现象，也是我们现代社会生活不可缺少的一分子。"④首先，广告是大众媒介运用其公众性向受众传达信息并从中获得收益的手段。也就是说，广告是一种信息传播形式，将信息传递给受众。但在精神文化生活愈加丰富的今天，广告更多的是一种社会现象，承载着社会文化，甚至它本身已被看做一种文化。很多优秀的广告作品本身就是一种审美艺术，蕴含着丰富的精神文化，对社会精神文明建设都有不可忽视的作用。许多广告作品中都含有社会道德观念的内容，这些道德规范经由广告在媒体上不断刊播而得以广泛传播。在众多广告类型中，公益广告和运用情感诉求的商业广告对道德的弘扬尤其

---

① 桂节：《大爱清尘：让尘肺病三个字人人皆知》，载《中国青年报》，2015 年 2 月 4 日。
② 韩浩月：《"心灵鸡汤"是否适应网络时代》，载《文汇报》，2007 年 11 月 10 日。
③ 王鑫：《微信官方数据披露：什么样的文章更受欢迎》，腾讯科技，http://tech.qq.com/a/20141230/007569.htm，访问日期，2016-03-21。
④ 张建设、边卓、王勇、朱磊：《广告学概论》，北京大学出版社 2012 年版，第 1 页，绪论。

重要。

1. 公益广告

公益广告是有别于商业广告的一种非营利性广告类型，它往往以精神文明内涵为主题，由一定的组织团体主导制作，对公众起到提醒、引导与警示的作用。相较于普通的商业广告，公益广告不以盈利为目的的，它的制作主要着眼于社会公共利益而非获取经济效益，主要为了对社会观念层面产生一定的影响，"劝人从善"往往是这些广告的第一目标。正如广为传颂的一句话："公益广告也是一盏灯，如果能点亮其他的灯，那么整个社会就是一片光明，希望公益广告像一盏灯一样传递文明和良好社会风尚。"由于纯粹为了大众利益的性质，加上广告本身的直观、生动、效果潜移默化的特征，公益广告为道德规范的传播提供了优良的土壤，其在公民道德建设中有着重要的地位。

公益广告涵盖范围是十分广阔的。就形式上来说，它可以是平面广告、声音广告以及影视广告；就内容来说，它既包括提倡中华民族传统道德，又传播具有时代精神的社会主义美德，它涉及公民道德的各个领域，倡导包括家庭道德、职业道德、社会公德等各方面的优良道德。电视公益广告是普通大众接触得最多的一个类别，而其中的翘楚当首推"央视"公益广告。"央视"公益广告源自1987年的"广而告之"栏目，随着我国广告业的发展，其数量逐渐增多，创作手段、表现形式以及内容安排不断创新，可以说承担起了我国电视公益广告制作发行的主要责任，在传递公益正能量方面发挥了不可或缺的作用。[①] 其制作的一些优秀的广告作品广为公众传送，凭借着广告本身形象直观的特性，其中表现的道德风尚也为人们理解而广泛传播。

"央视"公益广告《Family——有爱就有责任》以汉字"家"的英文单词"FAMILY"为创意中心，用字母"F"代表父亲，字母"M"代表母亲，字母"I"代表儿女，仅仅通过这些字母的拟人化动画来展开广告创意，其字幕配词字字指向孝敬父母的传统美德：

> 小时候，爸爸是家里的顶梁柱。高大魁梧的爸爸为整个家遮风挡雨。温柔贤惠的妈妈相夫教子，渐渐地，我长大了。少不更事的我早已想挣脱爸爸妈妈的拘束，再次顶撞了唠叨的妈妈。渐渐长大的我体会到了生活的艰辛，这时我发现，爸爸的背早已驼的不成样子。妈妈的身体也早已臃肿。是时候来尽一个子女的责任了，用一双手来保护整个家。做父亲的拐杖，让他有一个肩膀可以依靠。给母亲撑一把爱心伞，为她遮蔽夏日的骄阳。

广告最后，画面巧妙地将单词"FAMILY"的每一个字母做了扩充，从而形成了"Father And Mother I Love You"——"爸爸妈妈我爱你们"的宣言，这些单词最后汇聚成一个"家"字，告诉公众"有爱就有责任"。

2. 情感诉求的商业广告

类似的具备弘扬正能量作用的广告在商业广告中也频频出现。商业广告是我们最常见到的一种广告，它由广告主出资，广告公司作为中介，最终以广告产品的形式在各种媒介

---

① 张步中、许天伦：《央视近年来公益广告传播探析》，载《中国电视》2012年第9期。

上展示出来。它是企业与商家推广宣传自我的重要手段，也是各种媒介的最主要收入来源。它与公益广告最大的区别，就是追求经济效益，追求将产品或服务和品牌或企业宣传出去，并不像公益广告那样，在思想内容上有硬性的要求。但是一些情感诉求表现手法的商业广告，往往将社会公德、传统美德等正能量融入其中，在自我宣传的同时，也弘扬了一定的社会道德规范。

情感诉求是电视广告常用的一种内容表现手法。这类广告结合人们的感情因素，运用故事性的表现手法，使受众获得情感体验，最终产生购买欲望。情感诉求类的电视广告往往选择最能打动人、让人感动的故事性内容铺开广告，这很多时候就涉及人类日常生活中表现出的美德，通过这种形式，社会道德规范得以弘扬。

许多有名的感人广告广为人们传颂，例如我国台湾地区播放的大众银行广告《母亲的勇气》、三菱汽车广告《回家的路》都选择了感人的亲情故事作为广告的内容，表现了父爱、母爱与坚韧的人类道德精神；泰国播放的潘婷广告《You Can Shine》和《K-clean 牙膏·黑人篇》则诉诸乐于助人和自强不息的美德；而2012年百事公司推出的长达八分钟的微电影广告《把快乐带回家》可谓近年来最为成功的情感诉求广告之一。该广告云集张国立、古天乐、周迅、罗志祥、张韶涵、霍思燕等明星，却没有走打造明星秀场的路子，而是依靠明星们演绎的一个温馨感人的过年回家的故事，针对年轻人群体展开了强大的亲情情感诉求。广告在社会上引起了巨大的反响，构建了百事公司及其产品的形象。更为重要的是，通过呼吁人们过年回家与老人团聚，将一股暖暖的正能量注入公众心中。

第三节　媒介鞭挞丑恶，揭露黑暗

媒介扮演着社会道德的调节器、教育者与重塑师的角色，除了传递正能量、弘扬道德规范，它也起到了揭露社会黑暗面、鞭挞丑恶现象的功能，我们通常称之为媒介的舆论监督。媒介以"社会之眼"的角色，观察社会道德事件，将其中的丑恶与黑暗无情地公之于众，暴露于公众眼前，使之接受人们的批评与监督。

一、纸质媒体的批评监督

作为最早产生的大众媒介，纸质媒体有悠久的发展历史。但纸媒也并非在产生之时就参与社会监督。在媒介传播史上，人们真正开始重视大众媒介的舆论监督功能，要从美国的"揭黑运动"来说起。这个被称为"拯救美国"的运动，正是由大众传媒主导的对社会黑暗面的揭露行动，可谓媒介舆论监督功能最早的集中体现。"揭黑运动"发生在19世纪末20世纪初的美国，这一时期，美国进入工业化社会转型，工人群体与中产阶级发展壮大，但社会财富却愈加集中于少数人手中，加上社会不良风气盛行，社会矛盾与阶级矛盾由此激化。此时，美国报业已经历了普利策、赫斯特等报人引领的"黄色新闻"阶段，对社会丑恶面的揭露有了一定的实践，报纸与杂志等纸媒开始注重自身的独立性与社会责任。面对矛盾重重的社会，大部分纸媒开始以"揭露黑幕"为主要工作：对政治腐败、拜金主义、损人利己的商业行为等现象展开大规模的揭发批判。一批著名报刊的揭黑报道相继问世，例如普利策的《纽约世界报》，常刊登对腐败、贪污等行为揭露的报道；再如新《太阳报》

和其揭黑作品《穷人的孩子》《另一半人怎样生活》；而著名杂志《麦克卢尔》于1903年1月同时刊载的三位知名记者的报道掀起了"揭黑运动"的高潮：林肯·斯蒂芬斯的《明尼阿波利斯之羞》、埃达·塔贝尔的《美孚石油公司史：1872年石油战》和雷·贝克的《工作的权利》，它们分别从政界、企业界和劳工界三大领域对美国社会弊端进行了无情的揭露。①

媒体行动最终促成了政治上的"进步运动"，推动了美国社会的健康发展，为社会确立优良道德规范的发展轨道。更为深远的是，"揭黑运动"为大众媒介从实践方面确立了社会监督的功能，"调查性报道"、"批评报道"等监督形式流传下来，在其后历史时期对社会产生了深远的影响，促进了社会道德秩序持续健康发展。

这样的影响不仅仅限于美国社会，"社会监督"与"黑幕揭发"的新闻传统经过国际文化交流，广为全球传媒界所接受。我国的纸媒在对社会丑恶现象的揭露于批判方面也有很大的影响。从小的地市报纸到大的中央级党报，从省级刊物到国家级杂志，都刊载有揭露社会不良道德现象的相关报道与文章。作为最接近地方人民群众的地市报，它们往往从地方新闻出发，揭露百姓日常生活中的丑恶现象，为民众排忧解难；省市和中央级的大报与杂志，则从社会的宏观层面展开调查，揭发政治、经济和社会方面的丑恶现象，维护社会道德规范；更有自身就是定位于深度调查报道的专业报刊与杂志，例如《南方周末》《道德与文明》等，它们深入调查社会事件，将事件的原貌呈现于大众眼前，发人深省。

二、广电媒体的批评监督

广播与电视等电子媒体一经出现，就迅速获得了大量的受众。图像或者声音的拟真体现，使得电子媒体可以为人们提供更为真切的视听觉信息娱乐感受。与此同时，更加拟真、实时、形象的表现方式，也更利于向公众揭示与表现各种社会丑恶现象与黑暗面。以电视为例，无论是纪实性地电视新闻节目，还是供娱乐的影视剧作，都用不同的方法在不同的层面对社会道德进行着批评监督。

电视节目是电视媒体展开批评监督的主要方式，其中尤以新闻节目与专题节目为主。以电视技术为依托，将新闻事件以声音和图像并用的方式传播给受众，就是我们常看到的电视新闻节目。而以新闻为基础，将某种观点和评论传达给受众的，则是电视专题节目。它们都是大众传媒最本职功能——信息传播功能的最好体现。由于电视技术的特性，电视记者往往会在社会道德事件发生的第一时间，扛着摄像机出现在现场，运用纪实性的画面与声音记录事件或者进行事后采访；接着，电视媒体或者直接以新闻的形式将社会不良道德现象公之于众，使其接受公众的批评监督，或者进行更为深刻的调查与剖析，进而制作成专题节目，揭露事件的本质与问题。

随着我国社会转型时期的到来，社会变革衍生的道德失范事件开始增多，自私冷漠、道德责任意识缺乏、诚信缺失等社会公德缺失问题凸显。作为社会道德的重塑师，大众媒体，尤其是受众最为广阔的电视媒体，肩负起批判不良道德与唤起公众良知的社会责任。我国电视道德类节目正是在此背景下发展壮大的。从国家级电视台到各级卫视，都有自己

---

① 吴廷俊：《理念、制度、传统——论美国"揭黑运动"的历史经验》，载《新闻大学》2010年第4期。

设立的电视道德类节目。除了将社会优良道德行为作为表彰进行报道传递正能量，它们也往往选择一些有争议的道德事件、丑恶的不道德行为进行揭露与批判。以"央视"的"道德观察"栏目为例，这个创办于 2003 年的道德建设类电视专题栏目，"直击种种道德事件，一方面对可歌可泣的高尚行为进行讴歌，在感动中激发每个人心中向善的力量；另一方面对种种不道德的行为进行揭露和鞭挞，在震撼中让每个人用思考完成心灵的净化"①。该栏目自创办以来，就致力于推动我国的社会道德建设。将各个社会道德领域的不道德现象、丑恶事件公之于众，引起大众的讨论与批评，进而推出社会美德行为的相关报道，引发人们对丑恶的深思、对"真善美"的向往。这一栏目主要集中于人们日常生活中的社会公德与家庭道德，例如《面对困境的少年》（2014 年 10 月 7 日期），节目讲述了两个小男孩的故事：一个孩子高金刚家庭破碎，生活困苦，而被操纵儿童乞讨的幕后黑手控制；另一个孩子李晓坤的母亲因为家庭暴力而出走，孩子不得不独自照顾病倒的父亲。节目从孩子的视角出发，透视家庭暴力、拐骗儿童乞讨等社会黑暗现象，从孩子的遭遇与家庭的破碎来对这些现象给予道德抨击。"幸福的家庭都有同样的幸福，不幸的家庭各有各的不幸。追问一句，不幸的家庭，谁受的伤害最大？看看李晓坤，您就知道答案了。家庭破碎、母爱缺失、父亲病重、没有稳定收入、没有户口，这些事儿，全让他赶上了。"主持人路一鸣在节目的最后对少年的困境做的总结，正是对社会丑恶现象的有力控诉。

电视媒体也是职业道德批判监督的先锋。随着经济社会的发展，经济利益成为部分人首要的追逐目标，各个行业中的诚信缺失、漠视生命等现象日益严重。特别是在商业与制造业领域，欺骗、假冒、伪劣等现象一次次地出现，给社会职业道德蒙上了层层雾霾。为此，不少电视媒体创设了相关的监督节目，从调查性新闻节目到大型晚会，大众媒体尽其所能发挥着"揭丑"的功用。中央电视台的两档节目《每周质量报告》以及《3·15 晚会》正是这样的例子。创办于 2003 年的《每周质量报告》，"始终致力于产品质量和食品安全领域的调查报道，以打假除劣扶优，推动质量进步为第一诉求，是我国电视新闻界质量新闻领域的旗帜性节目"②。该节目中，有违道德的广告、假冒伪劣的商品、消费陷阱等为世人不齿的现象纷纷被曝光，记者深入事件的现场与背后调查，将罪恶的源头、道德的沦丧以及造成的危害揭发出来，不仅是对公众日常生活的提醒，更是对社会丑恶的强有力的批判。

而于每年国际消费者权益日（3 月 15 日）举办的"3·15"消费者之友专题晚会，更是站在了我国媒体"打黑揭丑"的前线。自 1991 年开播以来，"晚会揭穿了无数的骗局、陷阱和黑幕，维护了公平公正，改变了无数人的命运和人生"③。晚会"揭丑"的目标涉及各个领域的不同等级的主体，例如在 2013 年晚会上，中国电信被曝光为垃圾短消息提供发送渠道，甚至获得巨额收入；而到了 2014 年，另外两大通信运营商中国移动和中国铁通

---

① 央视网：道德观察栏目介绍，http://cctv.cntv.cn/lm/daodeguancha/index.shtml，访问时间：2015-01-29。

② 央视网：每周质量报告官网，http://cctv.cntv.cn/lm/meizhouzhiliangbaogao/，访问时间：2015-01-29。

③ 央视网：《你所不了解的财经频道》大型节目推介会，http://jingji.cntv.cn/special/cctv2tjh0515/index.Shtml，访问时间：2015-01-29。

也未能幸免：被揭发为诈骗电话的幕后黑手；而其他包括医疗诈骗、虚假广告、劣质生活产品的相关社会诚信问题在每年的晚会上都有揭发曝光。我们可以看到，在信息技术发达的现代社会，电子媒体已经运用其自身优势，在对社会不道德现象的批评监督方面起到了不可忽视的作用，肩负起"揭黑揭丑"的社会职能。

三、网络媒体的批评监督

互联网的出现颠覆了传统大众传媒领域，也带给人类社会无穷的变化与可能性。"今天，互联网传播利用一个没有界限的传播系统传播所有类型的媒体——印刷品、广播、电影和录音。"①可以说，网络传播及其所引起的数字革命，将以前几乎所有的媒介传播形式整合起来，以丰富的信息形式与方便快捷的传播手段影响着社会的发展。在社会道德建设领域，网络媒体同其他媒介一样，担负起批评监督的社会功能，在精神文明建设中扮演着举足轻重的角色。

传统的批评监督方式在互联网上每天都在发生，新闻门户网站、传统媒体的网络版都以传统的、组织化的方式审视着社会。然而这不是互联网媒体在"揭黑揭丑"方面的全部力量。随着数字技术的发展，网络产品层出不穷，而人们能直接使用的数字媒介也不断更新。其中，手机、个人电脑与社交媒体相交叉而产生的自媒体，为人们的日常生活带来了巨大的变化。今天，人们可以坐在公交车上，拿着手机通过4G网络访问属于自己的个人媒体：微博、微信、个人主页、博客等。我们可以拍下自己遇到的事情上传到个人媒体上，或者只是以文字的方式表述自己的遭遇或对某事的简短看法；回到家中，我们可以打开电脑，进入社交网络，参与对社会事件的转发与讨论。在互联网媒体中，每个人都成为传播者，仿佛都是社会新闻记者，甚至是全能的：采、编、评、摄，样样可做（虽然专业性与采访权利稍逊于专业记者）。在这样的力量影响下，社会丑恶和黑暗面可能更多地被各种阶层的人群在各种时间曝光，而对它们的监督力度则出现了量与质的提升。

在"量"的方面，网络媒体带来了更多数量的人参与对社会丑恶的讨论与揭发。由于互联网技术的便捷性与实时性，人们可以随时将自己身边的事分享到网络空间供其他人讨论；人们也可以在工作间隙、排队、乘车甚至上厕所时连接网络参与"揭黑"。这也就使得很多在传统媒体时代，可能不太被注意的社会黑暗面得以被揭发，而很多事件也由于网民的参与而得到了更为广泛的传播，引起了更多人的注意。2014年，娱乐圈一大道德事件"文章婚外情"引起了舆论风波。新浪微博官方分析数据显示：该社会事件于微博中持续发酵14天，相关当事人的两条最重要的微博在10小时内转发量超过150万，互动量高达668万，而阅读量更是达到2.8亿；相关的热门关键词如"周一见"、"文章"、"且行且珍惜"等的讨论量与阅读量在3天内分别达1000万和9.5亿。② 网民纷纷参与事件的讨论与传播，观点多为对当事人中的道德败坏现象的批评，如此大范围的传播，使得当事人文

① ［美］谢丽·比亚吉：《媒介/影响——大众传播媒介概论》，宋铁军译，中国人民大学出版社2011年版，第187页。
② 李璐：《2014年微博话题年终盘点》，微报告，http://data.weibo.com/report/reportDetail?id=214，访问时间：2016-03-27。

章的道德形象与事业均跌入低谷。

在"质"的方面，网络媒体使得普通民众在社会"揭丑"中也能起到重大作用。相比传统媒体，互联网的准入门槛相对较低，除了能增加批评监督的数量，也从传播者这一端改变了"揭丑"的性质：一种全民性的对社会丑恶的监督批评。民众通过深度挖掘不良道德现象，借助互联网的传播，也能引起全社会的关注。微博打拐就是一个民众参与并起到作用的典型范例。这个始自于2011年的网络公益活动，发起于学者于建嵘的微博"随手拍解救乞讨儿童"，随后微博得到众多网友的响应，大家开始拿起自己的便携设备参与事件，直接曝光身边的"拐卖儿童乞讨"的丑恶现象。与此同时，公安部门、传统媒体等社会力量也参与进来，许多被拐儿童由于民众的直接参与而得到解救，部分人贩子伏法。该活动得到了媒体、社会活动家的肯定，"微博打拐"的微博、公安机关的相关机制建立起来，直至今日，该活动依旧保持着很高的参与度。可以看到，每一位参与进来的民众都在其中发挥了监督作用：他们揭发身边的丑恶，持续关注事件，并最终促成了事件的解决。同样的机制也出现在"微博反腐"中。官员腐败这一违法现象自古以来为民众所唾弃，它不仅严重阻碍社会政治经济的发展，也腐蚀了社会精神文明。自2012年起，反腐由民众自发地在微博中开展起来。公职人员的性丑闻、贪污、玩忽职守、出位言行等职业道德失位现象在微博中被大量揭露，很多人由此遭到质疑，被公安机关调查，有些则最终难逃法网。例如2012年被查的陕西省官员杨达才，正是由于一张其在某特大交通事故现场微笑的新闻图片而被揭发的。这位被网友取名为"微笑局长"的官员，先是因为新闻图片中毫无人性关怀的不良道德行为而引起了民众愤怒，遭到批评声讨；接着网友深挖其他新闻图片，更是发现这位官员在不同场合佩戴多块名表、名眼镜，价值不菲，绰号进而变为"微笑表哥"。就这样，从"微笑局长"到微笑表哥，这位官员的恶劣行径与对其受贿的质疑广为传播，在这样的网络监督之下，杨达才最终落马，被判处受贿罪、巨额财产来源不明罪。

◎ 思考题：

1. 为什么说媒介是人生的道德标尺？媒介在道德规范确立的过程中起到了什么作用？

2. 想想看在你的日常生活中，媒介是怎样影响你和你身边人的道德观的？这种分别可以对应新闻学与传播学的何种理论？

3. 选取一个本章所提及的新闻报道、电视节目或者媒介产品，试详细分析媒介是如何进行标杆树立、道德弘扬或者批评监督的。

第四章 媒介与人的价值观

关于价值观最经典的论述是克拉克洪的界定："一种外显或内隐，有关什么是'值得的'的看法。"国内学者黄希庭则使用了更为通俗易懂的话语来阐述："价值观是人们区分好坏、美丑、益损、正确与错误、符合或违背自己意愿的观念系统，它通常是充满情感的，并为人的正当行为提供充分理由。"①

从广义上来说，人的价值观是在学校、家庭和社会的共同影响下形成的。现如今，大众传播媒介渗入到人类生活的方方面面，直接影响人们的价值判断与选择，可以说，新时期媒介建构着人们的价值观。

第一节 媒介对人价值判断的影响

价值判断与价值观紧密相连，价值判断即关于价值的判断，是指某一特定的客体对特定的主体有无价值、有什么价值、有多大价值的判断。② 媒介建构着人们的价值观，从而影响了人们的价值判断。

媒介对人价值判断的影响主要表现在两个方面：第一，不同时代媒体报道内容（议题设置）不同，相应地，人们认识世界的角度、方法、观点就存在差异。第二，不同时代，随着媒体形式和技术的发展进步，人们的思想发生转变，这也会影响人们的价值判断。下面为大家进行逐点论述：

一、媒体报道内容的演变，影响人的价值判断

我国的新闻事业从整体发展的时间维度来划分，其历史时期大致可以分为五个阶段：第一阶段：唐朝至1815年，为中国古代的新闻活动时期；第二阶段：1815—1894年，为中国近现代报业的诞生、创建与初步发展时期；第三阶段：1895—1927年，为民族报业的崛起时期，新闻事业不断走向成熟；第四阶段：1928—1949年，为两极新闻事业（无产阶级新闻事业和国民党新闻系统）在对峙中发展的时期；第五阶段，1949年至今，为社会主义新闻事业的曲折探索与发展时期。③ 相应地，在不同时期，媒体报道内容也会不同，即议题设置不同。根据传播效果论中的"涵化理论"可以得知，媒介会影响受众关注有关社会现实的观念。下面将以报纸在我国的发展为例，分述媒介是怎样在不同时代影响人们

---

① 转引自乔云雁：《员工价值观与情绪调节的关系研究综述》，载《管理观察》2012年第33期。
② 何进：《价值判断与历史客观性的哲学分析》，载《决策与信息（下旬）》2010年第5期。
③ 黄瑚：《中国新闻事业发展史》，复旦大学出版社2001年版，第173页。

的价值判断的。

1. 中国古代新闻活动时期

把唐朝定为中国古代新闻活动的开始，是借鉴了著名新闻史学家方汉奇先生关于古代报纸起源的观点。他经过论证认为，中国报纸始于唐代，而《进奏院状》是现存的中国最早的报纸，也是现存的世界上最早的报纸。本书亦把报纸的产生作为新闻活动的开始。

当时社会上传播物有两类：官报和民间小报。官报的主要内容是重大的政治信息，包括皇帝的诏旨、官吏的任免等。民间小报则与官报对立，一开始属于非法传播物，但它是社会历史发展的必然产物。宋代地方经济发展、边关军事活动增多，使得人们更加关心时事动态，而官报的严格管理制度限制了消息来源，影响了消息传递的时效性，小报因此应运而生。小报的内容仍以政治信息为主，多是"朝报未报"或"官员陈乞未曾实行"的"朝廷机事"，其新闻是秘密"探"得的消息。

由此可见，中国古代新闻活动时期传播的内容主要都是统治阶级的活动和思想。统治阶级在政治上不断加强皇权，实行高度中央集权的封建君主专制制度；经济上，实行封建土地所有制；文化上，以儒家思想为核心，倡导三纲五常为伦理道德规范；社会结构上，是族权和政权相结合的封建宗法等级制度。这些封建制度与伦理纲常通过官报和民间小报在社会上流传，这就导致了当时中国主要价值观的伦常是："天、地、君、亲、师。"

2. 中国近现代报业的诞生、创建与初步发展时期

1815 年到 1894 年，是中国新闻史上一个特殊的时期，这期间外报在中国占统治地位，从《察世俗每月统纪传》《东西洋考每月统纪传》到《万国公报》《申报》再到《蜜蜂华报》《广州纪录报》等，外国人在中国出版了中文报刊 80 多种，外文报刊 130 多种，基本上垄断了当时中国的新闻出版事业。[①]

外国人在华办报的目的有三个：(1) 赚钱；(2) 传教；(3) 宣传西方文明。以马礼逊和米怜主编的第一家中文近代报刊《察世俗每月统纪传》为例，这是一份较纯粹的宗教刊物，"以阐发基督教义为根本要务"。内容以宗教宣传为主，半数以上的篇幅用来介绍基督教教义、讲解《圣经》的基本思想。该报还辟有《圣经节注》专栏，讲解圣经中的一些警句。还有一些报纸如《万国公报》，主要刊载《京报》新闻、中外新闻、教会近闻以及一些科学知识。在刊物的扉页上还印有一行小字说明："本刊是为推广与泰西各国有关的地理、历史、文明、政治、宗教、科学、艺术、工业及一般进步知识的期刊。"[②]

这一时期的媒介为大众设置议题主要是"基督教义"和"西方文明"，它对当时人的价值观和价值判断的影响主要表现在两个方面：(1) 马礼逊来华，使在中国消失 80 多年的基督教再一次来到世人面前，从此基督教慢慢在中国站稳了脚跟。基督教义也被人们广泛接受，成为人们价值判断的标准。(2) 西方文明的传入，使得中国人开始了解更多关于世界的信息，西方的近代思想、制度开始为一部分中国人接受，他们的价值判断随之改变，改变了对清政府的愚忠、愚信，开始了尝试改变中国命运的行动，如王韬在创立《循环日报》之时就强调"办报立言、救国图强"。这一时期的价值判断以"改良"为标准，强调"强

① 方汉奇：《中国新闻事业通史》第一卷，中国人民大学出版社 1992 年版，第 430 页。
② 方汉奇：《中国近代报刊史》(上)，山西人民出版社 1981 年版，第 24 页。

中以攘外，诹远以师长，变法以自强"。

3. 民族报业的崛起时期

1895 年到 1927 年间有两次重要的政治运动：维新运动和辛亥革命。伴随着这两次重要的政治运动，国人也迎来了两次办报高潮，价值判断也经历了两次变迁。

(1)维新运动时期。据统计，从 1896 年至 1898 年仅 3 年间，国人新办报刊就达 105 家，其中与维新派有关的报刊占总数的 70%以上。[①] 这些报刊都是为了宣传"维新变法"，抨击"君主专制制度"和"清王朝的统治"。当时的主流价值观是"资产阶级改良运动"，戊戌变法运动失败后，慈禧太后逮捕并处死 6 名变法派人士，分别为谭嗣同、林旭、杨锐、杨深秀、刘光第与康广仁(史称"戊戌六君子")，史载，"就义之日，观者万人空巷"。

(2)辛亥革命时期。经历了"资产阶级改良运动"的失败后，"资产阶级革命派"开始登上历史的舞台，他们为宣传资产阶级革命运动创办了一系列的革命报刊，如《中国日报》《民报》等。1905 年孙中山在《民报·发刊词》中首次提出的三民主义与"驱除鞑虏，恢复中华，创立民国，平均地权"的革命指导思想遥相呼应。为了配合革命，报刊通过各种新闻和言论为民众建构了"迫切需要推翻清王朝统治，建立中华民国"的大议题，其宣传所带来的结果是当时人们的价值判断以"民主、共和"为标准。这为辛亥革命一举推翻清王朝的统治，以及后来结束军阀混战实现形式上的统一奠定了思想基础，"民主与共和"成为人心所向。

4. 两极新闻事业在对峙中发展的时期

从 1928 年到 1949 年，中华大地上出现了两党对峙的局面：中国共产党和国民党的对抗。中国共产党以"马克思列宁主义"作为党的指导思想，力求建设"以工农联盟为基础的人民民主专政的社会主义国家"；国民党以孙中山先生的"三民主义"为指导思想，谋求建设"资产阶级民主共和国"。

两党纷纷建立自己的刊物宣传本阶级的思想，如共产党的《向导》《中国青年》《解放日报》《新华日报》等，以及国民党的《中央日报》等。当时社会主要的价值观是"社会主义"和"资本主义"。这两个价值观的对峙经历了三个阶段：(1)赞同资本主义的多于赞同社会主义的；(2)资本主义与社会主义势均力敌；(3)社会主义取得胜利，在中华大地上建立了人民民主专政的社会主义国家，"自由、民主、平等"成为这一时期人们价值判断的依据。

5. 社会主义新闻事业的曲折探索与发展时期

1949 年至今的这段时间在新闻史上被定义为社会主义新闻事业的曲折探索与发展时期。以改革开放为界，媒介新闻报道的内容和方式发生改变，人们的价值观也随之有了变化。

改革开放之前，报纸是单一的党委机关报，媒介报道的内容都是与自身的建设与发展有关，以《人民日报》上刊载的文章为例，《从一封党员来信说起》《不要蛮干》《充分发挥我国知识分子的潜在力量》等。举国上下在共产主义社会的理想号召下齐心协力建设新中国，也就导致了当时社会的一元价值观，这种一元价值观可以表现为"集体主义"或"理想

---

① 李新颖：《中国近代报刊文人论政的嬗变过程》，载《学术交流》2005 年第 2 期。

主义"亦或"精神至上"，此时人们的价值判断以社会主义核心价值观为准。①

改革开放之后，各类新闻事业的发展都迎来了新格局。以报纸为例，1978 年年底，全国报纸的数量只有 186 种，但截至 2002 年年底，全国共出版报纸 2137 种，其中全国性报纸 212 种，省级报纸 771 种，地、市级报纸 893 种。② 报纸结构也从单一的党委机关报，变为以党报为主体，晚报、都市报、经济类报纸并存的局面。报道内容也大大丰富，涉及新闻、财经、股票、科技、娱乐、汽车、游戏、软件等。这些报道内容为人们建构了对"需要的欲望"，从而导致人们对金钱和权力的盲目崇拜，产生了"个人主义"、"现实主义"、"拜金主义"的价值观。价值判断的标准越来越趋向实用主义。

二、媒体形式的演变，影响人的价值判断

随着近代社会的到来，人类传播信息的能力又发生了一个巨大的、划时代的变化。这一变化就是大众传播媒介的出现，所谓大众媒介即指能大量复制信息的媒介。当前的大众传播媒介，既有传统的媒介，如报纸、广播、电视、期刊、书籍、电影，也有现代的传媒，如网络媒体、移动媒体、数字媒体等。本书将从报纸到广播、电视，再到网络等新媒体的媒体形式发展，来分析不同媒介形式对人的价值判断的影响。

1. 印刷术和大众报纸

史料可查最早的印刷术是我国公元前流行的印章捺印和公元 2 世纪末的拓印，所谓拓印就是用纸和墨从石碑上拓下图文的复制方法。之后宋朝毕昇在 1041 年至 1048 年间发明了活字印刷术，这些都使书籍的印刷比较方便。大众报纸的兴起则是在古腾堡印刷术出现以后。

印刷术和大众报纸的出现给当时的社会带来了怎样的影响呢? 针对这一问题，日本科技史学者汤浅光朝认为："印刷术的发明作为人类解放思想的武器，与火药的爆炸力相比，及强烈影响之所及是更大的。中世纪学术被僧侣阶级垄断，哲学成为神学的婢女，科学堕落为巫术，技术被禁闭在行会的小圈子里，这些都与缺乏保存和传递知识的工具有关。在使世界理性的生命力变的旺盛并使其水准显著提高方面，印刷术的文化史价值是必须给予极高评价的。"③

通过报纸传递给大众的信息是以书面文字的形式出现在大众面前的，因此它要求读者具有一定的知识水平。同时，由于报纸上的新闻报道一般具有深广性、知识性和逻辑性，要求受众在阅读信息时必须充分调动自己的思维，认真阅读与思考。这就造成了伴随报纸成长的一代人比较的理性、保守和严谨。

2. 广播和电视

广播和电视的出现是一系列技术积累的结果也是社会需求的产物，它们的出现使人类的传播事业迎来了新的巨变。1906 年，被称为"无线电之父"、"电视之祖"的美国发明家

---

① 廖小平:《改革开放以来中国社会的价值观变迁》，载《湖南师范大学社会科学学报》2005 年第 6 期。

② 笪秉宏:《〈大江晚报〉拓展发行渠道的策略》，中国科学技术大学 2003 年硕士论文。

③ 阂大洪:《传播科技纵横》，警官教育出版社 1998 年版，第 2 页。

德弗雷斯，发明了"音频管"电子元件。音频管是无线电信号的电子放大器的关键原件，正是这一发明使声音的无线电传播成为可能。1920年，美国西屋公司在匹兹堡获得电台营业执照，1921年开始在纽约定期广播。1939年，美国出现电视表演，到1948年，美国已经有大约70座电视台在运营，几百万台电视机得到了使用。

麦克卢汉在其著作《理解媒介——论人的延伸》一书中提出两个著名的传播概念，即"热媒介"和"冷媒介"。所谓"热媒介"，就是传递的信息比较清晰明确，接收者不需要动用更多的感官和思维活动就能理解。而"冷媒介"，则是传递的信息少而模糊，接收者在理解之际需要更多的感官和思维活动的配合。① 他把"手稿、漫画、电影、电话、电视、口语等"归属为冷媒介，把"书籍、报刊、广播、无声电影、照片等"归属为热媒介。

但是对于这一划分学术界一直存在着争论，而把电视归类为冷媒介很有可能是当时的社会背景造成的。《理解媒介——论人的延伸》一书是1964年出版的，作者对于电视媒介的论述应该建立在对20世纪50年代以及60年代初期电视发展状况认识的基础之上，而当时的电视技术还很不完善，收看效果也很不理想。直到1952年美国联邦通信委员会颁布"第六号报告与命令"文件，批准美国无线电公司研制的兼容制彩色电视系统投入使用之前，电视机都是黑白的。② 所以在当时电视属于"冷媒介"，但随着其不断发展，电视已开始向"热媒介"转变。

作为广播电视的"热媒介"究竟"热"在哪里呢？首先，与印刷媒介相比，广播和电视在传递信息时对受众没有知识能力的要求。其次，广播和电视与人的感官发生了更全面的联系，报纸只能看，而广播却可以听，电视更是集视听功能于一体。最后，广播和电视提供的信息内容不仅多而且比较清晰。

伴随着广播和电视成长起来的一代人，被称为"土豆人"、"沙发人"或日本传播学者中野牧口中的"容器人"。"容器人"注重自我意志的自由，对任何外部强制和权威都不采取认同的态度，但却很容易接受大众传播媒介的影响，他们的行为也像不断切换镜头的电视画面一样，力图摆脱日常繁琐性的束缚，追求心里空间的移位、物理空间的跳跃。③ 这一时期的人们拒绝客观拒绝事实，但是把电视奉为经典，价值观和价值判断在很大程度上受电视等大众传播媒介的影响。

3. 网络新媒体

1946年电子计算机的原理被提出，1949年第一台样机的电子计算机技术制成，在1947年贝尔电话实验室的3位工程师发现以硅元素为主要成分的廉价体小的半导体广泛运用后，以个人电子计算机的形式得到普及，这是互联网存在的首要基础技术；而以光缆和程控交换为主要技术的通信网的建立，是互联网存在的又一重要基础技术。

网络传播的特点是，它既可以进行大众传播、组织传播、团体传播，同时还可以进行人际传播，不仅具有全球性、高速性、互动性，同时兼具巨大的信息存储与检索能力。它

---

① ［加］马歇尔·麦克卢汉：《理解媒介——论人的延伸》，何道宽译，商务印书馆2000年版，第174页。

② 郭镇之：《中外广播电视史》，复旦大学出版社2005年版，第24、140页。

③ 汪萍：《关于新媒体环境下人际传播"病变"的思考》，载《学园·学术论坛》2012年第1期。

所涉及的内容包含经济、政治、文化、教育、体育、娱乐、医疗、科研、商务等社会各个领域，网络就是一个多功能的平台。

伴随着网络成长的一代是现在的青少年，而在当今青年人的生活中网络扮演着尤为重要的角色。那么网络等新媒体给这些人的生活带来了怎样的改变呢？国内关于这一方面的研究主要集中在"大众传媒对大学生核心价值观的影响"、"大众传媒对社会主义核心价值观的塑造"以及"青少年价值观形成的主要媒介因素分析"这三个方面。主要的研究结果是：大众传媒一方面塑造了人们社会主义核心价值观的形成，另一方面又冲击了人们的社会主义核心价值观。这主要是看媒介怎样进行议题设置。总的来说，网络等新媒体出现后，人们获取信息越来越方便，信息的内容也越来越丰富，无论你有何种困惑，都可以在电脑前找到答案。但是网络信息良莠不齐的现象明显，而且很多信息真假难辨，这对盲目相信网络的青年一代来说是很危险的。

随着互联网、手机的普及，网络视频、电子邮件、论坛、QQ、MSN 等的广泛使用，信息知识不再是知识分子、某个阶级或集团的垄断物，各种传统的、现代的、西方的、东方的、主流的、非主流的信息向普通民众扑面而来，社会的思想和文化也得到了进一步的丰富和发展，社会价值观也越来越多元化与复杂化，人们的思想也越来越自由、开放。

第二节　媒介是价值观的多棱镜

多棱镜是由透明材料做成的截面呈三角形的光学仪器，也叫棱镜，光学上，把横截面为三角形的透明物体叫做三棱镜，光密媒质的棱镜放在光疏媒质中（通常在空气中），入射到镜侧面的光线经棱镜折射后向棱镜底面偏折。① 多棱镜经常被用在摄影里，又称"多棱镜"摄影，多棱镜的每个平面都能把被摄像体折射出一个影像。②

在生活中，人们经常用"多棱镜"来形容某一现象所折射出来的现实意义。郝铭鉴在《语言是一面镜子》一文中写道，"语言是一面镜子，从中不但可以看到时代的身影，还可以看到特定的社会环境，特定的文化风貌"③。媒介作为价值的多棱镜，通过其传播内容，传播不同的价值观、人生价值观、婚姻价值观、家庭伦理价值观等。

一、媒介对受众各种价值观的影响

1. 选题影响受众的人生价值观

2016 年 4 月，《第一财经周刊》发布新的一线城市榜单，除北京、上海、广州、深圳外，新的一线城市有：南京、武汉、沈阳、西安、成都、重庆、杭州、青岛、大连、宁波等。④ 这些城市都具有一定的规模，经济实力雄厚，同时具有一定的政治地位，是许多青

---

① 互动百科：《多棱镜》，http：//www. baike. com/wiki/%E5%A4%9A%E6%A3%B1%E9%95%9C。
② 百度百科：《多棱镜摄影》，http：//baike. baidu. com/view/956759. htm？fr＝aladdin。
③ 郝铭鉴：《文字的味道》，上海人民出版社 2006 年版。
④ 《15 个新一线城市出炉；武汉上榜排名第三》，新浪网，http：//hb. sina. com. cn/news/d/2016-4-25/detail-ifxrpvea1163085. shtml，访问时间：2016-03-27。

年人心向往之的地方。

本章搜集了《人民日报》2014 年 8 月 1 日至 8 月 13 日 01—04 版的要闻进行研究。这期间共刊出了 405 篇新闻报道，仅北京、上海、南京的具体报道就有 22 篇（排除相关报道）。核心城市基本都是政治、经济中心，它们的发展与变动直接关系到省、市乃至国家的利益，媒介大量报道理所当然。

媒介选择核心城市进行大量报道，一方面拓宽了受众的视野、增强了其时政知识；另一方面影响了受众的人生选择。信息闭塞时期，受众如井底之蛙，认为自己头顶的云彩就是整片天空，固步自封，很容易满足于自给自足的生活状态。当时民间有句俚语形容这一状态，"三十亩地一头牛，老婆孩子热炕头"。随着信息时代的到来，一个又一个大众媒介把五光十色的外部世界带到了大众面前，人们恍然惊醒，并迅速融入这一时代，成为社会化的人。同样信息时代也衍生人的欲望和希望，"美国梦"被复制到中国，人们开始相信，"在中国这片土地上只要你肯努力肯付出，就能成功"，纷纷涌入大城市。

一直到现在，核心城市仍是很多人学习、工作和生活的首选，这是媒介在议题设置突出区域优势的结果。

2. 报道内容影响受众的价值观

2002 年以来，中央电视台推出"感动中国"年度人物评选活动，通过选取典型人物，讲述典型人物故事，传达中华民族传统的道德观和价值观，树立新时代的精神丰碑。"感动中国"是电视媒体弘扬社会主义核心价值观的尝试，同时也是主流媒体传播社会主义核心价值观的典型。[1] 伴随着对社会主义核心价值观的宣扬，感动了无数中国人。

随后，各种"感动"节目、报道接踵而至，媒介积极发挥其弘扬社会主义核心价值观的主力军作用。如《温州晚报》就曾在《学习雷锋纪念日》当天推出"雷锋就在身边"栏目，邀请读者讲述身边的好人好事。《温州都市报》精心策划了"感动温州"十大人物评选活动，积极承担塑造社会主义核心价值观的社会责任。[2] 现今，《人民日报》推出"点赞中国"征文活动，开设"点赞中国"专栏。围绕"富强、民主、文明、和谐，自由、平等、公正、法治，爱国、敬业、诚信、友善"关键词，发现生活中的真善美，传递社会正能量，为值得推崇的人物点赞，让激荡人心的善行接力，印证国家发展、社会进步、价值传承，培育和弘扬社会主义核心价值观。[3]

个人的社会化理论认为，大众媒介通常能够潜移默化地使大众接受或认同社会公认的价值观念和行为规范，从而使个人和社会取得协调一致。[4] 当今中国处在转型期，各种不稳定、不确定因素的存在一定程度上冲击了社会主义核心价值观，改革开放、经济全球化的脚步不断加快，使得各种西方文明和价值观流入中国，一元价值观向价值观多元化转

---

① 沈正赋、高倩：《电视媒体弘扬社会主义核心价值观的可行性分析——以中央电视台〈感动中国〉特别节目为例》，载《声屏世界》2014 年第 4 期。

② 郑式平：《核心价值观塑造中的媒体责任》，载《青年记者》2012 年第 26 期。

③ 《人民日报社"点赞中国"大型互动活动启事》，载《人民日报》，2014 年 8 月 5 日。

④ 百度文库：《传播学 110 个经典名词》，http：//www.baidu.com/link？url＝ISZT3dUtvXDXAcs4UAgTKXfTXww。

变。此时，媒介建构"弘扬社会主义核心价值观"的议题，再一次把受众的注意力便转移到社会主义核心价值观上，媒介通过说服、诱导、鼓励、激发等方法，带领国人重新领略了中国传统道德和社会主义核心价值观的魅力，并在社会上形成一种共识，推动了社会主义核心价值观的弘扬。

3. 杂志对人婚姻价值观和家庭伦理价值观的影响

杂志是有固定刊名，以期、卷、号或年、月为序，定期或不定期连续出版的印刷读物。它根据一定的编辑方针，将众多作者的作品汇集成册出版。在中国具有代表性的杂志有《读者》《青年文摘》《意林》《萌芽》《时尚》《瑞丽》等，这其中《读者》《青年文摘》《意林》《萌芽》属于综合性期刊，《时尚》《瑞丽》属于专业性期刊。

据《移动中的90后》对二线城市的"90后"调查显示，被问及过去一年接触杂志媒体比例时，选择"有"的学生占90%，选择"没有"的学生占"10%"。由此可见，绝大多数"90后"大学生仍是杂志的读者，杂志媒体仍在"90后"大学生群体中保持较高的使用率，杂志媒体仍然被"90后"大学生接受和认可。[①]

受众对杂志媒体的接触与认可，使得杂志媒体传播的内容对受众的价值观形成影响。甘肃人民出版社于1981年在兰州创办了《读者》（原名《读者文摘》），1993年更名为《读者》，是中国大陆发行量最大的杂志之一。作为综合性期刊，《读者》的编排形式为"卷首语+文苑+书林一叶+人物+名人轶事+社会+杂谈随感+话题+社会之窗+人生+人世间+人生之旅+婚姻家庭+两代之间+青年一代+生活（心理人生、理财、经营之道、文明、在海外、他山石、知识、历史一页）+悦读（幽默小品、言论、漫画与幽默）+意林+点滴+资料卡+互动"。

《读者》的分刊都会有"婚姻家庭"和"两代人之间"这两大板块，选择传播的主要有"致伴侣们"、"真正的爱不是让人疯狂的爱"及"母爱的重量"等类似文章，通过一个个感动人心的小故事传播"尊重、平等、理解、包容、仁爱、孝顺"的恋爱婚姻和家庭伦理价值观，使受众在接受传播内容的同时，认真思考，不断完善自己的价值观念，践行大众传媒建构社会主义核心价值观所倡导的"相亲相爱、相互扶植"婚姻家庭的社会责任。

二、电视剧对受众价值观的影响

调查显示，中国二线城市"90后"大学生最喜欢的国家和地区的电视剧分别是：中国内地（68.8%）、美国（49.2%）、中国香港（35.6%）、中国台湾（30.1%）、韩国（30%）、英国（9.5%）、泰国（8.7%）、日本（7.8%）、印度（3.2%）、法国（3.1%）、德国（1.3%）。[②] 韩剧是二线城市90后大学生观看电视剧是的主要选择之一。

韩剧的成功原因有三：（1）政府的大力支持。1997年亚洲金融危机爆发，1998年韩国提出"文化立国"战略，影视业被视为"文化立国"战略中的重中之重，为此，韩国政府采取了一系列支持措施，如支持影视业按市场经济规律办事；设立文艺振兴等专项基金；

---

① 沈红、郭嘉、纪中展、杨雪萍：《移动中的90后》，机械工业出版社2014年版，第173页。
② 沈红、郭嘉、纪中展、杨雪萍：《移动中的90后》，机械工业出版社2014年版，第174页。

相关财政支出在国家预算中也提高到了 1% 以上等。① 这是韩剧快速发展、成熟的经济基础和政治保障，同时这也为韩剧的跨国传播奠定了基础。(2)边拍、边写、边播。韩国的编剧一般只会写好 1/3 的剧本，后面的部分则是根据拍摄进度边拍边写，观众的意见会决定许多电视剧剧情的走向。② 韩剧增强了观众的参与性，受众不仅可以参与传播环节，而且可以左右传播的走向，受众的双重身份使得传播效果大大增加。(3)帅哥、靓女、美景和好听的背景音乐。受众对美的需求从未停止过，韩剧中的帅哥、靓女、美景和音乐催化着受众视听的满足，给人带来美的享受，传播效果直线攀升。

1993 年，中国引进了第一部韩剧《嫉妒》，此后韩剧以锐不可当之势涌入中国。在"360 影视"上搜索韩剧，显示全部结果 600 个，其中 1993—2002 年有 139 个，2003—2013 年有 401 个，2014 年有 60 个。据看看新闻网发布的《科普：2003—2013 十年来最受欢迎的国民韩剧 Top10》，总结了从 2003 年起收视率超过 40% 的韩剧，分别是：《巴黎恋人》最高收视率 57.6%、《朱蒙》最高收视率 51.9%、《面包王金卓求》最高收视率 50.8%、《我的名字叫金三顺》最高收视率 50.5%、《松药店的儿子们》最高收视率 48.6%、《灿烂的遗产》最高收视率 47.1%、《玫瑰人生》最高收视率 47%、《爱情的条件》最高收视率 45.4%、《善德女王》和《天可怜见》最高收视率 44.9%、《笑吧，东海》最高收视率 44.8%。③

从类型上来看，韩剧一般分为四大类：(1)家长里短题材；(2)励志的成长传记题材；(3)王子灰姑娘题材；(4)自我安慰的凄惨奋斗题材。④ 接下来，我们以 2003—2013 年这 10 年来最受欢迎的国民韩剧为例，来窥视其对受众的婚姻价值观和家庭伦理价值观的影响。

1. 家长里短题材

家长里短剧一般讲述的是一家老小的喜怒哀乐，与现实生活相近，易引起受众的心理认同，代表剧有《松药店的儿子们》、《传闻中的七公主》、《爱情的条件》、《笑吧，东海》。以《传闻中的七公主》为例，在以四姐妹的婚恋生活为主的故事情节中，穿插刻画了一个孤独寂寞但乐观向上，并且热爱家人的外婆形象。独自一人在乡下居住的外婆不堪孤独与寂寞独自跑到首尔的女儿家，和女儿女婿一起生活，经历从一开始不被大家喜欢到逐渐被大家接受和尊敬的过程。

外婆形象影射了现今社会中存在的"空巢老人"现象，由于知识水平、文化背景和价值、观念的差异，年轻人不选择与老人同住，仅提供经济资助，但是却忽略了老人的精神需求。剧中外婆的口头语"转啊转啊转啊转，在的时候对我好"一方面是对现今年轻人对人伦亲情忽视的批判，另一方面是对人伦亲情回归的呼唤。本剧结尾时，女儿对外婆说：

---

① 蒋林：《韩国文化产业"名利双收"新一轮"韩流"蓄势待发》，载《广州日报》，2010 年 07 月 13 日。

② 曾玉：《韩剧解密：边拍边写边播》，载《哈尔滨日报》，2005 年 04 月 10 日。

③ 看看新闻网：《科普：2003—2013 十年来最受欢迎的国民韩剧 TOP10》，http://www.kankanews.com/ICkdrama/news/2013-12-19/0013966661.shtml。

④ 看看新闻网：《科普：2003—2013 十年来最受欢迎的国民韩剧 TOP10》，http://www.kankanews.Com/ICkdrama/news/2013-12-19/0013966661.shtml。

"和我们一起好好过吧!"用温情感人的画面昭示亲情伦理的回归。①

2. 励志的成长传记题材②

励志类型的电视剧主要是讲成功人士或历史伟人的奋斗史,代表剧有《面包王金卓求》《朱蒙》《善德女王》。以《朱蒙》为例,此剧以朱蒙为夺回民族尊严不懈抗争,以及他与召西奴的爱情为主线,既有对命运的抗争、理想的坚持,也有对爱情的坚守,最终朱蒙建立了朝鲜半岛的第一个民族国家高句丽。

大众传媒为受众提供的"象征性事实",对人们认识和理解社会发挥着巨大的影响。③这类型的电视剧对受众的影响是双重的,从积极面看:鼓励和引导受众积极进取,勇于同现实中的逆境相抗争。从消极面看:诱发权力欲望,尤其是对文化水平不高并且不能很好定位自己的人,当他们面对现实逆境时,只会抱怨社会的不公平等,一定程度上导致了"愤青"的出现。

历史题材的电视剧搬上屏幕,一定程度上是统治阶级利用大众媒介对民众进行传统文化知识的洗礼,知史明智,弘扬传统文化,通过建构民众的价值观和人生价值观,弘扬本社会的核心价值观。

3. 幻想类的王子灰姑娘题材④

幻想类型的电视剧主要讲述的是如王子般帅气、多金、痴情的男主角至死不渝地爱着贫困、丑陋、肥胖或年老色衰的女主角,代表剧有《巴黎恋人》《我的名字叫金三顺》。以《我的名字叫金三顺》为例,讲述了29岁的无职女金三顺,既不漂亮也不苗条,却阴差阳错地赢得了27岁餐厅老板真贤的爱情的故事。

这类型的电视剧的传播对人的婚姻价值观有一定意义上的积极意义,它传播着"顽强和勇往直前的精神是获得美好婚姻的基础"的价值观,鼓励人们塑造良好性格以提高自身修养。

"他律性欲望主义"认为,电视本身就是人们的欲望追求的对象,而且还是唤起和引发人们新的欲望的媒介,它把充满诱惑力的商品世界以鲜明的色彩、影像以及丰富的意境展示在人们面前,直接刺激了人们对这些商品的占有欲和享乐欲。⑤

伴随着"王子灰姑娘"观念的传播,社会上也产生许多不良现象:(1)拜金主义盛行。大众传播激发了女性通过婚姻获得成功的欲望,很多女性在选择伴侣时更多关注的不是对方的人品而是财力,这也是现今离婚率飙升的原因之一。(2)不切实际之风盛行。在婚恋交友节目《非诚勿扰》的舞台上,曾有一位著名的女嘉宾想通过非诚勿扰的舞台觅得"金龟

---

① 高月:《〈传闻中的七公主〉剧中外婆的文化意蕴》,载《电影文学》2010年第5期。

② 看看新闻网:《科普:2003—2013十年来最受欢迎的国民韩剧TOP10》,http://www. kankanews. Com/ICkdrama/news/2013-12-19/0013966661. shtml。

③ 百度文库:《传播学110个经典名词》,http://www. baidu. com/link ?url = ISZT3dUtvXDXAcs4UAgTKXfTXww。

④ 看看新闻网:《科普:2003—2013十年来最受欢迎的国民韩剧TOP10》,http://www. kankanews. Com/ICkdrama/news/2013-12-19/0013966661. shtml。

⑤ 百度文库:《传播学110个经典名词》,http://www. baidu. com/link ?url = ISZT3dUtvXDXAcs4UAgTKXfTXww。

婿"并公开宣扬"宁愿坐在宝马车里哭，也不愿坐在自行车上笑"。这种不切实际的观念严重影响了青少年的婚姻价值观。（3）婚姻质量下降。传播学上有个著名的理论"使用与满足理论"，现在婚姻里也有了"使用与满足"理论。人们希望"使用"婚姻，来满足自己对物质欲望的追求，由此导致婚姻质量下降。

4. 自我安慰式的凄惨奋斗题材①

此类型的电视剧主要讲述身世悲惨的女主角，在历经种种磨难后取得成功并获得爱情的故事，代表剧有《玫瑰人生》《天可怜见》《灿烂的遗产》。以《灿烂的遗产》为例，女主角高恩星在经历了父亲过世、家族没落等种种不幸后，因偶然的机会获得了鲜于焕（男主角）奶奶的遗产，并迈向了成功。

此类内容的传播基本上是有助于受众树立积极向上、努力拼搏、永不放弃的人生价值观，大众传媒的"议题设置"一定程度上是社会的缩影，现实生活中人们也会遇到诸多困难，电视播出此类剧情一定程度上会引起受众的心理认同，同时也能起到一些鼓励、指导的作用。但是此类内容的传播也会诱发一些投机心理，使受众沉湎于幻想意外的财富和机遇。

三、网络等新媒体对人价值观的影响

网络等新媒体是新时期主要的传播媒介，它的发展与变化将直接影响着今后几代人的生活。探讨网络等新媒体对价值观、人生价值观、婚姻价值观、家庭伦理价值观的影响是新时期刻不容缓的课题。

1. 即时通信工具对人生观的影响

即时通信属于终端服务，允许多人使用网路即时的传递文字信息、资料，进行语音及视屏交流。现在国内流行的即时通信工具主要有 QQ、MSN、微信等。它们具有即时性、直观性和廉价性等特点，是现代人生活、工作不可或缺的媒介。

即时通信工具带来了交流便利和生活分享，以网上购物为例，各种商品的店家都会提供客服，方便买家与卖家沟通交流。此外，微博实现了更多人交流的需要，豆瓣提供了找到更多相同兴趣的人交流的平台，QQ空间、微信朋友圈将自己的生活点滴随时分享给朋友。

"前台行为与后台行为（戈夫曼的情境决定论）"将人们的社会生活同戏剧进行类比，戈夫曼认为人人都在不同的社会舞台上扮演大量不同的角色，在每位或每群观众成员面前显示自己的略有不同的"变体形式"。人们在特定的环境中的行为举止可分为两大类："在前台的行为"和"在后台的行为"。②

由于这些即时传播工具都具有不可见性，人们在使用他们时都是"在后台的行为"，即最真实的自我，人们也变得更加开放，更加自由的交流各种观点，人与人的关系更加亲

---

① 看看新闻网：《科普：2003—2013 十年来最受欢迎的国民韩剧 TOP10》，http：//www. kankanews. Com/ICkdrama/news/2013-12-19/0013966661. shtml。

② 百度文库：《传播学 110 个经典名词》，http：//www. baidu. com/link ?url = ISZT3dUtvXDXAcs4 UAgTKXfTXww。

密。伴随着网络成长起来的一代明显更加自由、开放。

2. 贴吧文化对价值观的影响

贴吧是伴随着网络而来的新生文化现象，以浓缩的方式为大众呈现了一个"透明"的社会。受众把从现实社会中接触到的各种信息，用"帖子"的形式一一反映到贴吧上来，引起受众的讨论，一定程度上会形成舆论。

贴吧是相对宽松、独立、自由的网络空间环境，在此媒介里面，由于不可见性，人们使用的是"在后台的行为"，想说什么就说什么、想到什么就说什么，不仅可以发表意见、进行"吐槽"，还可以讽刺、调侃，特别是年轻人。

这样的媒介环境让受众的观念更加自由、放肆，许多网络流行语就是出自于贴吧。如"贾君鹏，你妈喊你回家吃饭"、"无图无真相"、"虽然不知道楼主在说什么，但还是觉得楼主很厉害的样子"等就来自百度贴吧中著名的"魔兽世界吧"。这些语言是贴吧文化的产物，它们甚至从网络走到现实，成为人们的日常口头用语。自由之下也滋生了很多不理性的价值观，例如盲目恶搞。如百度贴吧中的"胥渡吧"、"恶搞吧"，专门提供恶搞视频、搞怪的 PS 图片(经过图像编辑软件 Photoshop 处理的图片)以及恶搞桥段。

广泛传播的恶搞视频有两类：(1)纯粹恶搞电视剧，如经典电视剧《还珠格格》中的桥段就被网友剪辑配音出很多版本："尔康出轨记"、"皇后娘娘的小诊所"、"大家都爱容嬷嬷"等。(2)结合事实"吐槽"，例如借助《还珠格格》中的桥段，"吐槽"大学四级、河南考生伤不起、郭美美奇遇记等社会现象。文字调侃也屡见不鲜，如北京出现雾霾天气时，贴吧里就出现了这样的桥段："一到冬天，北京就从卫星地图上消失了，奥巴马愤怒地把绝密报告摔在桌上，'到底是什么先进武器？北京雾霾究竟有多可怕？连你们都不敢去？'钢铁侠、绿巨人、蝙蝠侠等羞惭地低下头。忽然，金刚狼提议：'擎天柱肯定可以！他不需要呼吸！'掌声响起！擎天柱默默地说：'我限号……'"

从传播的内容可以看出，大众不仅接收信息的速度，知识量丰富，而且聪明智慧，但是许多受众把知识都运用于娱乐化，而并没有为解决问题提供有效的意见，缺乏社会责任感。

3. 网络对婚姻价值观的影响

网络是集大容量、高速度、立体、互动、全球性为一体的大众传播媒介，丰富的信息资源给受众提供了获取大量的知识的条件，交互性与全球性的实现，使得各种传统的、现代的、西方的、东方的、主流的与非主流的信息通通涌入大众的视野，人们在更多了解外部世界的同时，受到了多元价值观的冲击。

就恋爱婚姻观而言，网络上关于性的开放的讨论与西方开放的恋爱观念的传播，对传统婚姻恋爱观念有冲击，人们对于婚前性行为、早恋、同性恋、奉子成婚等现象都有了新的看法，一些人公开崇尚性解放、性自由。丰富的信息传播给人们带来了一些负面影响，这导致现在一些人对婚姻恋爱的随意，没有正确的恋爱婚姻价值观。

4. 朋友圈对家庭道德伦理观的影响

朋友圈是即时通信工具微信的一种附加功能，是受众在微信上通过一些渠道认识的朋友形成的一个圈子。朋友圈的功能围绕着图片展开，通过图文结合的方式与身边的好友分享生活点滴。

除了记录与分享自己生活的功能外，朋友圈另一常见的内容是"转发链接"，链接是通过在微信上入住微信公众号的大众媒体和自媒体传播出来，内容有美文欣赏、养生之道、趣味测试、生活小常识等。这些内容中经常会涉及家庭伦理道德观，如"母亲越强势，对家庭毁灭性越大！"、"4分钟让百万人潸然泪下的短片《最好吃的饭》"、"守孝三年，就是让人一辈子都不要忘了，三岁以前父母有多么的辛劳"、"最好的家教，就是夫妻恩爱"，等等。

这些信息，是大众传媒行使其教化功能的具体体现，传播者们用温暖的文字，以晓之以理、动之以情的方法传播出来，直达人们内心最柔软的地方，教导人们夫妻和睦、尊老爱幼、恭敬孝顺，等等。这在迅速发展、变化的当今社会，给民众以心灵的洗礼。尽管多元化的价值观冲击不可避免，但充分发挥媒体的社会责任，弘扬坚持社会主义核心价值观始终是重中之重。"没有家哪有国"，只有"家和"才会有"国泰民安"，媒体应始终站在舆论第一线，坚定弘扬中华民族优秀的家庭伦理道德观。

第三节 媒介开展价值观的论争

克拉克洪认为，"价值观是一种外显或内隐，有关什么是'值得的'的看法"①。媒介开展价值观的争论是媒介对某一事件或现象是否"值得的"争论。

媒介开展价值观论争的原因有三：(1)媒介与人类相似，都要从属于不同的群体或利益集团，不同的媒体或利益集团利用媒介所传播的信息必定与其固有的价值观念一致，价值观念的差异不可避免。(2)相同的群体或利益集团内部也会存在价值观念的分歧，如"韩剧吧"聚集了众多喜爱韩剧的受众，但是从他们发的帖子来看，他们各自喜欢的韩剧也会有所不同，有的喜欢《传闻中的七公主》之类的家长里短剧，有的喜欢《花样男子》式的青春偶像剧，有的则钟爱《朱蒙》类的历史剧。(3)"价值观"这一名词的界定本身就含有主观色彩，个体或集团的价值观不一定完全正确，媒介开展价值观的论争有助于正确社会价值观念的形成。

一、媒介展开关于价值观、人生价值观的论争

报纸和网络上会刊登见义勇为的文章，例如高考期间著名的"宜春见义勇为考生"报道占据了各大报纸和网站的头条，人们纷纷为柳艳兵和易政勇在客运班车上与持刀歹徒搏斗的行为"点赞"。教育部表示，两位受伤考生康复后将为其组织单独考试，已有一些高校向柳艳兵伸出橄榄枝，愿助其圆大学梦。2014年7月21日，新华社刊登了《安徽省广德县大学生李本超为救两名落水儿童不幸牺牲》的报道，返乡大学生李本超看到两名儿童落水，不顾自己不会游泳，跳进池塘进行营救，两名儿童获救，李本超却不幸牺牲，当地政府已决定为其申报"安徽好人"荣誉称号。

宣传见义勇为是弘扬社会主义正能量的正义之举，这种行为和做法值得全社会颂扬和

---

① [美]克莱德·克拉克洪：《论人类学与古典学的关系》，吴银玲译，北京大学出版社2013年版，第35页。

学习。但是另一种观点也开始甚嚣尘上，"到底应该怎样见义勇为？"针对李本超事件，许多群众认为，这种不计后果的贸然施救，虽然勇敢但却莽撞。① 《人民日报》就"李本超事件"发表观点、征集意见，在其专栏"大家谈"中，刊发了《人民日报大家谈：今天，要怎样见义勇为》的文章，公众纷纷发表议论：

——（不可鼓励盲目的"勇为"）（山东德州：陈广江）就个案讲，李本超的义举让人感动、钦佩，但不计后果的施救方式难以令人赞同。毫无疑问，见义勇为应当得到认可和肯定，但这并不妨碍我们倡导一种更理性、更人性的见义勇为观。换句话说，见义勇为和珍惜生命本身并没有内在冲突。

生命大于一切，在保护好自身安全的前提下选择施救方式，应该成为一种社会共识，且应通过媒体引导普及开来。社会需要的是理性的、人性的见义勇为，而不是盲目的、不顾条件的见义勇为。把见义勇为和珍惜生命当成非此即彼的"选择题"，走不出这个怪圈，再激烈的争议也只能远离真理。

——（侠肝义胆不应被指责）（河南漯河：张枫逸）不会游泳却下水救人并非首例，其中不乏见义勇为者为此付出生命代价。知其不可而为之，这种侠肝义胆的精神让人肃然起敬。不过，每每发生类似事件，也总有人站出来充当"事后诸葛亮"，指责救人者太过莽撞，不考虑是否具备相应的救助能力，造成了不必要的损失。

见义勇为永远与风险相伴。如果一定要避免"不必要的损失"，或许只有袖手旁观，把落水者的命运交给上天。然而，人毕竟是有情感的动物，正是舍己救人的人间大爱，唱响了一曲曲见义勇为的赞歌，正是"明知山有虎，偏向虎山行"的大无畏精神，成就了见义勇为者的崇高与伟大。

——（要英雄，更要活的英雄）（湖北武汉：段思平）无论公众如何争议，有一点是毋庸置疑的，即舍身救人的李本超是值得敬佩的英雄。因此，相信每个人都会支持其当选"安徽好人"，这既能告慰英雄的在天之灵，也能弘扬社会正能量。然而，不少人肯定李本超的精神，却并不赞成其贸然施救的做法。

随着时代发展，人们已经逐渐认识到，见义勇为不仅需要一腔热血，更需要相应技能。我们不能盲目鼓励人们去做能力范围之外的事，更不应强人所难、求全责备；救人者首先要确保自己的安全，这应是见义勇为的基本常识与价值底线。每个人的生命都只有一次，既然见义勇为的初衷是出于对生命的敬畏，那么每一个救人者没有理由不珍惜自己的生命。

从报道中可以看到，公众对见义勇为的现象展开了观点的交锋，有些读者认为"侠肝义胆不应被指责"，还有些读者则认为"不可鼓励盲目的'勇为'"、"要英雄，更要活得英

---

① 　新华社：《安徽省广德县大学生李本超为救两名落水儿童不幸牺牲》，2014 年 7 月 22 日。

雄"。① 不同的观点在媒体上都得到了呈现，媒介成为不同价值观的论争场。

媒体通过报道内容的选择（即议题设置），决定哪些事是大事，哪些事是小事，从而影响受众对社会事件的关注程度。媒体对见义勇为的报道，在一定程度上导致了社会上见义勇为之风盛行，不论时间地点、男女老少，当一些意料之外的牺牲出现后，媒体进行反思，开始提倡在有足够能力自保的前提下再去援助别人，见义勇为还要讲究方法，甚至不提倡青少年盲目见义勇为。

二、媒介展开婚姻价值观的论争

婚姻是人生追求幸福之路中的永恒主题，美满的婚姻是人生最美好的愿望之一。"从社会学的角度上说，作为两性结合的婚姻，不仅仅表现为单纯的两性生理结合，其本质上是两性的社会结合。"②自古以来，与社会各方面息息相关的婚姻，一直是公众关注的热点，婚姻价值观也决定着社会的婚嫁理念。随着经济的发展，关于婚姻的价值观念日趋多元化，思想的进步使得人们对于婚姻都有了独到的见解。这些不同的婚姻价值观念往往有一定的冲突与矛盾，通常由作为"社会公器"的大众媒介呈现在社会公众面前，引导他们展开讨论，并最终影响人们的婚姻价值观。发生在 2011 年关于"婚姻法司法解释三"的争论，正是媒介对现代婚姻价值观展开的大讨论。

2011 年 8 月 12 日，最高人民法院召开新闻发布会，通报《最高人民法院关于适用〈中华人民共和国婚姻法〉若干问题的解释（三）》（民间俗称"新婚姻法"，以下简称"解释三"）有关情况。新解释有不少新增的法则，但其中关于婚姻房产的解释引起了人们的注意："以个人财产支付首付款并在银行贷款，婚后用夫妻共同财产还贷，不动产登记于首付款支付方名下的，人民法院可以判决该不动产归产权登记一方。"③该司法解释一经发布，立即引发了社会的广泛关注，各大媒体纷纷报道，并发表出不同的声音。一种声音是对"解释三"的反对，他们高呼这是"对强势方的保护，损害弱者的利益"；而支持者则认为"解释三"将影响甚至改变个别功利化的婚恋观念。

实际上，针对"解释三"的不同观点，正是媒介代表着的不同婚姻价值观之间的争论：理想性婚姻价值观与实用性婚姻价值观。理想性婚姻价值观认为：高尚的感情与崇高的理想是婚姻生活的基础和本质，这正是对我国传统婚姻中的人伦亲情观念的继承。而随着我国社会经济的高速发展，人们的生活水平大幅度提高，结婚前后的财产数量大增，财产的归属也就成为一个现实问题。伴随着这一问题而产生的正是现代实用性的婚姻价值观。由于物质因素在人生中的作用日趋增大，现代婚姻越来越重视物质利益的保障，婚姻的实用化特征日益明显，甚至于产生了"宁愿坐在宝马车里哭，也不愿坐在自行车上笑"的纯功利性的婚姻价值观。一个司空见惯的例子是，现代财产中最具保值价值的房屋成为很多家庭组成前的首要考虑条件，也成为婚姻争端产生时的首要分割财产。

---

① 《人民日报大家谈：今天，要怎样见义勇为》，载《人民日报》，2014 年 7 月 24 日。

② 新浪博客：《现代人的婚姻价值观》，http：//blog. sina. com. cn/s/blog_4a98fd47010006bc. html。

③ 最高人民法院网站：《最高人民法院关于适用〈中华人民共和国婚姻法〉若干问题的解释（三）》，http：//www. court. gov. cn/qwfb/sfjs/201108/t20110815_159794. htm。

在此背景下，"解释三"对婚姻法做出的新的司法解释，正是针对婚姻财产分配而设定的。拥有理想性婚姻价值观的人们对它大为赞赏，他们认为这将改变越来越功利化的婚姻价值观，在财产问题有法律明确后，婚姻与爱情将回归纯朴与真挚。这些声音通过大众媒体的整合加工呈现在公众面前，例如新华网的通讯文章《新婚姻法引发婚姻观念变革》①就借法律专家之口，阐释"解释三"明确了法律的规定：

> 　　吴卫义律师表示，法律的规定对双方都是公平的，明确的法律规定，比没有明确好，这对于双方都有约束。针对外界的争论，他表示外界对婚姻法新的司法解释有一定的误读。"其实几年前，法律在实际的判定，不光上海，全国都已经在按照相关的内部规定进行判决了。"他表示，在这一点上，上海尤其走在了全国的前列。2004年，上海高院针对司法解释二有个内部的意见，其中第五条规定，父母为子女结婚所给付的购房出资，若登记在自己子女一方名下，该父母购房出资视为对子女一方的赠与。吴卫义律师表示，现实生活中已经存在的判决的具体依据，现在以法律明文规定下来，这反而是对女性的一种保护。"新的司法解释严格了买卖行为、付款方式等具体的操作，这样的约束规定，比没有好。"

显然，这位律师认为，"解释三"对婚恋双方都有约束，将促进双方的平等，促使现代婚姻价值观向更健康的方向发展。而《济南日报》的评论文章《婚姻法新解或终结功利婚姻》②更是直接宣告了"解释三""或将是对功利婚姻时代的终结，也是对婚姻高风险时代的纠偏"：

> 　　如果女性理所当然地认为自己是弱者，怀有坐享其成的心理，那么谁来创造婚姻家庭的未来？婚姻生活需要算计，但并不是婚姻主体彼此的算计，而是对婚姻生活共同体未来的算计。唯有女性独立，才能够更好地平衡婚姻生活中的地位、话语。"谁首付，离婚后房子归谁"，能有效避免男性的婚前财产被失败的婚姻掠夺。"谁首付，离婚后房子归谁。"《婚姻法》最新司法解释的出台，或将是对功利婚姻时代的终结，也是对婚姻高风险时代的理念纠偏。

但是，大众媒体中另一种声音认为，"解释三"忽视了婚姻中弱势一方的财产权利，反而不利于婚姻的健康发展：

> 　　李明舜说，目前一些貌似中立的规定，在不同的社会环境、社会传统下，其产生的影响是不同的。中国的现实是男婚女嫁，男方提供的婚房，在婚姻关系存续期间可能会升值；女方陪嫁的嫁妆，如电子产品等，可能会贬值。从这一层面来说，"婚前

---

　　①　新华网：《新婚姻法引发婚姻观念变革》，http://news.xinhuanet.com/fashion/2011-08/23/c_121899454.htm，访问时间：2016-03-27。
　　②　时言平：《婚姻法新解或终结功利婚姻》，载《济南日报》，2011年8月15日。

贷款购买的不动产应归产权登记方所有"对女方可能会有些不公平。

中国法学会婚姻家庭法学研究会副会长、北京大学法学院教授马忆南在接受《法制日报》记者采访时说，婚姻法新司法解释在维护共同财产制、坚持男女平等、保护弱者利益方面还有欠缺，需要改进。比如，一方贷款所购房屋，是个人所有还是夫妻共有？在处理这一问题时，要考虑婚前首付款在总房款中的比例，如果婚前首付款达到50%应认定为个人所有，婚后共同还贷超过50%的就认定为共同所有。因为女性共同还贷以后，实际上就放弃了个人买房的机会，尽管以后有补偿，但远远不够。新司法解释的规定缺乏性别视角，忽视了老百姓的婚嫁习惯。①

(父母给儿子买房儿媳没份)房子一直被视为结婚的物质保障，"有了房才有结婚的可能"。不过，目前年轻人的收入和房价不成正比，一般是父母帮着子女买房。现在问题来了，给儿子买的房，儿媳有份没？新婚姻法"意见稿"第八条规定，婚后由一方父母出资购买的不动产，产权登记在出资人子女名下的，可视为对自己子女一方的赠与，应认定该不动产为夫妻一方的个人财产。也就说了，以后父母们都要赶着在儿子结婚前买房。

(男人离婚成本降低了?)有一些男性担心婚姻财产划分，在经济利益的作用下，回到妻子身旁，现在则没了后顾之忧。当前的现实是男性出轨率比较高，新解降低了男人的离婚成本，从长远看不利于婚姻的稳定，可能会引发离婚潮。

(全职太太成高危职业?)婚姻法新解发布后，让部分女性失去了"安全感"，特别是没有收入来源的"全职太太"。按照新解，无房产的"全职太太"若离婚可能面临"净身出户"，只能拿到男性婚内收入的一半。更有网友将全职太太称为"高危职业"。②

《法制日报》的深度调查《新解释引婚姻功利化争议，专家称保护弱者尚欠缺》通过对公众的深度采访，呈现了实用化婚姻价值观盛行之下，人们对"解释三"的忧虑：财产强势方得到了保护，弱势方在婚姻中的付出无法得到物质保障。而来自《重庆晨报》的报道更是在标题中就直截了当地表明反对立场：《让女人无房，婚姻等于白忙》。该报道选择性地集结了网络上对"解释三"表示担忧的言论，表达了"男人离婚成本降低，可能引发离婚潮"、"男人有福了，女方受苦了"以及"全职太太可能净身出户"等观点，呈现了实用化婚姻价值观影响下，人们对婚姻中自身财产权利的担忧。

与此同时，也有媒体从理想性婚姻价值观念出发，表达了对"解释三"的疑虑：《时代商报》的深度报道《婚姻法新解冲击大，"我的房子"打败"我们的家"》指出，明确婚姻前后财产归属，并不能消除"为房而婚"的功利化婚姻价值观念，无房方仍可以"房产证加名"为结婚条件，这反而更促使人们在结婚前着重考虑财产问题，造成了"结婚为了分财产"的现象。

---

① 《新解释引婚姻功利化争议，专家称保护弱者尚欠缺》，载《法制日报》，2011年8月15日第4版。

② 《让女人无房，婚姻等于白忙》，载《重庆晨报》，2011年8月26日。

　　媒介围绕"解释三"展开的论争，呈现了当代中国不同婚姻价值观之间的博弈。大众媒介通过对"解释三"的关注与解读以及对不同观点的集中呈现，使得社会公众深刻认识到了"解释三"的利弊因素，也让公众对于当代中国盛行的实用化婚姻价值观的弊端有了更深的了解。

三、媒介展开家庭伦理价值观的争论

　　家庭一直是社会细胞中最重要的一环，稳定的家庭关系是社会稳定有序的重要保障。可以说，"家庭关系仍然是伦理关系的基础和中心，社会正在形成的'新五伦'关系中，夫妻、父子、兄弟姐妹占到五分之三"①。作为对家庭关系的认识与行为根据，家庭伦理价值观伴随着人们出生、成长、婚嫁、生病直到死亡之后，都是社会关注与讨论的焦点。而这些讨论与关注往往离不开大众媒体，大众媒体通过对家庭伦理冲突的报道，引起公众对家庭伦理观念的关注与争论，再有选择地传播公众的声音，引发整个社会的思考，从而影响人们的家庭伦理价值观。2013年年底至2014年年初发生的广州"婴儿安全岛"设置与废除事件，引发了社会对弃婴这一有悖家庭伦理观念的行为的关注与争论。

　　"婴儿安全岛"是设在儿童福利机构门口，用于接收弃婴和提供临时庇护的场所，俗称"弃婴岛"。早在1952年，类似的弃婴保护措施——弃婴保护舱就出现在了欧洲发达国家，配合着适当的制度与法律，已发展了半个多世纪。而我国第一次引入这一措施是在2011年，河北石家庄设立了全国首个"婴儿安全岛"，随后，10个省市在两年内共建成了25个"婴儿安全岛"并投入使用。每一个"婴儿安全岛"试点的建立，都引起了公众的强烈关注，伴随着该措施的建设，媒介一直跟踪报道，关于"婴儿安全岛"涉及的家庭伦理观念的争论从没停止。

　　反对者站在人伦亲情的角度认为，"婴儿安全岛"的设立，鼓励、纵容了弃婴这一有违人伦道德的行为，似乎在宣告该行为合法，为弃婴者解除了心理顾虑。媒体援引了广州与济南"婴儿安全岛"的短寿来说明自己的观点：广州"婴儿安全岛"自2014年1月28日开放之后迎来了"弃婴潮"，短短一个多月共接收262个弃婴，不得不在3月16日暂停开放；而于6月1日开放的济南"婴儿安全岛"，在仅仅10天就收到了111名弃婴，由于当地福利院的床位告罄而不得不限制收取弃婴。同时，被弃婴儿的构成也被媒体披露：两地相当部分弃婴者来自外地，济南有开宝马车来弃婴的；两地也有很多"异常"弃婴，济南弃婴中最大的达到7岁，而广州甚至出现被弃死婴。② 这些疑似"恶意遗弃"的行为在网络媒体上引起了轩然大波，反对者从家庭人伦观念的角度纷纷把矛头指向"婴儿安全岛"。例如天涯论坛上的热帖《弃婴岛乃西洋邪恶之产物，理应坚决禁止》便体现了公众对家庭伦理观念败坏的担忧："弃婴的父母变得心安理得了，实际上，它从文化的角度上为弃婴

　　① 樊浩：《当前我国诸社会群体伦理道德的价值共识与文化冲突——中国伦理和谐状况报告》，载《哲学研究》2010年第1期。

　　② 刘建华：《广州弃婴岛尴尬叫停的背后》，载《小康》2014年第4期；《济南弃婴岛，难以承受之重》，载《济南时报》，2014年6月12日；《开着宝马，也说自己养得起　他们还是把女婴遗弃》，载《山东商报》，2014年6月5日。

行为解开了道德枷锁，这无异于从根本上挑战中华文明的核心价值观。"更有民众认为，人伦亲情观念必须坚守，"那些有大病的小孩，医生确诊治不好的，妈妈们就应该顺其自然，让孩子'走'就是了"①。

然而，也有媒体援引其他数据来支持"婴儿安全岛"：

> 有人说这种行为会助长遗弃行为，石家庄市社会福利院的数据显示，弃婴数量没有因为"弃婴岛"的建立有所增加，2011年6月至11月，石家庄社会福利院共接收弃婴75名（含"弃婴岛"接收的弃婴），低于2010年同期的83名和2009年同期的105名。②

可见，支持者们认为，在弃婴行为无法遏制，"婴儿安全岛"的出现不是诱发弃婴增加的主要原因的情况下，设立"婴儿安全岛"是对生命的尊重。深圳新闻网为给即将设立的深圳"婴儿安全岛"预热，于2014年2月推出了专题《尊重生命还是纵容遗弃》。专题报道强调尊重生命的普世价值观才是"婴儿安全岛"设立考虑的首要问题，"即便弃婴岛的推广有一些阵痛，在'生命至上'的最高伦理面前，我们应该勇敢地承受这一些"③。

与此同时，《北京晨报》发出的言论却与此针锋相对，该报的评论文章《弃婴岛注定短命》直陈"婴儿安全岛"必将引导错误的家庭伦理价值观——养不起，"弃"也能"安全"，这是因为"被弃婴儿需救助，但'善待弃婴'的理由，绝不能成为不打击遗弃生命犯罪的借口，不谴责遗弃骨肉丧天良的借端，'婴儿安全岛'久而久之，必将导致道德沦陷、法律崩溃"④。

"婴儿安全岛"的试点仍在进行，围绕这一措施而展开的关于家庭伦理观念的争论也远未结束。每一个正面的观点都有针锋相对的反面观点，媒介上的论争似乎永无休止。但可以看到的是，通过媒介上开展的论争，社会与公众对人伦亲情的家庭伦观念和生命至上的普世价值都有了更深刻的认识，同时，"婴儿安全岛"的家庭伦理困境也让人们看到了社会儿童救济制度的缺陷。

从大众媒介对不同的价值观念的展示，我们可以看到媒介展开价值观论争的过程与方法。首先，媒介进行议程设置，集中资源对社会发生的重大事件进行报道，将价值观念暗含在报道中，引导公众对事件的关注与讨论；然后，在新闻事件达到一定热度之后，媒介通过深度调查报道、评论等方式呈现不同的价值观念，引起关于事件的争论。

这些关于各种现象和问题的争论，一方面为解决问题提出意见和建议，促进社会的发展；另一方面使受众在争论与思辨的过程中形成对现象和问题的深层次认识，从而做出理性判断。最重要的是通过对"对与错"、"好与坏"、"利与弊"全方面剖析，人们会逐渐形成正确的价值观，从而指导人们的学习、生活、工作等。为构建社会主义和谐社会奠定了

---

① 刘建华：《广州弃婴岛尴尬叫停的背后》，载《小康》2014年第4期。
② 《弃婴岛：留住尊严和生命至上的价值伦理》，载中国青年网评论频道，2013年11月26日。
③ 深圳新闻网：《尊重生命还是纵容遗弃》，http：//www.sznews.com/zhuanti/node_164786.htm。
④ 《弃婴岛注定短命》，载《北京晨报》，2014年3月18日。

坚实的基础。

◎ **思考题：**

1. 不同的媒介形式造就了怎样的受众？这些受众有什么特点？

2. 互联网高速发展的今天，我们如何利用网络媒介的特征引导、弘扬社会主义核心价值观？

3. 广播、电视等电子媒介对人的哪些价值观有影响？试举例说明这些影响是怎样产生的。

4. 媒介是通过什么方式推动社会公众展开价值观的争论的？

5. 想想身边还有哪些事情引起了价值观的讨论。媒介是如何报道与呈现社会观点的？

第五章　媒介影响人的文化修养

第一节　媒介传承文化知识

可以说，从媒介诞生之日起，人类就开创了通过媒介这一途径获取各方面知识的历史。

说起媒介，因为在现代社会几乎无处不在，每时每刻都影响着现代人的生活，所以人们对其并不陌生。从成年人到孩童，从社会精英到平民百姓，在日常生活中几乎都离不开媒介。通过媒介可以了解国内外大事，可以知晓身边的琐事，可以学到各方面的知识……至于文化，许慎《说文解字》说："文，错画也。"错而画之，乃成文也。化：甲骨文像两人相背，一正一倒，有把倒人变正，二人相顺不背之意，含有教化之意。"文化"两字相合，最早见于刘向《说苑·指武》："圣人之治天下也，先文德而后武力。凡武之兴，为不服也。文化不改，然后加诛。"文化明显是指文德教化。就现代汉语词典的解释，"文化"这个概念有广义和侠义之分。广义的文化包括人类创造的全部物质文化和精神文化；狭义的文化则单指精神文化。物质文化包含了具体实物、实物的技术性及实用价值和审美价值等内涵；精神文化是指以语言符号为载体，旨在记录和传播信仰崇拜、思想观念、思维方式等人类文明的文化形态。比如中华文化，经过五千多年的积淀，无论物质层面还是精神层面，皆博大精深、内容丰富。不仅包括政治、经济、军事、教育、哲学、宗教、历史、伦理等人文方面的理论和思想，还包括科技成就、文学艺术、文物古迹及风俗民情等。其中文学、绘画、雕塑、建筑、音乐等成就最为突出；先秦诸子之学、两汉经学、魏晋玄学、隋唐佛学、宋明理学、清代朴学等体系最为完整；儒家、道家、法家及佛教思想等影响最广、最为深远。中华文化文脉不断，源远流长。早在炎帝时就进入了农耕时代，掌握了农作物栽培，黄帝时进入了养殖时代，学会养蚕纺织，而到夏商进入青铜时代，春秋进入铁器时代；指南针、造纸、印刷术、火药四大发明引领世界文明；清代以前，中国一直是世界科技、文明最发达的地区。并且，中华文化影响深远，且兼容并包。早在秦汉时期，中国文化就开始向四方辐射延伸，尤其西汉丝绸之路开通后，中华文化不仅传播、影响东亚、东南亚，还远播西亚、欧洲。从汉代开始，西亚商人长期往来，有的甚至留居中国；而郑和下西洋，将中华文化远播非洲东海岸。

中华文化也从不保守、封闭，包容性极强。以儒家思想为核心，对外来文化来者不拒，积极接受并改造，为我所用。正因为如此，在人类文明的历史进程中，逐渐形成了汉文化圈（又叫"中华文化圈"、"汉字文化圈"、"儒家文化圈"、"筷子文化圈"，包括使用汉字或曾经使用汉字并承袭以儒家为核心的中华文化传统的民族与国家，如东南亚、东亚和西亚各国等）。汉文化圈的国家自秦、汉开始，一直受中国政治和文化的支配、影响。古代中国作为周边国家和地区的文化宗主国，不仅向外输出了汉字，也输出了大量的文化典籍，汉籍实际上就是这一文化圈的重要文化载体。这样，周边国家和地区的思想、学术和宗教受中国的影响就在所难免，其他诸如绘画、医学、建筑、音乐、礼仪和服饰等，中国元素也非常明显。

那么，就我国而言，作为文化传承工具的媒介是以怎样的方式传承中华文化的呢？

对于文化传承，尽管学界多有分歧，但作为一个概念，我们可以作这样的理解：文化传承是文化的时间性传递，也就是以年代为单位将一种文化持续不断地传递下去。一个民族、一个国家，如果离开了文化传承，其历史就无法延续，最终会走向消亡。而世界上的四大文明古国之所以只有中华文明得以延续下来，就是因为中华文化的传承一直没有断绝；虽然历史上曾多次发生异族入侵，但由于中华文化的强势存在，不仅没有被异族阻断、消灭，相反还很快通过中华文化将入侵者同化，成为中华文化的秉持者和传承者。可见文化传承对一个国家和民族来说，其意义之重大，它不仅连通古今、维系民族的凝聚力，还关系到国家与民族的生死存亡。

但一个不容忽视的事实是，自大众媒介诞生之日起，文化传承就成了媒介的重要功能之一。通过媒介，文化的传承更加广泛、深刻，媒介对于文化的传承愈到后来愈加发挥着不可替代的作用。就大众媒介对文化的传承方式看，基本有以下几种情形：

其一，大众媒介记录了一个时代文化的存在状态。在大众媒介中，纸媒的存在形式最为固定，也最易保存，而广播和影视在现代科技条件下，也可以永久保存。所以，大众传媒所记录的社会文化，具有鲜明的时代烙印，是一个时代文化状态的原始记录。随着媒介的延伸、发展，一个民族、一个国家的文化就这样被完整地传承了下来。对受众来说，通过大众媒介不仅可以感受、了解当今的文化，还可以了解过往时代的文化特色与个性。这样，媒介无疑承担着文化教育与传承的使命，是受众获得各方面文化知识的不可或缺的教本。比如我们欣赏20世纪80年代的电视剧《新星》，通过画面可以感受到改革开放初期中国社会特有的文化氛围，可以了解到20世纪80年代初的农村改革、官场状况、新旧体制的冲突等，包括那个年代人们的喜怒哀乐、衣着打扮、生活方式、思维方式及价值观和人生观等；也可以领略到当时从农村到城市的建筑特色、街道布局、出行交通等。总之，通过一组组画面，这些富有时代感的元素直达我们的眼前，虽说和我们今天的文化差异很大，但它的延续性也是十分明显的，今日的文化正是昨日的发展，我们之所以能从中产生亲近感，就因为它是一个不可分割的整体。因此，一部部过往时代的影视剧，一篇篇记录当年社会生活事件的新闻稿件，就是一个个文化的使者，它们向我们展示了那个时代的独特文化。而我们若要了解某个时代的文化，包括从过去到现今的文化发展脉络，一个最简单的方法就是寻找那个年代的媒介资料，向那位文化使者虚心请教。

其二，大众媒介以专业的手段对历史文化进行线型呈现。现在有不少影视作品和纸媒以专栏或专题片（包括纪录片）的形式，从专业的角度向大众介绍某一时段的文化演进或某一文化遗存、文化作品的历史演变，使受众通过媒介的这一传播方式获得了丰富的历史文化知识。比如中央电视台的《百家讲坛》、凤凰卫视的《文化大观园》、山西卫视的《一方水土》等。或讲述一段历史或介绍一件文物、一处文化景观，能将相关的历史文化知识立体地还原给受众。如《一方水土》中的《娘子关》，以四集的篇幅介绍了华北名关娘子关的历史沿革、建筑风格、防御功能及自古以来发生在其中的著名战事。以其中第二集和第三集的解说词为例：

第二集

在唐代大历元年(766年)，出于战争的需要，在紫金山，也就是今天的承天山之巅修筑了承天军城。承天军城在今天的娘子关城西北，与娘子关隔河相望。胡三省《通鉴注》说："自唐于此设承天军，遂为历代行师要冲。"这里桃河、温河交汇，山峰如削、地势险峻，具有重要的军事价值。所以，军城修成后，唐代宗亲自赐名"承天"，意为"信承于天"。

承天军城筑成之后，曾发挥重要的军事作用。唐代河东节度使张奉璋曾驻兵于此，以防安禄山、史思明的余党再度作乱。后来，宰相裴度征河朔诸藩也曾驻兵承天军城，成为文坛佳话。今山崖保留有裴度、韩愈的石刻。韩愈当年唱和的诗《奉使镇州，行次承天行营，奉酬裴司空》至今被人传颂。诗曰：

　　窜逐三年海上归，逢公复此著征衣。

　　旋吟佳句还鞭马，恨不身先去鸟飞。

现在，承天军城故址仍残留有城门、城墙、兵营、水帘等遗迹。而承天山半山腰，距承天军城不远处就是千年名刹老君庙了。

……

我们前面说到娘子关在唐代叫承天军城，而现在的娘子关城其实筑于明代的嘉靖年间。但据史书记载，娘子关的名称是从唐代肇始的。《读史方舆纪要》说，苇泽关，"即唐之承天军，俗名娘子关"。这个"俗名"实际与古代的两个女子有关。

第三集　抗日烽火

正因为娘子关独特的地理形势，在几千年的历史进程中，烽火连天，战事不断，演绎了一幕幕残烈、悲壮的战争话剧。(历代战事回顾，略)。

在娘子关近代战事中，抗日战争时期的几场大战尤为激烈，充分显现了中华儿女抗击外侮、不屈不挠、甘洒热血的战斗豪情。

1937年七·七事变后不久，日本侵略军的铁蹄踏进华北大地，10月开始从两路侵略山西，北路板垣师团沿平绥路西进。

娘子关防御战：民国26年(1937年)10月初，日军侵占大同后，沿同蒲铁路南下，在平型关和忻口遇到八路军的坚决抵抗。日军统领急令其第20师团沿正太铁路西进山西，从东面威胁太原。10月10日，国民政府军(第27路军、第3军、第38军、第17师、第30军第30师)开始在以井陉为中心的南北防线上布防。同日晚，中国第二战区司令长阎锡山派黄绍竑副长官赴娘子关指挥作战。11日下午，国军尚未完成进入阵地，即遭日军攻击，娘子关保卫战打响。12日，日军20师团77联队在乏驴岭、长生口、井陉一线与守军国民党第14集团军(原第27路军)冯钦哉部发生激烈战斗，先后突破刘家沟、井陉、长生口和大小龙窝，17师被迫退守雪供给山。

阎锡山闻报，急令国民军第二集团军（原第 26 路军）孙连仲部驰援娘子关，13 日拂晓，日军强攻 17 师雪花山阵地，为保住阵地并牵制进攻旧关之敌，17 师师长赵寿山率部向敌后侧出击，歼灭了突入刘家沟、长生口之敌。之后的 14 日到 21 日，双方持续作战，呈胶着状态。21 日日军将攻击重点转移向固关，同日从马山、东回、柏井一线突入石门关，进入平定境内。25 日、26 日，娘子关、新关连连失守。

此役，中国守军投入 52 个团的兵力，约 10 万人；日军投入兵力约 15000 人。中国守军付出伤亡 27000 人的代价，歼敌数千，阻敌前进 20 余天，在抗战史上写下壮烈一笔。

……

娘子关战斗首战告捷，把日军妄图围困抗日根据地的"囚笼"砸开了大口子，极大地鼓舞了八路军战士，是百团大战第一阶段的突出战果。

——摘自专题片《娘子关》，卢有泉编剧

该专题片通过媒体人走访拍摄的一个个画面以及结合史料的旁白解读，将娘子关较为全面地展现在受众面前，让受众全面、深入又直观地了解了娘子关及其相关的历史和文化知识，包括它的前世今生以及发生在其中的大大小小的战争故事。对受众来说，非专业研究而刻意地探寻某一文物、某一段历史是极为罕见的，但以生动的讲述、精美的画面直白地呈现，使受众在自觉或不自觉中边欣赏边接受到丰富的历史文化知识，这样的传承方式无疑更能吸引受众，从而受众也更为广泛。其他媒介，如电视纪录片、报纸、杂志等，也常以类似的方式传承文化。如《太原日报》先前开设的"三晋童戏"和"长城古堡"专栏，专门介绍儿童传统游戏和长城沿线古城堡的历史变迁和相关的文化知识。像古城堡这样北方人们长期生活的场所，仔细梳理它的历史兴替，明确告诉受众哪一年代筑堡、哪一年代走向繁荣、哪一年代开始没落消亡，还有发生过哪些历史事件，等等。这样生活化的历史推演，十分贴近当地人的生活，因而很能引起强烈的反响，而文化的传承也在人们寻觅祖先踪迹的阅读兴趣中得以实现。

当然，媒介的文化传承方式理应是多种多样的，需要媒介人不断地去探索和创新，使之在人类文化的传承中发挥更大的作用。同时我们也应看到，媒介在传承文化的过程中，也存在着诸多负面的、不利于文化传承和发展的因素，这就需要媒介在今后的传承中不断改进，使其传承功能愈加完善。

关于大众传媒传承文化的得与失，前人也有一定程度的探索。记得拉斯韦尔在《社会传播的结构与功能》中曾提出过大众传播的三种基本功能，即监视环境、协调环境以及文化传承。而大众传媒作为人类文化传播的重要载体，其传承功能的优势主要体现为：首先，大众媒介尤其是电视和网络，其快速的传播与广泛的覆盖，使文化知识的传播越来越快捷、丰富，极大地满足了受众对知识的需求；其次，大众媒介的文化传播极大地丰富了人们的精神生活，使人们的精神生活呈现出丰富多彩的局面；再次，正因为有了大众媒介，人们才有机会接触到更多的外来文化，并从中吸取精华，以进一步改进并完善自己的文化。

毫无疑问，在互联网高度发达的今天，大众媒介作为文化的主要载体，正以惊人的力量将人类文化推向了新的高度。在这个超能量的载体上，各种文化在延伸中快速地交流、融合，进而也产生了各种各样的碰撞。这其中，各种负面的因素也一直存在着，对此，我们不能忽视，其同样值得我们分析总结。

首先，大众媒介传播的文化信息中肯定夹带着一些错误的成分，而当这些错误成分达到一定程度时，就会影响到社会的和谐发展和受众的心理行为，使社会出现各种不良风气，受众的行为也可能发生变异，从而做出一些错误的举动。如自 20 世纪 80 年代以来，影视剧大量演绎封建宫廷内讧和复杂的人事纠葛，对现今官场厚黑学风气盛行肯定不无影响，这也是有识之士一直呼吁减少或禁绝该类题材影视剧的一个重要原因。再如网络上将中国历史与文化快餐化，随意改造母语和经典语词，而使一些错误的词汇流行于世，等等。这样，对中华文化的传承，不仅会大打折扣，甚至会引发毁灭性的破坏。其次，互联网时代大众媒介对外来文化不加选择的传播，不仅会影响到国民对优秀的传统文化的坚守，甚至还会影响到国民的民族认同。虽说自从有了网络，针对各种流行文化和外来文化的大量涌入，我国调整或出台了一些相应的政策，但如何对待外来文化和流行的文化现象，在媒介传播中如何选择和掌控，一直是困扰我们的一系列难题。这不仅需要媒介自身具备自觉的担当和责任意识，以及受众自身素养的提升和正确选择，还需要有关部门制定和完善相应的法律法规，媒介毕竟既不能代表所有人的观点，也不能代替政府的职责。而且，大众媒介在文化传承方面只有导向功能，绝没有决定和改变的职责。

第二节　媒介承担文化教育的使命

从社会学的角度看，一个人的出生仅具备生物学的意义，是一个生物人，而要成为一个社会人，就必须经过一系列的社会化过程。这个过程主要包括家庭教育、学校教育和社会教育等。其中，在社会教育中，媒介承担着非常重要的文化教育作用。所谓媒介的文化教育，以我们的理解就是媒介作为传承人类文化的平台，一直以来都在有意无意地扮演着教育国民的角色，在国民的社会化过程中承担着传播文化、普及文化知识的使命。在此，媒介又是一个对国民实施社会化教育的平台。

媒介之所以能够承担起文化教育的重任，我们首先要认识到媒介一直以来与人类文化的嫁接关系，也即在大众传媒高度发达的时代，文化是始终离不开媒介的。正所谓"文化无论是与书章典籍相联系，与礼仪习俗相联系，还是与报纸、杂志和电影、电视等相联系，都要以某种媒介方式来呈现自身。因此，我们无法想象还有某种独立的、离开媒介的文化，特别是今天，我们就身处大众传媒的包围和合拢之中"[1]。当然，在大众传媒诞生之前，文化仍然离不开媒介，二者之间的关系仍是密不可分的，只是我们不大留意而已。比如"在以往有关文化的研究和讨论中，人们很少涉及媒介的方式。无论是讨论传统概念中的'作品'，还是新批评概念中的'文本'，它们都是自主的，似乎并不受媒介方式的干扰，因此对它们的评价也与媒介无关。无论是以文字的、影像的，还是音响的、造型的方式呈现，它们都是作品和文本……而媒介文化概念的提出，则是别一种文化的分类原则，

———————

① 蒋原伦：《媒介文化十二讲》，北京大学出版社 2010 年版，第 3 页。

它强调的是文化的媒介呈现方式，强调的是媒介形态对社会文化所产生的决定性的影响，即不同的媒介导致文化沿着不同路径演进"①。既然如此，媒介的文化教育使命的担当，就不能不引起我们的特别关注。那么，媒介的当代文化教育使命究竟是什么？媒介究竟该如何进行文化教育呢？

关于媒介的文化教育使命，我们这里主要是就大众传媒而言的。分析大众传媒所承载的文化，我们会发现，其中既有崇高的、严肃的、传统的东西，即所谓主流文化的成分；同时也含有娱乐的、戏谑的、趋时的甚至反叛的东西，即所谓亚文化的成分。尤其是互联网、手机、QQ、BBS等新媒介，在无限制地满足受众视听感官需要的同时，将所承载的亚文化立体的、全天候地推向受众。可以毫不夸张地说，大众媒介本身已是社会的第二课堂，而它所传播的亚文化已成为当今社会化教育的重要内容，足以左右人们的思维方式、言语方式和行为方式等。也就是说，不受媒介所传播的亚文化的引导和干预而独立认知、评价周围一切的人，尤其是年轻一代，几乎少之又少了。

既然如此，那么，大众媒介所传播的亚文化又给受众带来了什么样的负面影响呢？

首先，大众媒介的亚文化表征是快餐化、浅薄化、煽情化和低俗化，其中低俗化最为明显，对受众的负面影响也最大，尤其是年轻一代。比如有的媒体为吸引受众的眼球和超高的点击率，极力追求内容的娱乐化和形式的通俗化，过去的"大话西游"和现今流行的抗日"神剧"、各种历史"戏说剧"就最能说明这一问题。实际上，对严肃的历史事件和文学经典随意地歪曲和戏谑，极易误导受众，是对民族文化极不负责的传播。还有些媒体的栏目或节目大量刊登明星的隐私、绯闻，格调低下，语言粗俗，内容极不健康，如郭美美，凭借网络的恶炒竟一时名声大噪；更有不少影视作品内容暴力、低俗，充满色情成分，或从中表现畸形的、病态的婚恋观、生活观，或宣扬落后腐朽的封建文化和资产阶级文化，等等。这样的内容教育受众，很容易使受众是非观混淆，伦理道德失范，精神信仰迷失，甚至导致整个社会文化和道德观念的大倒退。现今社会私欲膨胀、家庭婚姻不稳定等各种社会问题层出不穷，可以说，是与大众传媒宣扬的亚文化不无关系的。

其次，大众媒介所传播的亚文化主要代表的是处于边缘地位的青少年群体的利益，其对正常的社会秩序往往采取一种颠覆态度，所以，亚文化最突出的特点就是它的边缘性、颠覆性和批判性。而这种处于破坏、颠覆状态的亚文化又很容易使涉世未深的青少年产生错觉，从而会将大众媒介传播的亚文化内容当做主流文化来接受，把亚文化宣扬的价值观念当做主流的健康的价值观念来吸收，最终会导致思想观念和行为方式均产生彻底变异。正如德国传播学家伊丽莎白·诺埃勒·诺依曼的"沉默的螺旋"理论所描述的，由传媒提示或强调的即使是少数人或不公正的意见，也会被受众当做"多数意见"来认知，并最终会引发"沉默的螺旋"的启动，使受众在价值判断和行为方式产生连锁反应，从而导致社会生活中占压倒优势的"多数意见"的舆论的产生。"在现代性的条件下，媒体并不反映现实，反而在某些方面塑造现实。"而媒介亚文化所塑造的现实的结果，诸如使受众的价值判断趋于简单、感性，容易将通俗、时尚的文化当做主流文化，在价值判断方面往往迷失方向，甚至失去自我。尤其是新媒介所营造的非现实的虚拟环境和文化氛围，以及生活方

---

① 蒋原伦：《媒介文化十二讲》，北京大学出版社2010年版，第4页。

式与生活内容等，严重影响了受众对客观世界的认知和判断，使之价值选择越来越非现实化和个人化、功利化，乃至拜金主义和物质享乐主义盛行，香车美女、挥金如土成了身份的象征和人生的最大梦想。还有，如受众在充斥于媒介的电游、戏说和肥皂剧等文化产品的塑造下，越来越注重自我利益和眼前利益，在价值认知上目光短浅、目标短期，唯我独尊，毫无集体观念，也毫不关心国家和他人的利益。

基于此，我们认为就文化教育层面看，大众媒介应特别注意避免亚文化内涵对受众的负面影响，只有这样才能使受众在社会化的过程中健康成长。孔子就曾因为"恶紫之夺朱也，恶郑声之乱雅乐也，恶利口之覆邦家者"而提出"克己复礼"，要人们礼法控制自己的欲望。而我们今天要避免亚文化影响受众，媒介也必须采取行之有效的办法，如提高自身媒介素养，彰显主流文化等，以更好地承担起对受众进行文化教育的使命。

首先，大众媒介要自觉承担起传播主流文化的使命，要具有一定的社会担当，自觉扮演"人类灵魂工程师"的角色。媒介传播的文化本身就是一种极其复杂的存在，是与特定社会环境密切相关的。就文化内涵的构建而言，既有主流的，也有非主流的；就对受众的影响而言，既有消极的一面，也有积极的一面。建构一种弘扬主流文化、积极向上的媒介文化结构，以此为受众的社会化过程提供积极健康的文化教育。这样，媒介的文化教育不仅能培养人们健康的日常生活和行为方式、思维方式，还可以渗透到社会意识形态中，塑造国民的思想观念，影响一个国家、一个民族精神领域的方方面面。

现代社会意识形态本来就与媒介有着必然的联系，是受媒介左右或就是媒介影响的产物。一种意识形态的形成和扩散，是离不开媒介的。可以说，媒介参与了意识形态的建构、传播和延伸，但凡一种意识形态要活跃起来，要上升至社会化的、主流的层面，就得借助大众传媒的力量。而在此过程中，媒介对人的教化功能也便自然达成了。因此，借助于大众传播媒介，一种意识形态会很快冲破地域、民族和语言的阻隔，形成一定的集团共识，久而久之，使更多的人接受其价值观和行为规范，进而可能会将整个社会组织起来，沿着一定的方向运转，这就是媒介对人们进行"文化教育"的超强作用。也就是说，媒介在传播信息、愉悦大众的同时，也自觉或不自觉地完成了文化教育的使命。

也正因为如此，尽管哈贝马斯一直主张"当代社会与文化理论应当引入开放媒介与多元化媒介的研究"。但我们也一定要清醒，我们的媒介是社会主义的媒介，是党的喉舌和舆论宣传阵地，多元文化绝不能替代主流文化。尽管有人一直以为多元文化"实现了对各种不同种族、性别、族群、社会阶级和群体所组成的文化与社会的积极贡献"，但主流意识形态、主流文化的传播绝不能忽视或放松，在媒介的文化建构中一定要占据核心的位置，也只有这样，媒介的文化教育才更有效，更有利于建立一个有序的、理性的社会。

其次，大众媒介作为主流文化的传播主体，要肩负起对受众进行文化教育的使命，努力提升媒介自身的素养也至为关键。大众媒介既为社会文化传播的承担者，传播内容无疑要经过传播者的筛选和加工，传播什么？如何传播？都受制于它们的思想信念和行为习惯而缔造出来，并直接或间接地去影响受众，这就要求传播者自身素养不断提升。面对纷繁复杂的社会文化和市场经济条件下媒介市场的激烈竞争，如何把握健康向上的文化？如何突出传播主流文化？如何既能取得经济利益的最大化以利于市场竞争，而又不削减社会利益？这就需要媒介人的高超智慧和素养。在新媒体日益发达的今天，媒介业界的竞争也日趋激烈，为生存而谋求经济利益和追求社会效益之间的矛盾，几乎成了每家媒体都面临的艰难选择。当然，在市场经济条件下，媒介要生存和发展，纯粹不考虑经济效益，如前几年重庆卫视取消广告，肯定是行不通的。但如果为了追求经济效益一味迎合受众而不考虑社会效益，放弃了教育、引导受众的使命，肯定是有违于党的新闻宣传宗旨的。比如现今给传媒界造成巨大危害的有偿新闻、虚假报道、不良广告，以及内容平庸、形式简陋、风格低俗、迎合谄媚等现象，就是最明显的反面例证，从中也体现了部分媒介在市场经济中迷失了方向，丢弃了一个媒介人应有的职业操守，不仅不能完成文化教育的使命、提升受众的思想境界，反而会败坏社会风气，摧残和毁坏优秀的社会文化。

实际上，关于媒介自身的素养，我们这里主要指传媒人的素养。因为传媒人既是"人类灵魂的工程师"，其素养会直接关系到大众传媒能否积极有效地传播主流文化，能否以社会效益为重，对社会不断释放正能量。传媒人是媒介的主体，其素养高低与否，一看其是否深刻了解本行，对传媒是否有自己独到的认识和研究；二要看其是否有较高的思想境界和道德修养，能否率先垂范，做一个合格的施教者；三要看理论水平之高低，有没有马克思主义理论修养，对党的宣传理念和政策认知程度如何？如此等等，就决定了一个媒介人素养之高低，或能不能成为一个合格的媒介文化教育的实施者、"传道者"。就对媒介的认知而言，传媒人的最低限度必须是一个内行，对本传媒和整个传媒界有较全面而深刻的理解和把握，这是一个传媒人最基本的素养。尤其是在新媒体时代，传播手段日新月异，传媒人一定要与时俱进，始终走在社会发展的最前列，不断更新自己的理念，不断适应新的媒体环境。如在新媒体时代，大众媒介的结构、组织和运作方式，以及新兴媒介的功能、作用和传播方式等，都在不断变异、创新，而传媒人一定要把握先机，积极应对挑战，具有前瞻意识。如此，方能体现一个传媒人较高的职业素养。

关于传媒人思想道德和理论素养问题，这关系到其能否将优秀的文化及时传播给受众，能否肩负起"传道者"的重任。传媒人的思想道德主要体现为日常工作中秉持的职业道德和职业精神。其中职业道德主要指日常执业中的合道德、合规范，如坚守事实、坚持真理，坚决杜绝虚假新闻和有偿新闻，等等。而职业精神主要指日常执业中的尽心、尽力、尽职精神，为了追求真实、全面、客观、公正，及时地报道某一新闻事件，体现出一种勇往直前的献身精神。当然，仅有这些还不够，要完满地履行"传道"之使命，还要全面掌握马克思主义新闻理论，要具有大局意识和社会责任感；对自己的职业要求和使命有明确的认识，对新闻规律、传播规律、传媒运行和发展规律，也应有完全的把握，并能够自觉地完成党的宣传任务，只有这样才能成为一个高素质的传媒人，才能完成媒介教育的重任。

最后，大众媒介要很好地发挥对受众的文化教育功能，除要夯实传播内容、既有深度又有广度外，还要解决好传播与接受的关系。其中传播主流文化一定要有深度，体现中华五千年文明的博大精深和独特魅力，还要注意有利于人类的进步，与世界文明的进程同步，具有放眼世界的广度，即既要彰显中华特色文化，又不能与世界脱节，体现一定的世界性和开放性。而解决好传播与接受的关系，主要体现在内容的表达上。即既重在发挥政治宣传的功能，以达成人格养成的教育目的；又不是纯粹地说教，而是寓教于乐，富有怡情养性的娱乐功能。既要满足精英阶层的审美需求和文化趣味，又能使一般受众乐于接受，并久而久之有助于其文化素养和审美趣味的提升。其最终目的，就是通过大众媒介这一传播平台，使最广泛的受众精神文化得以丰富和提升，这是媒介进行文化教育的最终成果，也是其是否适合社会的需要，是否符合新世纪人类发展需要的唯一衡量标准。

对大众媒介这种内在的设计和建构要求，说穿了就是为了让其发挥超强的教育国民的功能，而要达到这样的建构要求，媒介从业者至为关键。对此，传媒人首先要自觉认识到自己是文化的传播者也是社会的教育者，先进行自我教育与完善，秉持文化教育之职志，并贯穿到日常的传播活动中，进而建构出符合上述要求的传播平台。这样，从传媒人手中选择并制造出的媒介产品才既有利于受众的身心健康，又适合社会发展的需要。一方面，"传媒要以受众的利益为出发点和落脚点，针对受众的不同年龄层次、职业身份、地域范围、文化背景等情况，有针对性地进行分众化传播；另一方面，则要注意研究不同年龄层次、职业身份、地域范围、文化背景的受众所共同具有的心理需要，并尽可能满足之"①。这样，媒介的文化教育行为才会有的放矢，行之有效。

总之，就人的社会化过程而言，其社会教育的接受模式不外乎两种，一是接受专门的专业教育，二是在传播环境中通过各种媒介传播的文化产品达到潜移默化的陶冶。而媒介所传播的文化主要是一定时代、一定社会的媒介人根据自己的思想、观念有选择、有目的地传播的文化，尽管有时候它是多元的，但多元中也一定有主向、有主流，是传播者按自己的理想和观念体系建构起来的文化传播平台，又是一种合目的的引导和教育手段。这就是不同时代、不同社会，乃至不同国家和民族具有不同的媒介文化和媒介教育手段的缘由所在。

第三节　媒介传播提高人的文化修养

人的文化素养的提升虽然有多种途径，但媒介传播无疑是一条非常重要的途径。在信息化的时代，大众传媒每天会带给人们海量的信息，人们受教育的过程、获得知识的途径，都会自觉或不自觉地受惠于媒介，可以说，媒介已在当今社会越来越发挥着普及性的社会教育作用。

当然，媒介教育不同于学校的、专业化的教育。对受众而言，尽管在现代社会信息包围中，人们有了一定的媒介自觉，可以有目的地识别和选择媒介及其传播内容和方式，但多数情况属于被动地或不自觉地接受知识。因此，要提高教育效果，从而有效地提升受众的文化修养，当务之急是培养和提高广大受众的媒介素养，要让他们了解媒介的相关知识，即大众媒介是什么？有哪些基本的属性、功能和作用？如何更好地利用大众媒介？等等。只有掌握了这方面的知识和技能，才能正确地识别、选择媒介及其传播的内容和形式，才能更好地运用媒介，从而获得丰富、有效的知识和信息，并能够自觉地抵制消极、有害的传播内容。

媒介教育的目的是使受众获得更多的文化知识，提升其文化素养。那么，如何借助媒介传播强化媒介的教育功能，从而提高受众的文化素养呢？首先，要实现媒介教育的社会

---

① 罗敏：《大众媒介的当代使命——拯救感性沉沦的受众》，见"百度文库"。

化、大众化和普及化。媒介教育的社会化、大众化、普及化是提升受众文化素养的重要环节，也是一个国家媒介发达的重要标志。要做好这项工作，除了全民的广泛参与外，还需要政府的组织协调，如由教育、文化和宣传部门协调建立各级媒介教育协会，还可以通过职工文化教育、社会职业教育的渠道，形成社会化的媒介教育系统，共同承担并完成这一社会教育工程的组织实施，使不同年龄、不同职业的更多的受众通过这些渠道和方式获得文化素养的提升。其中以青少年为重点教育对象，以各级各类学校为基地，将媒介教育与学校教育结合起来，有计划、有目的地开展此项工作，共同完成对国民的媒介教育。为此，郑保卫先生过去在一次讲演中曾特别提出，开展媒介普及性教育，"关键要有一套适用的教材。有了好的教材，许多人通过自学的办法同样可以达到学习的目的。因此，当务之急应当尽快编写一套适合于向不同人群普及媒介知识的教材。建议由中国新闻教育学会或由某些新闻院校牵头，组织有关专家、教授担负教材编写任务。这种普及性的教材与新闻与传播院校的新闻与传播专业的教材的主要区别在于它的通俗性和实用性。如果说专业教育主要在于培养学生的新闻与传播理念和训练学生掌握为社会与公众服务的媒体操作技能的话，那么，面向大众的媒介教育主要在于普及媒介知识，培养民众掌握和运用媒介更好地为自己的劳动、学习、工作、生活和娱乐服务的能力"①。也有不少人认为，媒介知识普及以及媒介教育皆属于新闻传播教育范畴，相关院校应当承担主要的责任。有新闻专业的院校可以选择一些中小学或社会教育机构共同实施，逐步将媒介教育由学校向社会推广开来，以学校为中心，不断向社会拓展，形成媒介教育的社会网络。其中最重要的一步，就是先在校内面向其他科系的学生开设媒介知识讲座或选修课，向非专业的学生普及媒介知识，使他们首先懂媒介、会利用媒介，将媒介当做"第二课堂"，进而向全社会推广开来，实现媒介教育的最终目的——提升全民的文化素养。

其次，在信息社会，人的文化素养很重要的一个层面就是媒介文化素养，同样需要通过媒介教育来提升，而媒介传播对建设高素质的和谐的公民社会又具有重要的作用。因此，应将提升国民媒介文化素养的媒介教育提高到国家战略的高度。现在，许多国家十分重视媒介教育，认为通过媒介教育可以使国民的媒介文化素养迅速得到提升，包括具备使用新媒体的能力、积极参与国际竞争等，这些都建设先进的信息社会不可或缺的。而媒介文化素养在网络时代，实际上已成了国民全部文化素养结构的重要部件。可以说，一个国家、一个民族其人民的综合素养如何，集中地体现为媒介文化素养。

那么，在互联网高度发达的信息时代，国民的文化素养构成要素主要包括：第一，要具备现代媒体的知识和熟练的使用技能。比如微信、微博、**APP** 等，传播速度之快，已是不少政府组织和个人发表意见的平台，互联网时代的国民一定要熟练掌握这些现代工具。第二，要具备对海量信息的理解、鉴别、评判、选择等的能力，从中去粗取精、去假存真。在网络时代，国民一定要具备面对各种信息的成熟的思维能力，能正确理解和接受媒体信息，而一个国家具有大多数理性对待网络的国民，这个国家才有可持续发展的前途。第三，在社会人际交往中，要具有一定的沟通能力和伦理道德修养。

前几年，有位韩国明星就因为受到网民的恶语相加甚至人生攻击，早早结束了自己的

---

① 转引自周洪宇：《乐为教育鼓与呼》，中国人民大学出版社 2007 年版，第 38 页。

生命。现在，网上到处是情绪化的表达，甚至煽风点火、制造事端，已成了一大公害，不仅不道德，而且有的甚至是违法行为。而通过媒介教育，培养合格的、理性的、人性的网民，提升整个国家国民的文化素养，已是不少国家的战略设计之一。

从互联网时代国民的整体文化素养看，由于网络用户掌握了从未有过的超强的话语权，可以自由地表达个人的观点，甚至可以通过网络制造一些爆炸性的"事件"，足以影响到整个社会。因此，如果不尽快提高国民的媒介文化素养，培养其社会责任感，就难免会出现一些危害社会安定和公共利益的恶性网络事件。而要提升国民的媒介文化素养，就需要强有力的媒介教育。但一个不容忽视的事实是，目前我们的学校虽然手机普及，信息技术也不甚缺乏，但对于互联网时代国民应具备怎样的辩证思维能力，如何文明上网，如何恪守人类的道德等，还缺乏一定的教育和引导，导致国民的整体媒介文化素养较低，亟待国家作为未来发展战略设计的一部分，尽快实施。正如胡启恒院士所说："由于网络在提供信息、服务、关怀和方便的同时，也带来更多风险，因此人类社会上升到信息社会阶段以后，社会观念和伦理道德水平也必须相应提高——这需要政府主导下全社会共同努力。"①

再次，在新的媒介环境下，现代人的文化素养可以划分为传统素养和媒介素养两个层面，前者主要指人文社科知识素养，包括一般的读写能力；而后者主要指对现代媒介的认知和掌控能力，包括接收媒介信息的能力（如对多种媒介作品的辨疑、选择、推理等）、输出信息的能力及互动能力等。我们说媒介传播提高了人的文化素养，就是包括这两个层面的素养，尤其后者，更是现代人不可或缺的基本素养。而要实现这两个层面的素养同步提升，媒介管理制度的建设和健全，以及合理地管控也较为重要。

在现代媒介传播系统中，一般受众作为媒介的应用者，日常生活、工作中接触媒介主要是接收信息，偶尔也输出信息。而对媒介的掌控主要由政府相关部门和相关人士，他们作为媒介组织中的把关人和媒介议程的设置者，日常主要负责官方和社会重要信息的发布，以及控制和引导社会舆论的方向。他们日常所面对的媒介传播空间主要包括政府空间、公共空间和个人空间，而对这三个空间的严格认知、区分和科学、合理地管理，是其日常最主要的工作，直接关系到媒介文化的建设和有效地提高国民文化素养的重大问题。所谓个人空间，主要包括博客、微博、播客、QQ、MSN 等，虽用于个人意见的表达，但也是公开传播的，如果忽略管理，也会使不良文化得以传播，引发巨大的社会负面效益。所谓政府空间，主要指政府管理的媒介和政府各级机构开办的官网，日常的传播任务，如发布政令、传达和解读政策、引导社会舆论等，是我国党和政府传播政务的平台，也是弘扬主流文化和价值观的重要平台，需严格掌控，严禁发布个人的意见和主张，方能发挥引领全国舆论的功能。所谓公共空间，主要包括论坛、贴吧、QQ 群、BBS 等，是互联网为公众提供的传播平台，每个人都可以自由地表达和交流，使个人的传播需求和表现欲望得到充分的满足。公共空间对媒介管理来说，面临着诸多的问题与挑战，个人意见的自由表达、意见领袖的个人化引导，往往使管理者顾此失彼，也给社会带来了许多麻烦。诸如一些重大、突发事件发生后，往往谣言四起，意见领袖对事件的解读可能与官方大相径庭，

---

① 胡启恒：《网络时代如何提高公民媒体文化素养》，载《光明日报》，2009 年 12 月 30 日。

使社会舆论出现偏差，给政府解决问题制造了重重障碍。因此，如何合理地管理和疏导公共空间，如何充分地利用公共空间，是相关部门亟待解决的问题。

早在2010年1月4日，原中共中央政治局常委李长春在全国宣传部长会议上曾指出："要适应时代发展要求，努力提高与媒体打交道的能力，切实做到善待媒体、善用媒体、善管媒体，充分发挥媒体凝聚力量、推动工作的积极作用。"在这里，"三善"的提法明确了媒介管理、媒介执政的理念，为有关部门和有关人员管理媒介、如何引导舆论指明了方向，也为新媒体时代提高国民的文化素养提供了政策性保障。所谓善待媒体，是指对待媒介，应该抱着善意的态度去爱护媒介和关心媒介，关注它们的成长，指出它们的不足，鼓励它们大力传播正能量。所谓善用媒体，就是政府和媒介管理部门应遵循新闻媒介的规律，坚持新闻真实和及时播报的原则，以最快的速度将事件真实情况传播出去。同时，也要具有大局意识，要把好关，注意社会效益和公众利益，将主流观念和社会公信力放在首位。所谓善管媒体，这是媒介管理部门和管理人员最值得研究的一个课题。在新媒体时代，媒介管理更需要合理合法，更需要艺术，只有管好媒介，提高国民文化素养才有制度的保障。首先，管理媒介一定要合法。一个正常、民主的社会，社会管理必须是阳光的，必须以法律为准绳，媒介的管理也概莫能外。近年来，随着新媒体的发展，我国的媒介管理部门对媒介的管理方式也越来越步入法律的轨道，也来越阳光、民主，如"限娱令"的公开发布，就远不同先前的内部通报、电话通知、采编备忘等行业之内的处理方式，而是一种法律法规的颁布。这是我们在管理媒介上的一大进步，使媒介运行有法可依。其次，媒介管理一定要公平、合理。但凡一个法治的、民主的社会，就要使人人享有发表意见的权利，采取高压式是不适合现代媒介管理的。同时，我国的媒介虽然是党和国家的喉舌，但作为传播信息的平台，尤其是网络的个人和公共空间，一定要坚持平等原则，公众或参与民主建设，或为党建言献策，或发表个人意见，只要不违法，均可畅所欲言。平等地对待媒介，平等地对待媒介的使用者，使之最大化地传播文化，为提升国民的文化素养发挥作用，这才是媒介管理的最终目的。①

总之，在新媒体时代，媒介对社会文化的渗透是全面的、深刻的，对人的文化素养的构成也同样产生了巨大的影响。就社会文化而言，媒介的参与、渗透，使之不断得到新的建构和重组。在传播的过程中，虽然包含了传统文化和新的媒介文化，但这里的传统文化"已经不是昔日意义上的传统文化，这里不仅仅是指传统文化的通俗化，更主要地是指它经过简约的、剔除个性的、具有某种标准化的面孔。传统文化的承传模式，如师道模式、家学模式、精英授业模式已不再起决定性的作用，人们通过大众媒体获得的信息在总量上远远超过了传统的文化接受模式所能涵盖的内容。虽然大众媒体上的信息在质量和效能上大可控究，其重复的、冗余的、肤浅的、以讹传讹的信息比比皆是，但是它在总体上包围着我们，主宰着我们的视听"②。也就是说，媒介主宰着人们的"视听"，使当今的人们对万事万物的认知，包括文化知识的获得和自身文化素养的提升，都受媒介左右，并通过媒介来实现。媒介的传播提高了人的文化素养。

---

①　白传之：《试析公务员媒介传播角色与素养提升》，载《现代传播》2012年第5期。

②　蒋原伦：《媒介文化十二讲》，北京大学出版社2010年版，第7页。

第四节 媒介彰显特色文化

对"媒介彰显特色文化"这个命题，我们可以做如下两种解读。

首先，文化的媒介呈现方式和传播手段不同，会生成不同的具有本媒介特色的文化。就现代传播媒介看，人们日常接触和使用的媒介主要有语言媒介、印刷媒介、电子媒介等，这些媒介所生产的文化都赋予了本媒介的特色，是不尽相同的。这是在媒介文化研究中，我们对文化分野的最一般的认知，"文化在一定意义上是由媒介生成的，不同的媒介方式生产不同的文化，只要有了新的媒介手段和媒介文化，新的意义总是会源源不断地生产出来"[①]。比如网络文学与纯文学的区别，就因为媒介呈现方式和传播手段不同，内在的意义和语言、结构等具有明显的差异，受众的欣赏过程和审美趣味也有区别。像20世纪末流行的蔡智恒和石康的网络小说，与传统的纯文学小说相比，二者可以说各具特色，完全是两种类型的小说。有人总结：网络小说具有超文本、多媒体、电子书写等外在特性，以及结构松散、情节简单、人物性格单面等内在特色，是一种适合都市消费文化的快餐化、轻阅读的小说。

其次，虽然说现在互联网拉近了人与人之间的距离，我们都生活在一个地球村，但媒介既然生存于不同的地域，并为不同地域的人所操控，就必定带有一定的地域性。也就是说，无论传统媒介还是新媒体，必然存在于一定区域内，其所承载的内容也总会呈现出一定的地理环境下的文化属性。因此，一个国家、一个地区的媒介，必定会受当地文化的影响，也必定会自觉不自觉地彰显该地域的特色文化。如广西媒介总体上呈现了"八桂文化"的特色，而山西媒介基本带有三晋文化的韵味，如此等等，不一而足。本节拟就中国媒介彰显中华地理环境下的中华文化特色展开论述。

汉民族文明的发祥地以黄河和长江为中心，这两个中心区域在中华文明的历史进程中缘于其地理和气候诸自然因素的优势，逐渐成为中原王朝的统治中心。实际上，任何一种文化的生成和存在都离不开一定的地理环境，是生活在特定地理环境的各民族人民在长期的生活实践和历史进程中的必然选择。就中华文化大的地理形势看，西面是帕米尔高原，西南有青藏高原和喜马拉雅山脉，与印度半岛阻隔，西北和北面有天山、阿尔泰山、萨彦岭，一直延伸到外兴安岭，成为东亚北部的一道天然屏障，将蒙古高原与欧亚大陆的其他地方割裂开来。这样，在交通不发达的古代，整个东亚就成了一个较独立、完整和相对封闭的区域。从华夏文化诞生的地理环境看，独特的地理环境确定了华夏民族特有的生产和生活方式，也孕育了华夏文化特有的风貌。就华夏文化的核心地黄河、长江流域看，同样是一种相对封闭、独立的地理环境。在我国的西南地区有青藏高原、横断山脉及怒江、澜沧江和金沙江等重重高山大河，山河险阻，使得黄河、长江流域文化与印度和两河流域文化较少交流。我国的西部地区除了高山便是茫茫戈壁大漠，虽一直有丝绸之路通往西域，但仍然是举步维艰、困难重重，正如玄奘《大唐西域记》中所描述的："东行入大流沙，沙则流漫，聚散随风，人行无迹，遂多迷路，四远茫茫，莫知所指。是以往来者聚遗骸以记

之。乏水草，多热风，风起则人畜昏迷，因以成病。时闻歌啸，或闻号哭。视听之间，恍然不知所至，由此屡有丧亡，盖鬼魅之所致也。"(《大唐西域记》卷十二)北部和东北部是蒙古高原的茫茫草原、大漠和外兴安岭，还有一道人为的万里长城，直到明清晋商未崛起之前，与俄罗斯和欧洲基本没什么联系。虽然我国的东部、东南部和南部濒临太平洋，环绕着渤海、黄海、东海和南海，但不仅没有凭借辽阔的海岸线与世界联系起来，反而成为大陆的另一种屏障。因此，华夏文化最终生成在一个封闭的以农耕为主的内陆环境里，濒临海洋并在有限的范围内也走出内陆，向周围播撒自身的文明，但在本体形成的过程中几乎看不到外面世界的影响。

一般认为，华夏文明起于夏、商时期的黄河流域，后又与长江流域的楚文化融合，逐渐形成了华夏本土文化。当然，在汉唐及之后的相当长时期，又与周边的各兄弟民族文化不断冲突、融会，最终汇聚成大气恢弘、极具包容性的中华文化。在中华文化形成的过程中，黄河流域和长江流域无疑为其孕育、成熟提供了得天独厚的地理环境优势。当时，无论是黄河流域还是长江流域，正是人类最宜居的地方，气候温和湿润、土地平整肥沃、河流湖泊密布，完全是一个丰富、自足的世界，它无需走出去，无需借助任何外在的文明和力量就可以发展、完善为一种高水平的文明，这就是华夏文明。因此，到唐宋时期，中华文化以黄河、长江流域为中心，作为一种内陆的农业文明，已相当发达，不仅是中国封建文化的巅峰，也堪称当时世界文化的最高峰。

那么，孕育于黄河、长江流域的古老中华文化有哪些特色呢？

关于中华文化的特征，钱穆先生曾说："中国文化，表现在中国以往全部历史过程中，除却历史，无从谈文化。我们应从全部历史之客观方面来指陈中国文化之真相。"[①]就在历史的长河中，中华文化在其独特的地理环境的影响下，化育生成了自己独特的面貌——内敛而不事张扬，和谐中庸而排斥战争和极端，重道义而轻利益，以伦理为行处之指针，等等。

因为中华文化形成于一个独立自足又相对封闭的地理环境，长期以来，受此文化熏陶的中华子民总以为自己身处于世界的中央，文明程度最高，"中国者，天下之中也"。文化的优越感使其雄视天下而又怀柔、推恩于天下，在夷夏之别中，总以"天朝上国"自居，但又能"施及蛮夷"，在漫长的封建时代，除改朝换代的特殊时期外，华夏各族基本能和谐相处，相互融合，很少暴力杀伐式的相互征服。并且，这种文化的优越感，使华夏儿女对故土、对家国，具有一种特别的情怀，"野人怀土，小草恋山"、"月是故乡明，水是故乡甜"……不论离乡多久，那种"乡关之思"总也挥之不去，而且历久弥浓，最终会"叶落归根"。也许正是这种家国情怀，激发起了中华民族强烈的爱国主义和民族凝聚力，每到民族危亡之际，各族人民总能团结一心，奋起抗争，捍卫自己的家园和民族文化的尊严，使中华文化绵延不绝。

同时，世界中心观和文化优越感也使中华民族长期自绝于其他文明，直到近代在西方列强的坚船利炮的凌厉攻势下，方被迫走出封闭，放眼世界。不过，作为推恩意识的另一种表现，也是中华民族的独特交流方式，就是向海外、向有求于自己的异邦毫无保留地施

---

① 钱穆：《中国文化史导论》，上海三联书店1988年版，弁言。

与、相助。像郑和船队浩浩荡荡下西洋，除了扬国威外，就是向异邦施舍，鉴真和尚东渡日本也主要是为传播中国式佛法，唐代长安城里的海外游僧、留学生云集，都得到了唐王朝的无私帮助；唐王朝把华夏文化几乎毫无保留地传授给他们，让他们带回自己的国家。由此，中华民族的好施和乐于助人、待客以礼的文化品性，也决定了其追求和谐，不喜暴力和杀伐，憎恶战争和动乱，等等。虽然在历史上也曾有过像卫青、霍去病远征匈奴，戚继光剿灭倭寇，郑成功收复台湾等战事，但那都是为了保卫家园，反抗外来侵略的不得已之举。其实，在中国历史上，很少有主动发动战争的拓边行为。

不仅与周围邦国和谐相处，在大自然面前，也同样追求一种人与自然的和谐关系。"天人合一"是中国传统哲学的一个基本命题，"天"在古人看来就是"天道"，就是自然"元气"，人必须与"天"相一致、相和谐。因此，国人在对待自然万物上，向来是敬畏之、顺应之，以原生态的自然为美，并不看好人工改造了的自然，在审美观上与西方恰恰相反。一个人，只有顺应自然，"与天地合德"，方为高尚之人，"盖天地万物，与人原是一体，其发窍之最精处，是人心一点灵明。风雨雷电，日月星辰，禽兽草木，山川木石，与人原只一体。故五谷禽兽之类皆可以养人，药石之类皆可以疗疾。只为同此一气，故能相通耳"①。以此为基点，在立身处世中，为人必须言行一致，"君子耻其言过其行"。否则，就有失君子风范，是小人之态，这实际上也是做人的道德底线。

中华文化的和谐属性不仅体现在处理与异邦的关系及人与自然的"合一"性中，还进而延伸到人与人之间的关系中。

在中国封建时代的宗法社会结构体系中，由个体的人到家庭再到国家，是一个完全伦理化的有序的关系体。首先，君君臣臣、父父子子，长幼有序，其中臣对君要忠，子对父要孝，妇对夫要顺从，弟对兄要敬重；同时，君对臣、父对子、夫对妇、兄对弟也要关怀、爱护，肩负起尊长应尽的责任和义务。这从孔子的"仁"学思想，到孟子的"孝悌忠信"、"仁义礼智"，再到后来道学家的"君为臣纲，父为子纲，夫为妻纲"和"仁、义、礼、智、信"的三纲五常人伦道德信条，这种人际关系逐渐系统化、固定化。可以说，两千多年来，整个社会的人际关系始终处于一种和谐的、充满伦理道德色彩的状态中，促成了中国封建社会结构的超稳定性，而中国封建社会之所以能延续两千多年，是与这样的人际关系密切相关的。②

从中华文化的表征看，同样颇具特色，比如使用汉字，儒家思想的广泛影响，等等。当然，作为一种古老的文化，其特色是多方面、多层次的，除汉字和儒家思想及其诸方面的表征外，在哲学、宗教、政治、科技、艺术等方面区别于其他区域的文化特色不一而足，不胜枚举。就从家庭结构和宗族观念看，中华各民族都十分重视家庭和家族聚居生活，几代同堂一直被认为是最幸福、完美的家庭结构。在一个地方，相同姓氏的家族一般是聚族而居，族内的子弟命名一般严格遵循族谱的行序规律，因为这样才能显示一个宗族的实力和影响力。

修撰家谱，明确宗谱世系，并进行寻根祭祖，本是汉民族的传统，但其他民族也兴此

---

①　(明)王守仁：《传习录下》。

②　王会昌：《中国文化地理》，华中师范大学出版社 2010 年版，第 148~158 页。

举。比如西南地区少数民族有不少姓氏，如李、刘、贾、董、杜、徐、石、张、胡、陈、王、郑等，都修有家谱，有的地方还成立了一些民间组织，专门研究家谱、探寻一些姓氏的祖源和谱系，为后代寻根。所有这些，都体现了一种文化的同源性，而这样的从家国大事到生活细部的共性，可以说在中华大地各民族中随处可见，正是由这些文化的共同属性，确立了中华文化不同于其他地域文化的独立存在。

在新的媒介环境下，中华特色文化是如何传播的呢？在人类传播史上，每个时代都有每个时代的媒介形态和传播方式。过去，囿于科技不发达，文化的传播途径主要靠人际传播和组织传播，既不及时，又不准确，还阻隔重重，传播的范围也极为有限，基本与外来文化少有交流。后来，造纸和印刷术发明，出现了传统的纸媒，文化的传播方式发生了革命性的改变，使文化传播便捷、广泛；中华文化由此不断向四方延伸，不仅深入域内各民族，还远播亚洲各国。当电子媒介兴起后，文化的传播呈现出亘古未有的新局面，它冲破了传统的时空观念，传播速度之快、范围之广，为中华文化走向世界，与世界其他区域的文化交流，提供最大的机遇和可能。

当然，在新媒体时代，中华文化的传播，其与众不同的"特色"正受到各方面的挑战。可以说，新媒体抹杀中华文化的"本色"几乎无处不在，时有所见。如"杯具"、"屌丝"、"霉铝"、"顶"、"美眉"之类网络生造词到处泛滥，极大地破坏了母语的规范性和中华文化的严肃性。长此以往，对中华文化的破坏是不容小觑的。

◎ 思考题：
1. 媒介对文化有哪些传承方式？
2. 媒介如何完成文化教育的使命？
3. 媒介是怎样提高公民文化素养的？
4. 在新媒介环境下，中华特色文化是如何传播的？

第六章 媒介记录人生的历史

由于专业媒介设备价格昂贵、操作复杂，使用媒介设备记录信息原先看起来是"有门槛"的一件事情。但是随着生产成本的降低，摄影机、照相机、录音机等媒介设备已经不再高不可攀。而各种"傻瓜式"应用软件的研发，也加快了媒介设备融入我们日常生活产品的进程。现今使用智能手机，随时随地记录生活中的滴点，已经是大多数人的喜好。

第一节 媒介真实记录今天的人生

一、大众媒介构建人生的外部景观

大众媒介主要是指报纸、杂志、广播、电视等传统媒介，这些传播媒介传播信息具有速度快、范围广、影响大等特点。从分类上看，大众媒介可分为印刷类媒介和电子类媒介。报纸和杂志是印刷类大众媒介代表，具有便携带、成本相对低廉、信息保存性好、阅读可选择等特点。特别是阅读能更多地调动思维，印刷类大众媒介长于提供比较系统的信息；以广播、电视为代表的电子类大众媒介则调动受众的听力系统、视觉系统，提供的信息更生动、形象。

尽管类型不同，但是这些大众媒介能满足不同人群的需求，从诞生至今均有不同程度的大发展。"据上个世纪末的统计数字，截至上个世纪的最后一年，即 1999 年，全国已有公开发行的报纸 2100 种，通讯社 2 家，广播电台 1200 座，有线和无线电视台 3000 多座。其中报纸年出版总数达到 195 亿份，广播人口覆盖率达到 88.2%，电视人口覆盖率达到 89%。"①

大众媒介为我们建构了生活中的外部景观，满足我们生存发展的信息需求。只要有信息变动的传播需求，大众媒介就弥漫在空气中无处不在。记录时代的变动，留存我们真实的人生，这是大众媒介的使命。正是在传播真实、有益的信息中，大众媒介实现其价值并得到发展。比如 2015 年 7 月 15 日，国家新闻出版广电总局发布的《2014 年新闻出版产业分析报告》显示，2014 年全国出版、印刷和发行服务实现营业收入 19967.1 亿元，同比增长 9.4%；利润总额 1563.7 亿元，同比增长 8.6%。2014 年全国共出版期刊 9966 种，共出版报纸 1912 种。而早在 2010 年国家新闻出版广电总局公布的"十一五"期间全国电视综合人口覆盖率就已经达到 97.62%，全国广播综合人口覆盖率为 96.78%

"传媒业发达到今天已经无孔不入，人们的衣食住行、言行举止、生活方式、意识形

---

① 方汉奇等：《中国新闻传播史》，中国人民大学出版社 2002 年版，第 1 页。

态无一不受到大众传媒的极大影响和渗透。"①一方面大众媒介在真实记录今天的人生，带来信息交流和沟通的便利，另一方面也引发了一系列焦虑。比如电影《楚门的世界》（1998）即讲述了这样一个荒诞的故事：主人公楚门从一出生就是一档全球 24 小时直播的热门真人秀的主人公，他生活的小镇是节目组专门建造的超大摄影棚，他身边所有的人（包括家人、朋友、爱人）全都是由制作人们精心安排的演员，他身上发生的所有事情从早到晚都被摄像机"真实"地记录、呈现给观众，而他身在其中 30 年却对此一无所知，直到一系列意外引发了他的质疑，直到其内心对新生活的渴望战胜了恐惧，楚门才勇敢走出了为他"虚构"的桃花源。

《楚门的世界》给我们带来大众媒介和人关系的思考，强烈地讽刺了商业力量的介入和媒体激烈竞争下求新、猎奇的压力。于是乎真实与虚假之间的界限模糊，我们既相信大众媒介，又担心它被操控，担心扭曲的信息指导出错误的行为。此时的大众已经不单是想成为接受信息的人，而是渴望自己也能成为传播的主体，发出属于自我的真实声音。

二、自媒体融入普通人生活

自媒体的出现，仿佛使大家拿到了自己可以操控的笔，描绘自己心中真实的画卷。2003 年 7 月美国新闻学会媒体中心于发布了"We Media（自媒体）研究报告"，谢因波曼与克里斯威理斯两人联合提出：We Media 是普通大众经由数字科技强化、与全球知识体系相连之后，一种开始理解普通大众如何提供与分享他们自身的事实、新闻的途径。简言之，公民拥有了如影随形、操控自如的媒体。自己亲眼所见、亲耳所闻将成为这个载体所要传播的信息。

1. 自媒体的特点

草根化、平民化是自媒体的首要特征。我们自己就是这个媒介平台内容的所有使用者和创造者。普通人想要开办一家报社、创立一座电台、拥有一套电视频道几乎是不可能完成的任务。设备的购置与维护、专业人员的雇佣、运营资金的高额投入是一道隐形的玻璃门，将寻常百姓隔离在大众媒介之外。而技术的发展、互联网的普及，使得拥有自己的媒体成为低门槛、易操作的现实。

在像新浪微博、百度贴吧、优酷播客等所有提供自媒体服务的网站上，用户只需要按照要求进行并不复杂的注册申请，就可以免费使用服务商提供的网络空间和可选的模板。在此基础上，我们就可以借助这些平台发布文字、音乐、图片、视频等信息，创建属于自己的"媒介"。人人都可以拥有"麦克风"并发出自己喜欢的声音，让自媒体大受欢迎，发展迅速。

再者，自媒体打破了时空的限制，推动了信息快速的传播。我们可以在任意时间运营或停止运营自媒体。我们生产的信息产品是如此的简单、随意，可以只是一幅图片、短暂的秒拍、甚至留个空白。这些看似没有意义的信息传播速度却是惊人的。2010 年 5 月 29 日 9 点 27 分《华侨大学报》主编赵小波发表微博："在新浪，一条围脖最终能走多远？不

---

① 少彤：《媒介辐射下的光影人生》，载《大众电影》2009 年第 10 期。

妨来做一下试验。有兴趣就转发，并请标明您的所在地。我们看看它走的范围有多广，走过的地方有哪些？"经过 13 小时 23 分，在 29 日 22 点 50 分，转发数突破 10000 条。网友通过转发、分享、评论使这条微博传播到各地。除了神州大地的东南西北之外，它还到美国、澳大利亚、英国、韩国、日本等十余个国家去"溜达"了一圈。

互动性强是自媒体的另一个特点。信息通过自媒体平台快速被受众接触后，受众也可以迅速地对信息传播的效果进行反馈。传统媒体虽然也可以借助读者来信、听众来电、观众视频互动等形式与受众沟通，但是存在反馈慢、互动成本高等缺陷。自媒体与受众的距离几乎可以忽略不计，在频繁的交流互动中，能产生出更多有价值的新信息。2015 年 9 月 3 日微博网友"周顾北的周"参与微博话题"9.3 胜利日大阅兵"，其仅仅发表了七个字"这盛世，如你所愿"，并配图周恩来的黑白照片。结果短时间内，该微博被转发 100 多万次，评论 4 万多条。很多人说这条微博"戳中了中国人的泪点"，并在此基础上表达各种心情。正是因为自媒体互动性强的特点，使一个普通学生的七字微博，引发百万网友关注。该条微博被火速大量转载后，该微博的粉丝数量也是暴增至 5 万多，以至于博主连发两条微博表示："我只是一个普普通通的学生，请大家不要关注我了，拜托拜托拜托。谢谢了。"

2. 自媒体见证人生每一刻

自媒体像日记一样帮助我们记录今天美好的人生，难怪腾讯最初将其博客平台命名为"QQ 日志"。自媒体平台很丰富，微博、微信、贴吧是当下使用较为频繁的三种形态。

微博是微型博客的简称，作为一种基于社交网络的自媒体，越来越受到人们的关注。在微博平台上，用户以不超过 140 字的形式发布、更新和分享信息。同时它支持图片、音频、视频等多媒体形式，使信息的呈现丰富多彩。

微博简单易用，除了"发布"功能外，主要还有"转发/评论、关注、粉丝、话题、私信、收藏、@、群组"八大功能。借助微博自媒体平台我们可以革新生活中的不少体验，比如"在多媒体融合的背景下，现代教育技术不断革新人们的教育理念，个人的学习生活有了较大的变化"[1]。我们可以通过微博分享、收藏学习资料与心得体会，建立起自己专属的电子资料档案。只要将这些学习资料与心得体会以发布时间为纵轴，对知识进行纵向管理，以分类为横轴，对知识进行横向管理，同时结合微博搜索功能，即可将日常积累的零散的显性知识加以分类并使之系统化。我们还可以利用"@"和"私信"功能求教于师长与朋友，在短时间内获取有效的信息。我们更可以去关注专业领域内的微博"大 V"，汲取他们的思想精华。通过评论、转发等互动形式，进一步提升我们的认知。

微信是腾讯公司推出的一个为智能终端提供即时通信服务的免费应用程序，微信支持跨通信运营商、跨操作系统平台通过网络快速发送免费(需消耗少量网络流量)语音短信、视频、图片和文字，同时，也可以使用通过共享流媒体内容的资料和基于位置的社交插件"摇一摇"、"漂流瓶"、"朋友圈"、"公众平台"、"语音记事本"等服务插件。我们通常利用微信提供公众平台、朋友圈、消息推送等功能实现自媒体信息的发布。

相对于微博的公共属性，微信更强调熟人社交属性，所以我们也更热衷于在"朋友

---

① 梁颖涛：《微博传播下的新闻写作课程教学模式新探索》，载《阅读与写作》2011 年第 12 期。

圈"中发布个人照片、心情体验、自己对他事物的评价等私人信息。朋友圈注重用户个人体验，与人们现实生活私人空间关联性强，用户个人属性明确，个人话题传播具有显著优势。朋友圈属私密社交圈，其在分享时段和分享内容上都具有"碎片化"特征。"用户可随时随地上传分享用户体验：(1)人们习惯于利用社交媒体填充生活中的'碎片时段'，人们的朋友圈分享也零散分布于各'碎片时段'。(2)朋友圈中用户注重及时、生动信息推送，图片和文字是分享的重要形式，呈现大量'照片+简短文本'信息内容。正是此种'碎片化'特征明显的分享行为，使得人们可随时随地随意交流个人体验，用户个人形象更加鲜明，好友也能够跨时空跟进用户状态，利于彼此间进行深度交流。"①这碎片化的分享与个人属性信息的弥漫，恰恰构成了我们人生真实的一面。

贴吧是一种基于关键词的主题交流社区，属于互联网 2.0 形态的虚拟社区。互联网 1.0 虚拟社区虽然也汇聚了志同道合的人，但是其设置的论坛栏目都是由平台提供者控制，这就限制了论坛话题的多样性。而贴吧的组建则依靠搜索引擎关键词，搭建了一种小而精准的分众传播互动平台，不论是大众话题还是小众话题，都能精准地聚集大批同好网友。

贴吧与微博的开放、微信朋友圈的相对封闭不同。一方面，贴吧创造的话题往往非常封闭。明星、影视作品、游戏、运动或者共同关心的社会问题、爱好、共同的职业、理想等关键语都会形成各种封闭话题，围绕封闭话题使得互动深度不断挖掘。另一方面，贴吧的话题又呈现出长尾的开放性特征。它既存在着拥有最多用户量的"大众(热门)贴吧"及"热门话题"，也同时存在着由少数用户所创建的"小众(冷门)贴吧"及"冷门话题"，这些小众群体的总数量可以与大众群体相媲美甚至更多，形成了百度贴吧中的长尾现象。不计其数的话题和多样化的信息生产丰富了我们多彩的人生。

微博、微信、贴吧为代表的自媒体以数字技术为基础，配合计算机网络和无线通信技术的飞速发展，革命性地改变了传播形态。传播主体由传媒机构单向传播转变为多元媒介传播，让信息传播走向个人，多角度、多层次、真实地记录了今天的人生。

第二节　媒介再现昨天的人生

有一种常见的说法："今天的历史就是昨天的新闻，今天的新闻就是明天的历史。"这从一个角度揭示了媒介能再现昨天的人生。传播活动是群体人类重要的行为，其本质是信息流动的过程。信息流动的介质就是媒介，媒介就是传播活动赖以进行的方式方法或工具手段。所以人类传播活动的发展历史，其实也是传播媒介的演进历史。迄今为止，人类传播活动通常被划分成四个历史阶段：一是口语传播时代，二是文字传播时代，三是印刷传播时代，四是电子传播时代。

一、口语传播时代保留遥远的记忆

语言是人类特有的一种符号系统，它是人类区别于其他动物的一个重要标志。但由于

---

①　戴世富、韩晓丹：《朋友圈分享内容的定量分析》，载《东南传播》2015 年第 1 期。

口语传播传递速度慢、传递面窄，不能更好、更快地传递信息。马拉松长跑就是源于这样一个口语传播的故事：公元前490年，希腊人和波斯人在雅典附近的一个小镇——马拉松进行了一场激烈的决定希腊命运的战争，结果希腊人取得了胜利。为了把胜利的消息尽快传达给首都人民，青年士兵菲迪皮季斯从马拉松一直跑回雅典。他在向雅典城广场上的人们宣布了"我们胜利了"的消息后，随即精疲力竭而死去。

同时由于语音转瞬即逝，对于信息的凝固效果不好，我们常常需要借助其他媒介把信息凝固下来。比如古希腊口述文学之大成者《荷马史诗》就是在民间的口头文学基础上形成的，它的原始材料是许多世纪里积累起来的神话传说和英雄故事，保存了远古文化的真实、自然的特色。史诗开始用文字流传下来之后，又经过许多世纪的加工润色，才成为现在的定本。一方面，如果没有长期的口头传说积累，荷马也创作不出这样两部伟大的古代史诗；另一方面，没有荷马的收集与撰写，这些口耳相传古希腊上古时代的历史或许就会有所缺失，我们也缺少了一条全面了解古希腊人是怎么利用神话故事传递他们对世界、对宇宙、对人生的认知的路径。

二、文字传播时代逐步明晰记录规则

"好记性不如烂笔头"，经过结绳记事、图案符号表意阶段的发展，到了殷商时代中国的文字逐渐定型，产生了甲骨文和金文。殷商时代的甲骨文中不仅包括记号字、指事字、象形字、会意字，而且还包括既照顾到词义的理解、又考虑到发音记录的较高级的形声字，这标志着我国的文字符号体系已经初步形成。

秦始皇统一六国，政治上的中央集权要求政令的统一，这就要求文字的统一，于是便发生了我国历史上第一次大规模的"书同文"运动，客观上也加快了文字的信息传播。到了西汉，司马迁完成了"前未有比，后可为法"的纪传体通史《史记》。全书由8书、10表、12本纪、30世家、70列传5个部分组成。书中详尽记录了政治、军事、国计民生、学术文化、民族关系、中外交流等方面的历史事件和相关人物。司马迁这种如实记载历史的做法，同今天新闻记者把事实写成新闻的做法是有异曲同工之处的，媒介再现昨天的人生也是有所依据的。

"考信求实"就是司马迁为媒介真实记录历史奠定的一个原则。司马迁撰写《史记》不仅广泛详尽地搜集、占有材料，同时，他还进行了广泛深入的采访和实地考察，掌握大量的第一手材料，特别是秦汉前后波澜壮阔的巨变，有许多信息情况是他采访考察所得，亲见亲闻。只要有可能，他就把自己从实地考察中得来的第一手材料和亲身感受写到《史记》里去。他述古事必取信于六艺，记今朝必考事实，秉笔直书，以求最大限度地保证史实的准确无误，更为难得的是他以自身游历入书，以自身搜集的第一手资料佐证史实。据《自序》中说"二十而南游江、淮，上会稽，探禹穴，窥九嶷，浮于沅、湘；北涉汶、泗，讲业齐、鲁之都，观孔子之遗风，乡射邹峄；厄困鄱、薛、彭城，过梁、楚以归"。后入仕"奉使西征巴蜀以南，南略邛、笮、昆明，还报命"。这些活动多体现于《史记》对人物事件的记述中。如写孔子，"余读孔氏书，想见其为人。适鲁，观仲尼庙堂车服礼器，诸生以时习礼其家，余只回留之，不能去云"（《孔子世家》）；写韩信，"吾如淮阴，淮阴人为余言：韩信虽为布衣时，其志与众异；其母死，贫无以葬，然乃行营高敞地，令其旁可

置万家。余视其母冢，良然"(《淮阴侯列传》)。司马迁这种深入实地、认真探究的求实精神，是我们利用媒介再现昨天的人生时应该具有的涵养。

三、印刷传播时代关注大众人生

印刷传播时代始于印刷媒介的形成，一直延续到广播的出现，是人类传播活动的第三个发展阶段。印刷传播时代的基础是印刷术和造纸术的成熟。从技术上讲，中国应该能在印刷传播时代取得先机：印刷术在我国的隋唐时期已见端倪，至北宋毕昇发明泥活字印刷而臻于成熟；而大约在公元一世纪末，蔡伦总结以往人们的造纸经验革新造纸工艺，终于制成了"蔡侯纸"，当时的汉和帝还曾下令推广他的造纸法。但是技术终究只是记录信息的一个层面，印刷传播并没有比较早地在我国迅速流行起来。

近代印刷术是在中国古代印刷术的基础上产生的。印刷术普及前，欧洲的书籍靠手抄制作，十分昂贵。曾经有人送了一册手抄书给法国公主，价值约合现在 2000 美元。书籍属于奢侈品，远离大众生活。到 15 世纪中期，出生在德国的美因兹约翰·古登堡，发明了用活字与机械来印制书籍的方法。

印刷术发明的直接意义在于，使文字信息的批量复制成为可能。截至 1500 年，人们可得到的图书比起 1450 年多出上百倍。特别是随着图书的激增，它们的成本下降，图书已不再是富人们的专属品，相对富裕的人也能负担得起印刷的图书。到了 16 世纪以后，印刷技术进一步改良，产量和质量空前提高，最终形成了庞大的近代出版业。

在印刷传播时代，人类传播活动的一项显著进展就是新闻事业的兴起，标志是大众报纸的诞生。大众报纸产生之前，有三个条件必须存在：必须发明能够迅速且便宜地印刷报纸的印刷机；必须有充足的保证印刷质量的纸张；必须有足够的大众读者群体。美国于19 世纪率先满足了这三个条件。先是到 1830 年，R. Hoe 公司的纽约商行生产了一种平板圆压(印刷)机，两年之内就达到了每小时 4000 印次的效率。其他新的印刷技术的进步也紧随其后。1799 年，罗伯特取得了福德林尼尔造纸机(长网造纸机)的专利。使用木浆造纸的方法出现在 19 世纪 40 年代，它将造纸变成了一大行业。杰克逊民主时代时期城市中产阶级兴起，适合大众报刊的读者群产生。

1833 年本杰明创办《纽约太阳报》，1835 年贝内特创办《纽约先驱报》，1841 年格里利创办《纽约论坛报》，美国迎来了大众报纸时期。与此同时，与大众报业相辅相成的通讯社随之诞生。世界上第一家通讯社，是法新社的前身、1835 年创办于巴黎的哈瓦斯社，不久美联社(1848)、路透社(1851)也相继成立。南北战争后，美国人口翻了一番，而且城市人口达到原来的三倍。报纸的需求激增，日报数量是原来的四倍，发行量则有了五倍的增长，印发报纸已经是一门大生意。到了 19 世纪末和 20 世纪初，当普利策和赫斯特发动报业竞争大战时，新闻事业已是一番繁盛景象了。

大众报纸成功的原因是关注了受众，特别是对普通市民的人生的关照。首先，大众化报纸大大地拓展了报道领域，尤其是重视地方新闻、社会新闻、人情味新闻以及煽情主义新闻。再来大众化报刊显得很通俗，平易近人。在文字上，摒弃深奥典雅的书面语言，而以口语为主；不用充满陈腐气息的古代语言，而以现代语言为主。在版面编排上，使用多行标题，大量采用图片，使报纸摆脱了过去庄重、呆板、严肃的传统，而显得醒目、生动，富有活力。在内容上，还大量地刊用非新闻性题材，如刊登诗词、连载小说、知识小品等。

四、电子传播时代媒介依存症出现

在印刷媒介繁荣的 20 世纪，电子传播时代也同时到来。电子媒介指一切依靠电子传播信息的媒介，既包括个人性的媒介如电话、电报、手机等，又包括公共性的媒介如广播、电视、网络等。

20 世纪初，无线电技术有了长足发展，收音机也逐渐普及，美国 1925 年至 1930 年甚至售出收音机 1700 万台，广播电台真正成为一种大众媒介。广播虽然转瞬即逝，但是在信息的传播中却有独特的魅力。其仅凭声音进行传播，更能给听众提供一个广阔的想象空间，充分激发人们的想象力，因此广播也被人们称为思想剧场。

火星人入侵地球

美国——上下惊恐万状，一片混乱

[本报讯]昨天夜间，恐惧攫住了千百万美国人的心。当时，收音机里传来了清脆的声音，说大祸正在从天上降临到这个国家。人们误认为，这是一条新闻。

人们从广播中获悉，从茫茫太空中降落的巨大物体，掉在特伦顿附近的地面上，使得多人伤亡。

开头，人们说这是陨星。这传说不胫而走，很快，陨星变成了巨大的、用火把和毒瓦斯到处搞破坏的怪物。

其实，广播电台不过在播送一出戏，其结果却使美国全国陷入歇斯底里。

在费城，妇女和儿童尖叫着从家中跑出来。在新泽西州的纽瓦克城，救护车匆忙出动，开到一个居民点，以保护那里的居民不受瓦斯攻击的危害。在南方，成群的男人和妇女跪在街头祈祷上苍佑护。

实际上，人们并没有遇到任何危险。广播电台所广播的不是新闻，而是万圣节除夕节目。这个节目是根据 H. G. 威尔士的小说《星际大战》改编的话剧，在这个剧中，水银广播剧团的演员兼导演奥尔社·威尔士扮演了在星际大战中地球上的少数幸存者之一。

在这部虚构的文学作品中，火星人乘宇宙飞船从天而降，企图征服地球。故事的情节固不足信，然而，演员们演得惟妙惟肖，竟使得成千上万的人信以为真——尽管演出中断了三次，由播音员宣布，这一切都是虚构、纯属虚构。

成千上万人上当，还因为这个想象出来的故事完全是自然而然地播送出来的，完全像一则新闻。广播前，甚至还有一段例行的天气预报。

这个节目的写实性给人们——尤其是节目开始后才打开收音机收听的人们——所造成的影响如此之巨，是任何人都没有预料到的。无论是主持这个节目的联邦广播剧策划组织的导演、用从东海岸到西海岸一百五十一座广播电台转播这个节目的哥伦比亚广播公司，还是播送这个节目的 WCAU 广播电台，都没有预料到。①

　　上述资料说的是发生在美国 20 世纪 30 年代的真实事件。在容许恶作剧的万圣节夜，广播电台播出一场舞台剧让全美陷入一场歇斯底里的混乱。这场混乱对我们有以下启发：一是大众对于信息的依赖度高，相信其提供的信息反映了我们真实人生的外部环境，人们根据媒介提供的信息决定自己的生活和工作。当他们误将文娱节目当成新闻时，整个生活就乱套了。二是新闻信息的传播应该受到规范，娱乐节目不应过度追求效果而任意包装。资料中 WCAU 广播电台的节目写实性太强，把它做得完全像一则新闻，甚至故意在开头播送一段例行的天气预报，这就大大混淆了视听。尤其是听众对广播电视节目常常中途插入收听，这样掐头去尾，很容易形成断章取义的误导。

　　到了 20 世纪 50 年代，电视逐步走入千家万户。1955 年，美国已经有将近 100 家电视台，3500 万家庭拥有电视。电视是视听合一的传播手段，人们能够亲眼见到并亲耳听到如同在自己身边一样的各种活生生的事物。这种用忠实记录的手段再现信息的形态，造成了受众感知经验上的认同。越来越多的人喜爱上了电视，电视迅速在全球得以普及。人们已经离不开电视，甚至生活的轨迹也被电视干扰。日本学者林雄二郎研究了伴随着电视的普及而诞生和成长的一代人，并于 1973 将此类人称为"电视人"。林雄二郎认为他们在电视画面和音响的感官刺激中长大，是注重感觉的"感觉人"，表现在行为方式上是"跟着感觉走"，这一点，与在印刷媒介环境中成长的他们的父辈重理性、重视逻辑思维的行为方式形成了鲜明的对比。

　　在电子传播时代，媒介不但为我们展示了生存的外部环境，同时我们也成为其传播内容的一部分。过去的人生虽然可以再现，单电子媒介有时变成了"电子鸦片"。我们患上媒介依赖症，有时过度沉迷于媒介接触不可自拔。我们的行为选择一切必须从媒介中寻找依据，满足于与媒介中的虚拟社会互动而回避现实的社会互动。使用电子媒介让我们的人生充满了精彩，回望使用过程却觉得留有遗憾。

第三节　媒介清晰人的历史观

　　历史观是人们对社会历史的根本观点、总的看法，是世界观的组成部分。我们的认知是基于人类社会生存的环境，而人类社会生存的环境通常认为由三类环境构成的：自然物质环境、社会体制环境和信息符号环境。信息符号环境很大程度上是通过媒介来建构的。"任何媒介的使用或人的延伸都改变着人际依存模式，正如它改变我们的各种感觉的比率一样。"②于是媒介传递什么信息、怎么传递这些信息，已经深刻地影响我们对历史的认知。清晰的历史观有赖于大众的成长并承担起使用媒介的相应责任。多媒介融合的当下，我们一方面作为信息接收者，要能甄别杂乱的信息；另一方面作为信息传播者，要坚持信息传递的真实。

---

① 郑思礼、郑宇：《现代新闻报道：理解与表达》，云南大学出版社 2004 年版，第 49 页。

② ［美］马歇尔·麦克卢汉：《理解媒介》，何道宽译，商务印书馆 2000 年版，第 127 页。

一、借我一双慧眼，看透杂乱信息的真相

媒介的出现，是为了丰富人们的思想，而不是把人的思想框定起来。传播者源源不断的将大量信息推向我们，使我们懒于思考，甚至被动接受。我们有必要认清媒介传播的本质，并努力看透杂乱信息的真相。

1. 信息被选择性传播

大众媒介虽然数量庞大，种类繁多，但也不足以承担所有的信息。报纸受限于版面，就算印几百个版面，也不可能将城市里发生的每一件事情记录下。广播、电视一天播出时长就24个小时，填满这仅有的1440分钟也只能是部分事件的瞬间。信息传播是如此频繁，我们只能选择性地让大众媒介承载。

信息的选择首先取决于传播者所代表的利益群体。经过选择性接触、选择性理解和选择性记忆的过滤，再通过媒介内部的把关机制，摆在受众面前的已经不可能再是原汁原味的客观事实。你看到的也仅仅是你眼睛所看到的。

2007年9月2日，中央电视台在其著名栏目《每周质量报告》中播出特别节目《1100道检测关的背后》，节目中一位女士对着镜头说一般企业，有几十道检验已经是很复杂的工序了，1100道，一般企业很难达到。于是，记者带着无数的疑问先后从源头到成品出厂的全程生产链的各个质量控制环节进行了深入、细致的暗访、调查。采访的结果显示企业对产品的质量管控严格。按企业副总裁王玉良的说法，由于生产奶粉，特别是生产婴幼儿奶粉，它的(生产)链条比较长，它涉及畜牧养殖和奶牛疫病的防疫，以及进口原材料的检测，还有半成品和工序的检测，以至于包装(材料)的检测，它这些检测项目加起来还不止1100项。所以说，工艺复杂、链条比较长，那么每一个工艺要求不能出任何的差错，这里面涉及什么呢？产品的质量就是婴儿的生命，同时也是企业的生命，必须确保每一袋产品安全可靠！主持人最后总结"1100多道检测关，眼见为实。这1100多道检测关让我们见识了我国大型乳品生产企业在生产设备、工艺和技术方面，赶超国际先进水平所取得的成绩"。这家乳制品企业叫石家庄三鹿集团股份有限公司。《1100道检测关的背后》节目策划和制作完全符合新闻报道规范，但最后节目呈现的内容却和实际情况出入较大。随后发生的事情大家都清楚，2008年三鹿牌婴幼儿配方奶粉被发现含有三聚氰胺导致全国大量婴幼儿患肾结石乃至死亡，相关责任人受到严厉的刑事判决。这类经验教训有很多，原因之一就是媒体选择性接触信息。

大众媒介传播的信息往往透露出传播者的意识形态。比如《纽约时报》在对"昆明事件"和"伍利奇事件"[1]这两件同类型题材的报道中呈现出不同的话语立场。[2]

《纽约时报》关于"昆明事件"的7篇报道标题分别为：《火车站的暴行使中国民族关系更加紧张》《昆明袭击者动机的另类描述》《中国政府试图转移人们对暴乱的注意力》《中国官方打压分裂主义分子的信号》《联合国安理会谴责昆明"恐怖袭击"》《袭击者在中国火车

---

① 2013年5月22日英国伦敦伍利奇区发生街头砍杀事件，两名穆斯林狂热分子将一名现役军人用刀当场杀害；2014年3月1日一群新疆暴徒在云南昆明火车站砍杀大量无辜群众。

② 蒋晓娜、张娇娇：《文本分析视角下的媒介国家形象》，载《青年记者》2015年第35期。

站用刀杀死 29 人》《中国指责新疆分裂分子在火车站的残杀暴行》。从这些标题中可窥见美国媒体试图塑造的中国形象：民族分裂、民族冲突、政府压制，如"民族关系紧张"、"压制"等负面词的运用，使不利于国家形象的负面标题完全压倒非负面标题，两者的比例为 5：2。运用引号的"恐怖袭击"，表明了美国对"昆明事件"恐怖性质的质疑；通过"另类描述"表达袭击者的动机，企图为袭击者的暴行寻找理由，淡化恐怖主义色彩；"中国政府试图转移人们对暴乱的注意力"这一表述，也显示了对中国政府在应对"昆明事件"时的能力和做法的质疑。

《纽约时报》关于"伍利奇事件"的 5 篇有效报道中，标题性质和"昆明事件"有很大不同，除了《英国官方确信杀死士兵的嫌犯和恐怖组织有关联》一篇标题没有特别的态度倾向外，《伦敦发生的"残忍袭击"促成反恐会议召开》《恐怖死亡事件发生后，对英国安全机构的检查》分别描述了暴力事件发生后英国政府采取的积极应对措施；《伦敦野蛮袭击唤醒了对恐怖主义威胁的担忧》将"伍利奇事件"定义为恐怖事件；《伦敦杀戮是对波士顿爆炸案的呼应》将"伍利奇事件"和发生在美国本土的"波士顿暴力事件"联系在一起，一定程度上反映了这两个国家紧密的关系。从整体上看，"伍利奇事件"报道中的标题性质有利于英国政府，相对于中国"昆明事件"的负面和非负面标题 5：2 的比例，《纽约时报》在塑造英国形象时带有明显的不同倾向性。

标题是一篇新闻报道试图传递的最重要的信息，它在宏观层面上构成了报道的主题和态度。面对相似性质的暴力事件，媒体可以通过对主要议题的设定、关键词选择等话语策略，最终呈现出不同形象的行为主体。《纽约时报》正是通过新闻文本这一载体，塑造了英国和中国两个截然不同的形象。

除了意识形态的因素会干扰大众媒介，大众媒介的商业属性也会使得传播的信息过于娱乐化。奥尔德斯·赫胥黎（Aldous Leonard Huxley）认为，"人们会渐渐爱上压迫，崇拜那些使他们丧失思考能力的工业技术"[1]。在技术力量的影响之下，"我们可以更快地到达目的地，它加快了做事的节奏；我们花费的时间减少，完成的事情却更多。事实上，时间成为技术可以战胜的对手了。其意味是，我们没有时间去回顾或思考失去的东西"[2]。其实，我们也没有时间去深入思考未来以及现在，我们只是借着技术的魔毯，忙着四处游荡，忙着娱乐和体验。在技术垄断时代，我们"被解除了思考的责任"，并且"任何技术都能够代替我们思考问题"[3]。因此，我们被技术控制了。

当然，娱乐化带来了丰厚商业回报，媒介得以奖励媒介工作人员、革新传播技术、回报投资者，一切向着良性循环的方向发展。这也吸引更多的其他媒体加入相关媒介产品的制作中。

2012 年岁末，正在上海音乐厅和团队进行《中国达人秀》录像准备的某副总导演接到了一个陌生电话，对方自报家门后说自己正在北京梅地亚中心"央视 2013 年黄金

① ［美］尼尔·波兹曼：《娱乐至死》，章艳译，广西师范大学出版社 2004 年版，第 2 页。
② ［美］尼尔·波兹曼：《娱乐至死》，章艳译，广西师范大学出版社 2004 年版，第 26 页。
③ ［美］尼尔·波兹曼：《娱乐至死》，章艳译，广西师范大学出版社 2004 年版，第 30 页。

资源广告招标"会的现场，要求他确认《舞出我人生》是由他们这个团队加入制作的。

在2013年十大冠名节目中，继央视老牌《星光大道》《梦想合唱团》后，赫然出现了两个新面孔：《中国好功夫》和《舞出我人生》。更令人意外的是，无模式、无样片的灿星仅仅靠几张A4纸的节目框架，就拿下夏秋两季的央视一套周末时段，冠名费过亿元，并双双入驻排行榜前五！

央视一套+灿星制作+舞出我人生，13个字=1亿！

央视一套+灿星制作+中国好功夫，13个字=1.4亿！

13个字意味着"黄金平台时段+金牌制作团队+顶级真人秀"，意味着强强联手重磅出击。

这正是央视和灿星联手策划的"杰作"。

两个月前，在《中国好声音》连续获得广电总局（合并前）的表扬和收视奇迹后，"盛典之夜"尚未进行，央视和星空传媒的高层已经进入了策动新节目的序幕。两大新节目的招标亮相，标志着央视高调进入制播分离，其对电视产业改革和推动的意义，远远超越了央视作为龙头老大再创新高的158.8134亿元总额。可以说，正是因为《中国好声音》的强势出击，才从侧面启动了央视这个中国最大电视门户，实现制播分离的"三级跳"。①

所以，我们应该认识到媒介在有选择提供信息，且信息有偏向于商业化的倾向，这些信息构成的世界并非真实、全面的世界。我们不应简单地接触这些信息后，就全部相信并直接用于指导实践。

2. 信息真伪需要甄别

媒介对人产生巨大的影响力是因为其传递的信息能消除不确定性，指导我们的具体行动。如果信息虚假，我们跟进的行为也就不一定有意思，甚至可能利益受到损害。比如在对信息敏感的股票市场，股票价格往往由于突发新闻而大幅波动。2015年7月14日，美国社交网站"推特"在纽约证券交易所的股票价格就遭遇"过山车"，一度上涨8.5个百分点，然后迅速回落，原因是一家网站假冒彭博新闻社，发布"推特"收到310亿美元收购报价的假新闻。

从2001年开始，《新闻记者》杂志推出虚假新闻评点。他们起初并没有想弄成年度报告形式，因为假新闻一直层出不穷，花样不断翻新，这对传媒业而言并非好事。可是很无奈，这个年度虚假新闻评点报告目前已经发布了14次。这也证明了当前新闻信息真伪混杂，供新闻失实生长的土壤没有消失。新闻失实最突出表现在5个方面：无中生有，凭空捏造；添枝加叶，层层拔高；要件残缺，隐瞒事实；偷梁换柱，移花接木；因果不符。②针对这5个表现，我们其实很容易对新闻真伪进行甄别，鉴别信息真伪的过程就是更好的新闻传播。

---

① 史学东：《电视大片的真相》，东方出版社2013年版，第211页。

② 李良荣：《新闻学概论》，复旦大学出版社2001年版，第211~213页。

河南艺术中心被评最丑建筑　河南人：谁在黑我大金蛋！

《郑州晚报》　2015-09-08　11：12

记者求证：压根就没有河南省的建筑上过"最丑"榜

大金蛋被评为中国十大丑陋建筑？昨天一大早，很多微信群和QQ群都在讨论着这样一个话题，而腾讯、网易等门户网站也都在显著位置将这一新闻摆放，话题性十足。

不少网友疑惑：我觉得大金蛋不丑啊？反而最近秋天来了，有蓝天映衬，还觉得大金蛋越来越美了呢。这是哪儿评选的？

记者立马开始"新闻侦探"之旅，求证真假与出处。

百度搜索"中国十大丑陋建筑"。百度百科显示，"中国十大丑陋建筑"为建筑畅言网主办的一个活动，已在北京成功举办很多届。

登录建筑畅言网，2015年该站的"中国十大丑陋建筑"评选目前还在投票当中，结果并未出炉，在候选的10个名单当中，并没有大金蛋的身影。

因为建筑畅言网的这个活动是从2010年开始举办的，那么会不会是有往届的评选结果被网站误打误撞拿去用了呢？记者从往届赛事（2010—2014年）界面中开始查询，发现上榜的有央视大裤衩、世博会中国馆、五粮液酒瓶楼等（"央视大裤衩"第一、第二届均上榜），不要说没有找到河南艺术中心，压根就没有河南省的建筑上榜过。

看来，我大金蛋是真的被冤枉了。

是谁黑的大金蛋？

那么，这条新闻到底怎么来的呢？记者根据所搜查到的来源，发现所有转载的网站或者公众号，都将来源标注为河南本地的一家公众号，名为"楼市气象"。

记者搜索发现，"楼市气象"在9月4日推送过一篇同样标题同样内容的文章，但在昨日中午已被发布者删除。

记者通过其他渠道发现了一篇比"楼市气象"更早的公众号推送，公众号名字为"新房宝"，推送时间为9月2日。该内容并未被删除，但阅读量较小，看到的人并不多。

《郑州晚报官》微发力，真相赢了谣言。

一切调查落实之后，9月7日下午2点，《郑州晚报》官方微信以"是谁在黑我郑州大金蛋丑陋？原来是千防万防，家贼难防"为题，将这一受人关注的热闻真相推了出去，短短几个小时，阅读量突破1万人次。网友们给力地点赞："谢谢《郑州晚报》官方微信出来辟谣。""蓝天映衬下，显得大金蛋更美了，谁说的大金蛋丑，你出来，我保证不打死你。""郑州门户媒体，为郑州美丽的金蛋平反，棒极了。""我觉得金蛋很漂亮，可以称得上是河南的标志性建筑了"……

二、锻造你的铁肩，担起信息传播的道义

信息时代，传播者应对自己传递的信息负责。民国初年，李大钊创办《晨报》杂志时，每一期都专门留一条警示语，第 6 期《晨报》上就印了李大钊改写明朝忠臣杨继盛的名句："铁肩担道义，妙手著文章。"无独有偶，民国初年著名报人邵飘萍手书"铁肩辣手"挂于房中自勉。到了自媒体时代，"铁肩担道义"也显得尤为重要。这左肩的道义是对自己负责，这右肩的责任是对受众负责。

1. 设立个人信息防护墙

人人拥有"麦克风"的自媒体时代，我们可以发出响亮的歌声或不满的"吐槽"。只是在宣泄的同时，我们可能不小心泄露了个人隐私。朋友圈发出的图片，可能会被人二次加工扭曲个人形象；我们展示的欢乐，可能曝光了生活轨迹；我们炫耀的社交活动，可能泄露了我们的关系网络。如果将个人信息财产化，我们失去了对财产的部分控制。《都市快报》2011 年 8 月 19 日就曾发文说"网友 40 分钟就推导出王珞丹地址"。

你还敢不敢在微博上晒自拍，乱发言？

如何知道明星王珞丹的家庭住址？

今年 19 岁，就读于清华大学水利水电工程系的罗霄宇，利用王珞丹的微博、GoogleEarth(谷歌地球，谷歌公司开发的虚拟地球仪软件)和简单的地理常识，仅用了 40 分钟就破译出来了。

破译明星地址很简单

1. 信息获取

(1)筛选王珞丹的博客和微博上的有关信息，找出两张王珞丹从家里往外拍的照片。

(2)观察图片可以看到，她家住在楼顶，所在的小区是西式的，而且可能已经建成有一段时间了。从俯瞰图上看，小区至少有三个正方形花坛。

(3)打开 GoogleEarth，截取一张北京城区的俯视图，将其划分为 A-I 九个区域。

2. 区域筛选

(1)通过王珞丹的其他两条微博，排除了区域 E 和区域 A。

(2)罗霄宇曾经在区域 B 和区域 F 居住过，那一带不存在这样的小区，排除区域 B 和区域 F。

(3)基于四环堵车路段和该小区的新旧程度暂时排除区域 G、区域 H 和区域 I。如果区域 C 没有，再对以上三区域进行搜索。

3. 搜索对比

在 GoogleEarth 上截取一张俯视图，局部放大之后发现，图片中间左部的三个正方形区域以及边上的那个长方形区域，与小区的模拟图大致相似，基本上可以确定，这就是王珞丹当时居住的小区。

4. 实地检验

亲自去趟该小区，对比王珞丹的照片，确定是所寻找的目标小区。

对比王珞丹博客照片和罗霄宇拍摄的小区照片可以发现，两个小区的确极为相似。不过，这个信息是否准确，并没有得到王珞丹及其经纪人的确认。

把你人肉出来也很简单

罗霄宇说，只要网络上有部分信息，然后凭借 GoogleEarth 一个个街区搜索，花上数天乃至一周，很有可能就把他人的住址搜出来。

看到这个消息，网友一时人人自危。有网友说："也许自己不经意发布的甚至是非常细节的信息，都有可能导致自己被恶意人肉。"

现在，越来越多的网友倾向于"只看不发帖"的"潜水"模式。网友"天浪福星"在微博上晒自己的旅行时，明确说"安全起见，不发照片"。

所以我们在发布信息前要给自己建立一道信息防护墙，"保护级别的划分主要考虑 4 个要素：（1）是否能依据信息直接识别出特定个人；（2）信息与个人生活的紧密程度；（3）是否能通过某些信息获得其他关联信息；（4）泄露了某些信息对个人产生多大的风险。综合考虑这 4 个要素保护级别由高到低表示为个人身份信息、准标识符信息、敏感信息、日志信息"①。当信息涉及以上内容时，就要综合考虑，筛选后再发布。

2. 做自己信息的把关人

有传播，就会有把关。美国社会心理学家卢因在《心理生态学》一书中提出：信息总是沿着包含有"门区"的某些渠道流动，在那里，或是根据公正无私的规定，或是根据"守门人"的意见。传播学者怀特在《守门人：新闻选择的事例研究》一文中将这个概念引入新闻研究领域，明确提出新闻筛选过程中的"把关"模式。②

传统的"把关人"理论反映的是"传媒组织决定着什么样的新闻信息能够进入大众传播渠道"，"在媒介内部控制机制的作用下，个人因素所起的作用是有限的。'把关'过程及其结果，在总体上是传媒组织的立场和方针的体现"③。自媒体时代，把关人理论有了新的内涵，信息传播模式的变化强化了个人因素。相对于传媒组织而言，个人已经不是原来单纯的受众。他们能自我生产信息，也能在收到传媒组织信息后二次加工传播。同时，互联网具有"处处皆中心，无处是边缘"的特征，借助这一工具，受众不再被动地通过把关人的信息筛选来接触信息，而是可以绕过把关人，积极主动地探寻信息。

信息把关人的大众化和信息传播的全球化，要求我们做自己信息的把关人。一旦通过互联网发布错误信息，追回或者纠正几乎不可能，这既影响大众利益也影响个人利益。所以，需要从责任意识方面提高自我把关意识。责任是一种默认的社会法则，更是一种无形的道德标准。互联网时代，我们提供的信息都有可能被人接触和再次传播，所以任何人都不能够脱离和抛弃自己的责任。比如 2012 年 5 月自媒体平台微博就提出了《新浪微博社区

---

① 刘雅辉等：《大数据时代的个人隐私保护》，载《计算机研究与发展》2015 年第 1 期。

② ［英］丹尼斯·麦奎尔、［瑞典］斯文·温德尔：《大众传播模式论》，祝建华，武伟译，上海译文出版社 1997 年版，第 37~42 页。

③ 郭庆光：《传播学教程》，中国人民大学出版社 2005 年版，第 163 页。

公约》，其中第三章"用户行为规范"就很好地探讨了"如何做自己信息的把关人"。

3. 提升自我认知、不发布虚假信息

在具体操作中，最常见的对虚假信息推波助澜的方式就是利用自媒体平台"转发"那些未经核实，但是看起来似乎真实的信息。这些信息往往由于贴近特定群体的某些需求，而且是社交圈子内的传播，呈现出爆发力强、影响力大的特征。我们前面已经提及信息需要进行真伪辨别，这需要我们不断提升自我的认知，努力更新知识储备。

比如网友常说"无图无真相"，而虚假信息配图伪装真实是常见手法，所以鉴定图片成了甄别信息真伪的首选。我们常见的造假手段有三大类型：一是移花接木，用技术手段修改图片。以前利用暗房技术修改照片复杂，Photoshop 等软件普及后，技术门槛大幅降低。比如 2005 年华赛金奖作品《广场鸽接种禽流感疫苗》就被发现多处有电脑后期合成痕迹，尤其是空中飞着的两只鸽子。事后当事人承认造假，奖项被取消。二是指鹿为马，图文不符。或是张冠李戴，A 地发生的事情挪到 B 地；或是鱼龙混杂，真假信息混用。比如《广西龙州一女子为赢 iPhone6 街头裸奔》[1]虚假新闻中，炮制者利用真实的照片进行恶意的非因果关系的解读。三是创设情境，虚假摆拍。摆拍可以创造出拍摄者想要的意境，让画面更加震撼与完美。但是这些表面上看起来是客观真实的信息，背后却有一只操纵的手安排信息的发生和发展，最后主观呈现和客观真实有可能背道而驰。例如 2012 年浙江《今日早报》头版照片摆拍事件[2]，摆拍事件被曝光后，浙江报业集团图片新闻中心即发表道歉声明。

针对图片造假手段，新闻工作者在实践中也总结出识别假新闻图片的十大方法：第一，检查主体影像是否合乎情理；第二，检查照片中的光源是否统一；第三，检查照片中的景深是否符合镜头成像规律；第四，检查照片中的景物有否异常变化；第五，检查照片中的重要标识与周围环境的联系是否合理；第六，检查照片中物体阴影是否统一；第七，检查照片中主体边缘(边缘的细部如头发等)是否有模糊不清的地方；第八，检查照片中主体与周围环境在拍摄角度上是否有矛盾；第九，从照片中的"动感度"中发现破绽；第十，检查照片中是否有用不同焦距镜头拍摄的照片合并而成。[3]

当然，我们还应该运用新思维，借助互联网工具加速自我认知提升的速度。比如 2014 年阿里巴巴在美国上市后，一则《马云儿子曝光　成中国第一富二代》的新闻因为首次放出马云儿子的形象照而在互联网保持很高的关注度，不少纸媒和电视新闻节目也同引

---

①　2015 年 10 月 12 日，李某为提高自己微信公众号的关注度，李某从微信上看到有人发布龙州女子裸奔的图片，于是下载保存，在没有经过求证核实的情况下，自行编辑题为"龙州惊现令人瞠目结舌一幕，妙龄女子一丝不挂街上狂奔"的微信信息。事后公安机关根据《中华人民共和国治安管理处罚法》第二十五条第一款，公安机关决定对李某处以行政拘留 5 日，并处罚款 500 元。

②　2012 年 11 月 17 日，浙江《今日早报》头版压图照片为几个女兵分别手持《人民日报》《浙江日报》《台州日报》有模有样看着，配图文字"11 月 16 日，温岭市石塘镇雷公山民兵哨所的女哨兵们，正在学习党的十八大会议精神"。看报纸的人都知道，折叠好的报纸，报纸都是成叠到读者手中的。拿《人民日报》来说，折叠好的报纸，第一版的背面应该是第八版副刊。当期副刊为科技内容，与文字说明不符合。

③　李东平：《识别假新闻图片的十种方法》，载《中国记者》2004 年第 6 期。

了该图片。但图片真实吗？其实只要借助一些小工具，如百度公司免费提供的"百度识图"功能就可以进行判断。我们可借助百度识图图像识别和检索技术，通过上传目标图片寻找相似美图。经过该工具，所谓马云儿子的照片最早使用于2009年12月28日《文汇报》发表的新闻通讯《近10年网上开店的经历见证中国C2C从无到有的巨变》，该新闻讲述的是创业者张洁的故事，配图说明为"2004年11月，与马云合影"。专业新闻工作者都可能受到干扰的虚假信息，在这些大数据分析工具检测下，真伪自现。

◎ 思考题：

1. 自媒体时代媒介如何见证人生？
2. 为什么说媒介再现昨天的人生？
3. 媒介对人的历史有哪些作用？

第七章 媒介技术使人生不断前行

第一节 媒介技术对人生的影响

媒介作为信息传递的工具，在人类传播中有着重要的作用。从语言、文字中介，到机械印刷和电子技术传输，媒介技术的发展与社会的变革密切结合在一起，同时，媒介技术对人生的影响也是多方面的。

一、媒介技术与人的社会化

社会化就是由自然人到社会人的转变过程，是人接受社会文化的过程。每个人必须经过社会化才能使外在于自己的社会行为规范、准则内化为自己的行为标准。口语、文字、印刷和电子技术等媒介技术的不断发展过程，实际上也是不断促进人的社会化的过程。

德国著名释义学家伽达默尔认为，语言本身就是一种世界观，人因为有了语言，所以有了一个"世界"，同"世界"有了一种"关系"，对"世界"有了一种特殊的"态度"。① 通过语言，人和外部世界、社会可以相互沟通、交流，传递信息。当人学会了说话，父母将各种规范灌输给儿童，使一个不谙世事的孩童成为一个遵纪守法、彬彬有礼的公民。对于社会的意义在于，这一过程事实上就是社会文化的继承、传递和延续，是人的社会化的过程。此外，人与人之间的人际传播主要媒介也是语言，通过人际传播人不仅可以正确认识自我，而且还可以满足人的精神和心理需求，同他人建立和谐的人际关系，使人心情愉悦，有利于人的身心健康。由此，口语传播促进人的社会化。

随着生产力的发展和文明的进步，特别是文字的出现，使得人可以记录更多信息，人所共享的这些思想的范围大大扩大，从而大大加速了生产力的发展。有了文字，信息传播的空间进一步扩大；通过文字，人类早期的一些生产习俗、文化传统等都得以准确地传播和传承下去。媒介技术的进步使传播更加迅速，比如印刷术的发明使信息可以大量复制，批量生产。大量书籍的印刷使人类的精神遗产得以代代相传，而报刊则满足了人们对信息的需求，在一定程度上扩大了人们的信息交流范围，扩大了人们的视野；知识与信息以前所未有的速度在普通民众中传播开来，人类社会文明程度进一步提升。印刷品的大量出现，激发了人们的求知欲，推动了教育的发展、文化的普及和科学的启蒙、社会的进步。反过来公众文化知识的提高又导致了对科学、哲学、文学书籍等印刷媒介的更大需求，形成一种良性循环，加速了社会文化的传递，推动了人的社会化，对人类文明的积奠作出了

---

① 张汝伦：《意义的探究》，辽宁人民出版社 1986 年版，第 173 页。

巨大贡献。

以广播和电视为主体的电子技术的传播，全面突破了时间和空间的限制，使信息瞬息万里，人类进入了前所未有的信息技术社会。电子传播在没有识字需要的情况下，为人类提供了一种超越识字障碍、跳入大众传播的方法。通过大众传播，社会化的社会基础，包括社会生产方式、政治和法律制度、社会规范、价值体系、信仰体系、风俗等因素不断得到大范围和快速地传播，推动了社会化从可能性变成现实性的进程。而且，人信息交流范围的扩展，扩大了人的社会化的范围。

技术是人的社会化进步的途径之一，媒介技术的不断发展扩大了人的交往空间，加快了文化和科学普及的进程，并且传承了社会的精神遗产，因而在人的社会化过程中起着不可忽视的重要作用。

二、媒介技术与信息社会

媒介技术的不断发展，使我们进入了一个全新的信息社会。所谓信息社会是指"信息成为与物质和能源同等重要甚至比之前更加重要的资源，整个社会的政治、经济和文化以信息为核心价值而得到发展的社会"。媒介技术的发展，使社会信息系统不断走向完善，社会信息的绝对量在增加。

麦克卢汉"媒介即信息"的观点，其核心是在人类社会的发展过程中，真正有价值的信息不是各个时代传播的具体内容，而是这个时代所使用的传播工具的性质以及其开创的可能性。每一种新的媒介产生都开创了人类交往和社会生活的新方式。因此，媒介是社会发展的基本动力。按照唯物史观来看，科学技术是第一生产力，会推动社会的发展。从口语、文字、印刷、摄影到电话、广播电视等，这些媒介技术的发展实际上就是生产力的重要组成部分，无疑，每一次媒介技术的进步对社会变革的巨大影响是无可否认的。媒介的极大丰富和发展，也进一步提升了信息和信息传播在社会发展中的重要性；随着媒介技术的变革，信息社会在此基础上产生了。

借助媒介技术的发展，人类进入了高度信息的社会。各种信息大量出现并加速增长。

第一，新闻信息飞速增加。西方国家拥有800多颗卫星，控制着世界上75%的信息。在我国，目前发行的报纸有2200多种，期刊9800多种；拥有由卫星、有线、无线等多种技术手段组成的世界上覆盖人口最多的广播电视综合覆盖网。广播电台和电视台分别都有300多家。电台和电视台除了实时滚动播出新闻外，还实现频道专业化，如影视频道、新闻频道、公共频道、体育频道等。如中央电视台就有十几个电视频道。此外，加上各网站和媒体给受众推送大量的新闻信息。巨量新闻信息的传递消除了人们沟通的障碍，大大满足了人们对信息的知情权。但过多的新闻信息的冲击，也在一定程度上使人们在选择时无所适从。

第二，娱乐信息飞速递增。赖特指出，大众传播有娱乐的功能。娱乐信息借助大众传播的媒介，遍布社会的各个角落。每天最新的娱乐新闻、明星绯闻、八卦资讯等娱乐信息充斥着人们的神经。娱乐视频、电影、网络小说、电视剧、流行歌曲等源源不断地流向受众，全民似乎在享受着娱乐的盛宴。大量娱乐信息的传播调剂了人们的身心，满足了人们的好奇心，也丰富了人们的精神生活。当然，娱乐也使我们对社会的认知越来越肤浅，越来越不愿思考。

第三，广告信息铺天盖地。当前广告不处不在、无孔不入。大众媒介每天刊登广告的版面不断增加，电台电视台播放广告的时间也不断加长，打开网站，各种广告弹窗不断弹出，刺击着人们的眼球。广告信息铺天盖地，这是商品社会、信息社会进一步发展的标志，大量冲击力和感染力强的广告刺激着人们的眼球，也拉动了人们的消费欲望，从而推动了社会物质和精神的消费、推动了经济的发展。然而，面对汹涌而来的广告信息，受众的精神也已经疲惫，对广告的接受效果也日益下降，特别是部分广告夸大以及虚假的宣传，使受众对广告的信任度在逐渐下降。

随着媒介技术的丰富和发展，社会信息也以绝对量在增长，人类社会迈入了信息社会。信息的增长和广泛传播满足了人们对信息的需求、丰富了人们的精神生活、推动了社会的发展。然而巨量信息的传播也带来了一系列问题。信息就是力量，客观认识媒介技术对信息社会的推动作用以及对人的影响，发挥媒介的积极作用，无疑会使信息成为真正推动社会进步和人的发展的巨大力量。

第二节　新媒介数字技术对人的冲击

近 20 年来，随着数字技术、信息技术的快速发展，以互联网为代表的新媒体从诞生到逐步发展壮大，深刻地改变了旧有的新闻信息传播方式，重塑了新的媒介生态格局。根据最新的第 34 次中国互联网发展统计报告，截至 2014 年 6 月，中国网民规模达 6.32 亿，互联网普及率达到 46.9%。网络媒介的发展不仅对传统的传媒业带来了冲击，而且各项网络应用也深刻地改变了人们的生活，给人带来冲击。

一、网络媒介对人们价值观的冲击

网络是一张无边无际的"网"，网上信息非常丰富，网络信息传播手段的多媒体融合、传播功能的多重性以及超链接的存在，使得网络上的信息或意见流动的方向四通八达，并呈几何增长的趋势。但网络内容却良莠不齐，也由此带来控制的困难，给人们的传统价值观带来冲击。

首先，网络充斥着大量色情暴力信息内容，据英国的米德塞克斯大学的蒂姆莱贝教授统计，网上非学习信息有 47% 与色情暴力有关。据不完全统计，60% 的人们虽然是在无意中接触到网络上的黄色信息，但自制力较弱的人们往往出于好奇心的驱动或冲动而开始寻找类似的信息，从而深陷其中。大量不健康内容罔顾社会公德，突破法律底线，因此，无疑会对人们，特别是青少年的身心健康发展带来影响，也冲击着他们的价值观。

其次，当前网络传播依然是以西方信息传播为主导，由于意识形态的影响，网络上有不少内容宣扬西方的价值观，存在"妖魔化"中国的现象。这些信息冲击着中国的传统价值观念和主流价值观，长期接触这类信息，会使人们的价值观发生倾斜，并使人们的价值观和意识形态扭曲。

最后，由于网络信息的多元化，人们通过搜索引擎可以在网络中迅速寻找特定的信息内容。人们获取知识信息的途径更加便捷和多元。因此，不知不觉中"复制"、"粘贴"等已经成为人们获取信息的最便捷的方式，并且也成了很多人的写作思维，滋生了较为普遍的"抄袭"现象。这违背了传统的写作道德，对人们的传统道德观也是一种冲击。

二、网络对人际交流的冲击

有了网络，世界变成了一个"地球村"，可以让天涯变咫尺，也可以让咫尺变天涯。网络的普及拉近了人们的距离，但同时，如果过多地沉溺于网上交流，就会忽视与自己身边人的交流。

据第 34 次中国互联网发展状况统计报告显示，2014 年上半年网民对网络应用的使用更为深入。在交流沟通类应用中，即时通信使用率继续攀升，第一大网络应用的地位更为稳固。由于交流的便捷性、实时性、可控性，QQ、MSN 等即时通信工具越来越多地成为网民的主要交流工具。通过网络人际传播，人们彼此之间可以更轻松地交流，因此，它成了紧张的现实生活的一个泄压阀。

但是，网络人际交流在使人们忘记现实的烦恼和痛苦的同时，它也像毒品，可以使人们麻醉，不能自拔，并以之作为逃避现实的手段。日久天长，其负面效果就越来越明显。一些人沉溺于虚幻的网络世界，不愿面对现实生活，导致不能很好地处理现实中的人际关系和矛盾，并且影响到日常的工作和学习；还有一些人与身边人在现实生活中的面对面的交流却日益减少。此外，由于网络中的交流技巧与现实中的交流技巧是有差异的，一些人习惯了网络交流的方式和语言，当回到现实世界时，难免会有不适应的感觉，这也会降低他们进行现实交流的愿望。

更有一些网民沉迷于网络不能自拔，患上了网络成瘾症。有人把网络成瘾症称为"网络的病态使用"，这确实是一种病。人们沉迷于网络游戏、网络聊天等活动，而对现实生活却失去兴趣。

网络是一把双刃剑，就人际传播而言，如果运用得当，它是有积极意义的。网络传播对于现实人际交流是一种补充，拓展了人们的交流范围和能力，增加了不同地域、不同文化背景之间人们的交流机会。QQ 等即时通信工具也有效地提高了工作效率，但运用不当，人就会被网络异化，成为受网络主宰的工具。

三、网络媒介对个人信息安全的冲击

网络信息安全是互联网发展过程中一直存在的问题。"在互联网中，没有人知道你是一条狗"，曾是人们对互联网的描述之一，而如今局面似乎变了。很多情况下，有一些人不仅知道你是谁，甚至还知道你在哪儿，知道你的账号和密码，知道你的上网习惯……个人信息在互联网中不断被泄露，个人信息的保护和合理使用也成了紧迫的现实问题。

个人信息甚至隐私不断被披露，原因有：

首先，黑客攻击网站盗取个人信息。当前，黑客攻击破坏活动趋利性日益明显，已形成由制作提供黑客工具、实施攻击、盗窃账号、倒卖账号、提供交易平台等各个环节分工合作的利益链条。根据《第 28 次中国互联网发展状况统计报告》显示，2011 年上半年，有过账号或密码被盗经历的网民达到 1.21 亿人，占网民总数的 24.9%。业内人士指出，黑客在盗取网站的用户信息库后，会把这些信息倒卖、分销给"黑公关"或"钓鱼公司"，这些单位则可能向这些用户发送垃圾广告、传播电脑病毒、发布诈骗信息甚至通过试探用户的网上支付密码来盗取支付账户中的余额。

其次，随着消费需求趋向个性化，个人信息的价值越来越大，网站及相关商家对用户信息的分析、处理和利用的需求也日益强烈。很多个性化服务也都需要个人信息，这就不可避免地会涉及个人隐私的收集。以 LBS（基于位置的服务）为例，不少商家就与社交网站合作，通过无线网络确定用户的位置，进行商品或服务推送活动，在满足用户特定需求的同时实现盈利。此外，个别网站由于内部员工行窃，也会出现用户数据泄漏事故；而个别中小型非正规的招聘网站，也可能会出卖用户资料获利。海泛洋律师事务所高级合伙人刘春泉认为，已经有很多案例表明的确存在互联网公司员工主动泄密以获得非法报酬的情形。

最后，网络中的个人用户对网络信息安全的轻视也使得个人信息被披露。博客、微博等社交工具中网络相册的功能，一些网民喜欢将自己每天生活中的点滴放到网上，不经意间个人的信息就被泄露；此外，一些网民则出于方便，对网络账户密码的设置非常简单，或使用单一重复的数字密码，或使用自己名字的拼音，等等，使得不法分子可以轻易盗取。再者，在网购十分普及的情况下，很多网民经常填写详细的快递邮寄地址和电话等，一些卖家会非法收集买家用户的资料，不经意间，用户的信息又被泄露了。

网络是一种新的媒介，也是一种新的社会形态。网络的快速发展给人们生活带来便利，在提高了人们生活质量的同时，也不可避免地带来了冲击和全方位的影响。认识这些影响冲击不仅能进一步认识网络自身，也能认识社会正在发生的变化和变革。

第三节　媒介改变人的生活

科学技术的进步和科技成果的普及，带来了新的传播手段和传播工具。生活中的传播工具正在不断的更新换代，越来越强大的媒介功能使得人们在传播过程中获得了新的体验。当下普及率极高的手机逐渐在报纸、广播、电视、互联网四大传统媒体构成的传播环境中占领一席之地。而据 2014 年第 34 次 CNNIC 调查结果显示，截至 2014 年 6 月，中国手机网民规模达到 5.27 亿，手机上网的网民比例为 83.4%，首次超越传统上网的 PC 比例。手机正以自己的优势被业界认同为继传统四大媒体之后的"第五媒体"，并冲击着传统的传播理论、深刻地影响着人们的生活。

一、第五媒体的出现

中国国内有学者把"第五媒体"定义为"在计算机信息处理技术基础之上出现和形成的媒体形态"。而美国的《连线》杂志曾经给"第五媒体"下过一个定义，即所有人对所有人的传播。另外有学者认为，第五媒体是以手机为视听终端，手机上网为平台的个性化信息传播载体，它是以分众为传播目标，以定向为传播效果，以互动为传播应用的大众传播媒介，也叫手机媒体或移动网络媒体。以上对于第五媒体的定义在表述上虽有不同。但由此，我们可以根据学者们的定义看到第五媒体具备的一些特征。

第一，第五媒体以网络信息技术为支撑。当前 3G 手机已经得到广泛的应用和普及，并且 4G 技术也在逐渐发展，这是手机媒体发展的前提，也是手机媒体成为第五媒体的前提。

第二，第五媒体的传播者和受传者之间的角色是可以随时互换并且是多元的。在第五媒体传播形态下，传者和受传者的地位是平等的，人人皆可以是信息的传播者，具有交互性的传播特征，能实现所有人对所有人的传播。

第三，传播环境是自由和随意的。手机信息传播可以根据传播者地理位置的变化，实现传播环境的随意和自由。无论是工作时间、会议或者是休闲时间，都可以自主自由地通过文字、图片、视频等载体传播信息内容。这深刻地体现出第五媒体移动而且传播的多媒体特性。因此，第五媒体具有网络化、交互性和多媒体的特征。

二、手机融入了人们的生活

1876 年贝尔发明了电话。将近一百年后的 1973 年，库帕发明了移动电话，也就是我们现在所说的手机。手机发展到今天，它的功能已不仅是打电话、发短信了，而是成为继报纸、广播、电视、互联网这四种传播媒体后出现的又一新的媒体，即我们所说的第五媒体。通过手机，我们可以听音乐、接发邮件、看新闻、玩游戏、学习英语、确定地理位置等，一个小小的手机已经承载了太多的功能，从娱乐到商务，几乎无所不能。那么，手机是如何迅速且广泛地融入人们的生活呢？

第一，随着 3G 的普及和 4G 技术的开发，手机具有超大的彩色显示屏、高质量的日常通话和多媒体通信功能；不仅可以写字、绘图，还可以接上互联网查看电子邮件和网页等，这种移动通信产品必将使个人通信终端演变为信息终端。手机的这种技术使得媒体回归人体，人们可以随时随地上网，给人们带来了无限的便捷。而且相对于承载的信息量而言，手机传播成本比较低廉。因此，当前手机已经成为人们获取资讯的主要媒介。

第二，手机可以最方便地把人们的零碎时间利用起来，并且能够极为快捷地传播信息，使人们的生活越来越高效率。报纸虽然携带方便，但是传播信息并不快捷；电视、广播、互联网能够快捷地传播信息，但是其载体携带起来不太方便。而手机携带起来很方便，手机媒体的传播速度也非常快。此外，每个人在一天当中都有很多的零碎时间，如：等车、在电梯里、在飞机场、在地铁上、在火车上，人们在这些零碎时间里利用手机来获取信息是最为方便的。过去，一边行动一边与异地的朋友说话是完全不可能完成的任务。而如今，手机可以帮助人们节约时间，大大地提高了效率。

第三，手机虽然是一种点对点的人际传播，但实际上依然可以完成大众传播的过程，实现大众传播的功能。人们可以通过 QQ、微信或微博等社交工具将图片、声音、文本等上传到网络上，同他人共享信息内容，以扩大信息传播范围。十八大以来，微博反腐方兴未艾，近来已有记者微博实名举报，差不多每天都有大大小小的官员"中枪"，纪检部门介入后，多有查实。因此，可以说手机传播在一定程度上实现了大众传播环境监视和舆论监督的功能。

随着新技术的不断开发，手机与传统媒体不断对接，又不断地将之超越，使手机功能越来越媒体化了。就好比如今的手机报，可以算是一种大众传播形式。手机作为一种媒介，破除了大众媒体与人际传播之间的界限，媒体的统合性在手机身上表现得最为彻底。

因此，手机走入了人们的生活，并作为一种媒介已经渐渐改变了人们的生活方式。越来越多的大众选择新兴媒介——手机进行信息的传播。

媒介即信息，传播工具就是传播内容，手机的媒介化演变也正在释放出巨大的能量，不仅改变着手机本身，也将改变我们的生活方式。

三、手机改变人的生活

国际电信联盟最新报告指出，手机是人类历史上被接受最快的技术产品。眼下，手机已经成为人们每天接触次数最多、接触时间最长的媒体。手机俨然成为人们每天了解新闻资讯的主要媒介。手机上网功能还使人们更喜欢躺在床上获取信息，感到无聊的时候就会用手机上网的手机人占到70%，公交车、地铁上手机上网的人群占到67.4%，有59.9%的人群在等人的时候选择手机上网，还有43.9%的人上厕所也要用手机。手机正在改变人们的生活。

手机对人们的人际交流和人际传播带来了变化。试想一下，如果有一天你出门忘带了手机，或者电池用完手机关机，你会不会立马坐立不安起来。事实上，我们似乎都习惯于用手机来联系自己所有的人际交往圈。不停滑动手指的我们正在建构的是一种全新的社会关系，北京大学新闻与传播学院教授刘德寰在《正在发生的未来：手机人的族群与趋势》一书中，为这种新的社会形态发明了一个词——"半熟社会"。在基于血缘、亲缘的强关系中，你关心他，是因为他是你的亲人；在基于名片交换所形成的弱关系中，你关注他，是因为他能给你带来机会。而在半熟关系中，你关注他，是因为你们彼此有共鸣。整个"半熟社会"是一张交织着想法、爱憎的智能网络，你就是其中的一个结点，当人们在手机上互相关注、互相评论的时候，一个结点在向他周围的结点传递能量，每一个结点总能找到另一群和他共振的结点，形成纯粹的基于爱好、兴趣、价值观的圈子。在刘德寰教授看来，整个人类的索引正在被"半熟社会"重构。原来，你想认识A，要和B先拉关系，B可能还要先去找C介绍。现在你可以直接在QQ或微信等社交媒体上加A为好友，直接短信聊天。手机作为移动社交工具，突破了地域、时间的限制，让沟通变得更方便。

传统的人际传播是面对面的传播，传受双方互动频率高，反馈及时，通常可以取得较好的传播效果。手机传播虽然传播速度快，反馈也及时，但由于不是面对面的传播，传播时传受双方彼此不能观察到眼神、动作、表情等的变化，因而传播中往往容易产生误解，即使在手机传播中有辅助的各种表情、动作图片，但依然会带来传播的误读，最终影响传播效果。此外，不少在手机上聊得火热的"好朋友"在现实中却可能难得对话和交流，甚至抗拒现实中的面对面交流。这对于人际传播而言不得不说是一种悖论。本来通过人与人之间的交流可以使彼此的关系可以得到更好的延续和发展，但通过手机人际传播，现实中彼此的关系却并非能得到更加熟悉并不断发展的效果。

移动互联时代，手机改变了黄金时间和垃圾时间的简单区分。对每天不断刷屏的"手机人"而言，所有的"碎片时间"似乎都是黄金时间。通常，"公车时间"被认为是互联网和电视的垃圾时间，因为人们浏览新闻的习惯是在上班路上买一份报纸，或者是在9点上班后打开电脑浏览新闻，但现在，被忽视的上班时间却成为移动互联网的黄金时间，尤其在快节奏的大都市，"公车时间"的手机新闻比定位在"早餐时间"的电视新闻收视率更高。

手机让人们的垃圾时间逐渐消失。实际上，人类社会越强调时间和效率，越多的地理位置变动就会出现越零碎的时间。在生活中的零碎时间，诸如上下班的高峰时间，旅行候机、排队、餐厅等菜，甚至上课或无聊的会议中和厕所时间，通常被看做是无聊的垃圾时间。现在，新的手机应用则正在让这些垃圾时间变得更加有意义，按照"长尾理论"，人们与家人、朋友以及外界社会的交流再也不需要现实的空间和整块的时间，他们只要动动手指就可以随机完成，而这些大多处于移动、短暂停留甚至私密的地理空间的碎片时间，正在重构"黄金时段"。

于是，"碎片时间"悄然演变成为有望给企业带来收入的"黄金时间"。来自淘宝无线电子商务的数据显示，手机购物过程往往在典型的碎片时间——上班路上和下班后，而且周一到周五的工作日午高峰休息时间高于晚高峰时间。值得一提的是，周末时的晚高峰下班时间会高于午高峰时段，更是容易形成最终下单的"黄金时段"。此外，"黄金时段"还出现在看电视和睡觉前的时间，因为关闭手机，才是睡觉前的最后一个动作。

四、自媒体时代的缺憾

手机时代被人们称为自媒体时代，这个时代正在改变着我们的人际交流方式，影响着人际传播的效果；手机在重构"黄金时间"，但手机传播的负面效果也不容忽视。

1. 手机传播的碎片化和商业化影响了传播内容的深度和严肃性，使人钝化

当代社会人们身处不同的媒介当中，报纸、电视、网络、手机等媒介与我们的生活息息相关，密不可分。大众传媒在人们社会化的过程中起着重要的作用。特别是青少年对于社会的基本认知，甚至人生观、价值观的形成，在很大程度上受到传播媒介的影响。

传播媒介以其资讯的丰富性、内容的娱乐化、交流的互动性，以其音乐和游戏等功能深受青少年的喜爱。其中，手机媒体更因为其便携性、私密性以及多媒体特征得到青少年的青睐。在3G时代，手机媒体的影响势必更加突出。但其碎片化和商业化的特性，却助长了那些文化上平庸、碎片化、易于接受和理解的"文化快餐"的盛行。比如手机短信就以其通俗易懂、大众化、无厘头在人际交流甚至大众传播中大行其道，而文化本身的深刻性却逐渐缺失。久而久之，对于正在成长的青少年来说，容易导致他们不愿意做深层次的思考，造成青少年一代知识结构的扁平。青少年一代，在文化的获得上"饭来张口"的现象日益普遍。懒于思考、懒于行动会在一定程度上造成其思想上的钝化。

由于手机上的信息内容多是碎片化和浅层次的信息内容。手机上的信息是大量复制的信息，在一定程度上并不能满足人们精神生活的需求，特别是对于周围社会的深层次了解、帮助人们深刻认识新闻事件本质和真相的信息内容的需求。人们每天接触手机，每天都通过手机了解新闻，却不再看报纸、看书，这样久而久之，人们所认识的世界也是一个碎片化的肤浅的社会，因而也就慢慢地丧失了社会行动力。

2. 商业化的媒体操作、娱乐化的内容使得媒介传播中对重大现实问题产生疏离，从而"麻痹人们的神经"

在媒体产业化、商业化的前提下，追逐利润成为其主要目的。媒体为了赢取利润，一方面会最大限度地规避政治风险。因此，大量新闻信息远离社会发展的敏感话题、忽视与人们切身利益息息相关的重大问题的报道，逃离社会矛盾的冲突地带。另一方面，在消费

主义的影响下，传播者总是对一些鸡零狗碎、娱乐八卦等话题进行大量炒作，慢慢转移了民众对社会主流问题的讨论和关注度，也使民众丧失了对重要的公共事务的理性思考和判断的能力。

如今无论是在城市还是在农村，手机都已经普及。随着3G、4G技术的发展，手机样式更加美观、功能也日益丰富，因而日益成为人们的"贴身伴侣"。手机作为天然的商业性大众传播产品，其商业化的操作，使得人们沉溺于其主动推送的表层信息中、沉迷于手机游戏等虚幻的世界当中，失去对社会发展的重大问题的关注，导致一部分人胸无大志，缺乏对社会的责任意识，慢慢地也就失去了对周围发生的事件或真实世界的独立判断，变成没有独立思考以及批评能力的"手机人"。

3."把关人"的弱化使信息真伪难辨，给人们生活带来困扰

通常来说，把关人指的是在信息传播活动中决定多少信息被传播、传播多少以及怎样传播的人或机构。具体主要指在传播活动中负责加工和信息传播的记者、编辑、广播电台和电视台的节目制作者等。在信息传播的各个环节，把关人都会对信息进行选择取舍，并且控制着信息的流向和流量，直接影响着受众对信息的接受和理解。在手机传播中，把关人的角色大大地弱化了，由于是所有人对所有人的传播，因此，每个手机用户都可以是信息的传播者，很多信息无法判断其来源和真伪。这直接导致了手机传播信息内容鱼龙混杂，虚假信息、垃圾诈骗短信等泛滥，从而造成信息安全问题和伦理法制问题的隐忧。

大量商业性的广告以短信或彩信的形式发送到你的手机，每天你或许都会接到有关无抵押贷款、买房租房以及保险等电话。这些你除之不去的垃圾信息抢占手机空间，直接或间接地对人们的日常生活带来干扰。一些犯罪分子甚至以发送短信息或者拨打电话，向手机用户传递具有欺骗性的言语，设置利诱陷阱，实施诈骗，骗取用户的财物，给人们的生活带来极大的困扰和影响。而一些危害国家安全的非法信息内容、封建迷信以及谣言的传播更是直接对国家的安全带来隐忧。以上这些都暴露出了手机传播中的信息安全问题。如何避免负面信息的大量传播、避免日常生活被手机中充斥的虚假信息所干扰，已经成为业界和学界共同关心的话题。

此外，手机强大的通信以及多媒体功能的背后，一些非法的色情内容也开始侵入手机。在一定程度上对人们特别是青少年的身心健康带来影响。手机具有多媒体传播的特征。图片、视频的上传和共享更引起了人们对信息安全和隐私保护的思考。手机用户有意无意地在侵犯着人们肖像权、隐私权、名誉权。由于没有传统意义上的把关人，那么谁能保证原始信息传播的可靠性和真实性？一旦传播信息真假已成定局，真亦假来假亦真，真假难辨。虽然有事后机制调节，如辟谣、解释等，但效果并不好，因为影响已经产生了。

在自媒体时代，似乎"人人都可以是记者"、"人人都是当事人"。但是不是人人都能行使记者的权利？公正、客观、平衡等原则如何遵守？如何用事实来说话？所有信息又都是有价值的新闻吗？在手机传播时代，也许信息内容会更公开，传播速度也更快，但传播效果未必都是人们所期望的。更严重的是导致传播信息失控，导致整个社会的信任危机。

随着技术的发展，手机会变得越来越聪明，人也许会越来越笨；手机会从一个工具变成我们的一个器官，我们的生活慢慢地被手机控制，被"异化"，未来也许会变成满足我们情感需要的伙伴。今天我们彼此在饭桌上玩手机，但未来，人与手机却不一定只能孤独

地在一起——也许手机会回到联络工具的本职，加强你与别人、与世界的联系。

◎ **思考题：**

　　1. 媒介技术对人生有哪些影响？

　　2. 新媒介数字技术对人的生活产生了怎样的冲击？

　　3. 自媒体时代对人的生活带来什么变化？

第八章　媒介成就多彩人生

在媒介发达的当下，人们的选择丰富多彩。过去资讯查阅不便，未经规划的事往往难以实施。比如人们因为对目的地了解不足，以及不能买到合适时间的车船票，临时起意的远途旅游通常难以成行。现在我们甚至可以说走就走，有了想法，可以马上登录票务网站，安排好交通工具，同时利用网站落实所入住的宾馆。抵达目的地后，再慢慢翻看别人的旅行攻略以确定下一步的行程，还能利用社交软件寻找一同在路上的玩伴。媒介为我们提供了各种信息，提供了娱乐的路径，搭建了认识新朋友的桥梁，它正成就着我们多彩的人生。

第一节　媒介为人生提供信息

人和人之间不论是通过口语表达、肢体语言、书信往来等形式交流，本质都是在传递信息。我们日常生活中司空见惯的读报纸、听广播、看电视、上网络，最终目的也是在获取不断变动的信息。

一、媒介承载多彩信息

早在唐代杜牧就有"塞外音书无信息，道傍车马起尘埃"的诗句，宋朝的李清照也聊到"不乞隋珠与和璧，只乞乡关新信息"。随后在元明清的小说与诗歌中，"信息"一词也反复出现，比如四大古典名著中就出现了"信息"一词多次。古人用信息多是指消息、情报等朴素的概念。

> 却说司马懿引兵到长安，张郃接见，备言前事。懿令郃为先锋，戴陵为副将，引十万兵到祁山，于渭水之南下寨。郭淮、孙礼入寨参见。懿问曰："汝等曾与蜀兵对阵否？"二人答曰："未也。"懿曰："蜀兵千里而来，利在速战；今来不战，必有谋也。陇西诸路，曾有信息否？"
>
> ——《三国演义》第九十九回

> 相伴宋江住了十数日，武松思乡，要回清河县看望哥哥。柴进、宋江两个都留他再住几时。武松道："小弟因哥哥多时不通信息，只得要去望他。"
>
> ——《水浒传》第二十二回

> 行者道："师父，那妖不是凡间的邪祟，也不是山间的怪兽。他本是天蓬元帅临凡，只因错投了胎，嘴脸象一个野猪模样，其实性灵尚存。他说以相为姓，唤名猪刚鬣。是老孙从后宅里掣棒就打，他化一阵狂风走了。被老孙着风一棒，他就化道火

光，径转他那本山洞里，取出一柄九齿钉钯，与老孙战了一夜。适才天色将明，他怯战而走，把洞门紧闭不出。老孙还要打开那门，与他见个好歹，恐师父在此疑虑盼望，故先来回个信息。"

——《西游记》第十九回

凤姐见昭儿回来，因当着人未及细问贾琏，心中自是记挂，待要回去，争奈事情繁杂，一时去了，恐有延迟失误，惹人笑话。少不得耐到晚上回来，复令昭儿进来，细问一路平安信息。

——《红楼梦》第十四回

最早把信息作为科学对象来加以研究的是通信领域，这一领域的奠基之作当推哈特莱1928年在《贝尔系统电话杂志》上发表的题为《信息传输》的论文。他在这篇文章中把信息理解为选择通信符号的方式，并用选择的自由度来计量这种信息的大小。他认为，发信者所发出的信息，就是他在通信符号表中选择符号的具体方式。20年后(即1948年)，通信专家申农在《贝尔系统电话杂志》上发表了一篇题为"通信的数学理论"的论文，他以概率论为工具，阐明了通信中的一系列基本理论问题，给出了计算信源信息量和信道容量的方法和一般公式，得到了一组表示信息传递重要关系的编码定理。申农在定量测度信息时，把信息定义为随机不确定性的减少，亦即信息是用来减少随机不确定性的东西。基于这一思想，布里渊直接指出，信息就是负熵。控制论的奠基人维纳则把信息看做广义通信的内容。他在《控制论与社会》一书中写道："信息就是我们在适应外部世界，并把这种适应反作用于外部世界的过程中，同外部世界进行交换的内容的名称。""接收信息和使用信息的过程，① 就是我们适应外界环境的偶然性的过程，也是我们在这个环境中有效地生活的过程。"维纳显然把人与外部环境交换信息的过程看做一种广义的通信过程，即泛指人与人、机器与机器、机器与自然物、人与自然物之间的信息传递与交换。

信息必须依附于介质存在，通过介质传播，媒介正是这信息交换间的载体。广义的媒介是介于传播者与受传者之间的用以负载、传递、延伸特定符号和信息的物质实体。唐朝王维"君自故乡来，应知故乡事"和岑参"马上相逢无纸笔，凭君传语报平安"诗句中的媒介是人，通过人来报平安、传播故乡的信息。窄义的媒介则指面向广大传播对象的信息传播形式，包括电影、电视、广播、报刊、网络等形式。人们借助这些大众媒介更广泛地接触信息，为指导进一步行为提供可能。

二、信息推动媒介发展

一切物质处于永恒的运动之中，信息是对运动中的物质状态的显现与描述，因而信息在自然界中是普遍存在的。信息本身存在着多种特征，借助媒介获取信息时，我们必须重视其共享性和扩缩、组合性的特征，推动媒介的发展。

信息的共享性是指信息可供多人同时、异时，同地或异地实现无损共享。信息不像物

---

① 转引自文庭孝等：《论信息概念的演变及其对信息科学发展的影响》，载《情报理论与实践》2009年第3期。

质一样，使用会受到损失。这促进了其再次交流与传播，所以在一定程度上信息的共享是推动人类社会前进的动力。也正是认识到信息共享使用不变的特性，从 20 世纪 90 年代开始，信息产业被推动加快发展。当前世界经济结构正朝着从物质型向信息型的方向发展，社会生产活动和人们的日常生活对信息服务提出了日益多样化的需求，这些需求又反过来推动了媒介的重构与更新。

比如克林顿政府 1992 年颁布"信息高速公路"战略，计划投资 4000 亿美元，用 20 年时间，逐步将电信光缆铺设到所有家庭用户；1994 年，美国政府提出建设全球信息基础设施的倡议，旨在通过卫星通信和电信光缆连通全球信息网络，形成信息共享的竞争机制，全面推动世界经济的持续发展。克林顿政府提出的一系列措施，使美国经济持续增长，各项经济指标表现良好。没过几年，美国失业率降至 24 年来最低点，通货膨胀降到 30 年来最低点，把原先咄咄逼人的日本、欧洲抛到后头。这些都是基于对信息共享性特征的准确认知。

我国政府也高度重视信息化的共享与建设，在《国民经济和社会发展第十二个五年规划纲要》中设立专章布置如何"全面提高信息化水平"。特别是信息的共享化也随着国家"一带一路"的战略进一步落实与发展。如 2014 年首届中国—东盟网络空间论坛上，中国与东盟十国达成了共建"中国—东盟信息港"的倡议，共建基础设施、信息共享、技术合作、经贸服务、人文交流五大平台。相关各方已初步确定了中国—东盟信息港总体规划，初步确立了一大批重点合作领域，涵盖 10 多个重点项目、几十项具体任务。其中信息共享平台建设快，2015 年 9 月中国联通独家投资 5 千万美元建设的中缅光缆传输系统已经完成，实现了将中国国际通信网络直接延伸到印度洋。

下面我们可以借鉴《国民经济和社会发展第十二个五年规划纲要》第十三章有关内容：

第十三章　全面提高信息化水平

加快建设宽带、融合、安全、泛在的下一代国家信息基础设施，推动信息化和工业化深度融合，推进经济社会各领域信息化。

第一节　构建下一代信息基础设施

统筹布局新一代移动通信网、下一代互联网、数字广播电视网、卫星通信等设施建设，形成超高速、大容量、高智能国家干线传输网络。引导建设宽带无线城市，推进城市光纤入户，加快农村地区宽带网络建设，全面提高宽带普及率和接入带宽。推动物联网关键技术研发和在重点领域的应用示范。加强云计算服务平台建设。以广电和电信业务双向进入为重点，建立健全法律法规和标准，实现电信网、广电网、互联网三网融合，促进网络互联互通和业务融合。

……

第二节　加快经济社会信息化

推动经济社会各领域信息化。积极发展电子商务，完善面向中小企业的电子商务服务，推动面向全社会的信用服务、网上支付、物流配送等支撑体系建设。大力推进国家电子政务建设，推动重要政务信息系统互联互通、信息共享和业务协同，建设和完善网络行政审批、信息公开、网上信访、电子监察和审计体系。加强市场监管、社会保障、医疗卫生等重要信息系统建设，完善地理、人口、法人、金融、税收、统计等基础信息资源体系，强化信息资源的整合，规范采集和发布，加强社会化综合开发利用。

……

第三节　加强网络与信息安全保障

健全网络与信息安全法律法规，完善信息安全标准体系和认证认可体系，实施信息安全等级保护、风险评估等制度。加快推进安全可控关键软硬件应用试点示范和推广，加强信息网络监测、管控能力建设，确保基础信息网络和重点信息系统安全。推进信息安全保密基础设施建设，构建信息安全保密防护体系。加强互联网管理，确保国家网络与信息安全。

——节选自《国民经济和社会发展第十二个五年规划纲要》，新华社，2011 年 3 月 16 日电

信息的扩缩、组合性是指单一的信息可以无限开掘、延伸，两个或两个以上的信息的有机组合可以产生出新的信息。信息的扩缩、组合性表明媒介提供信息的无限可能，受众不断增长的信息需求需要壮大媒介组织，媒介应依据自身媒介特性提供丰富的信息。

伴随新技术的出现，媒介的发展常会出现一些强势媒体，而传统媒体也会随之式微。各种数据的下滑，往往会带来传统媒介的生存困惑。电视业逐步走向鼎盛的时候，有人惊呼"报纸死了"。当下移动互联网逐步走向成熟，又有人担忧"电视报纸将不复存在"。美国北卡莱罗那大学新闻与传播学院教授菲利普·迈耶在其著作《正在消失的报纸》中形象地提道：到 2043 年第一个季度，纸质媒体在美国"寿终正寝"，最后一批对报纸深感疲倦的读者将皱巴巴的报纸扔到一边。2006 年英国《经济学家》杂志发起了"谁谋杀了报纸"的专题讨论。英国《经济学家》充满着忧伤地说："在发达国家，报纸如今渐成濒危物种。报纸如同一门生意，它向读者推销文字，将读者出售给广告商。这种生意已在整个社会中起着它应有的作用，但是它正渐渐趋于崩溃。"但讨论的结果却充满希望，"无论是广告问题、发行问题还是财务问题，除去金融危机这一不可预知的因素，报纸最坏的日子快要过去了。报纸产业的运营者们看到了前方隐约的光明：他们专心致志地推进报纸的电子化转型；他们做报纸的改型以吸引年轻的用户；他们办免费报，以便在地铁上仍然让报纸成为大众媒介；他们努力地做报网互动，以便让高端读者也能够到他们的网站上去浏览新闻并死死地黏在上面"。①

旧有媒体不会灭亡，因为信息的扩缩、组合性满足受众的不同需求，受众存在信息细分市场。报道同一题材，媒介可以各显神通。同样一条地震的信息，不同媒介可有不同文本的呈现。报纸可以侧重用文字描绘面对灾难不同地域、不同时空的人群反应；电视台可以侧重直播抗震救灾中忙碌的救助队；自媒体平台可以侧重填补传统媒体没有关注到的细微信息。所以旧的媒介不会消亡，但它会分化。比如："报纸形态的转型并不一定意味着就是要由纸变成其他形态，它可以是依附于纸质上的内容特色化、运营模式多元化、面向

---

① 转引自王正鹏：《报纸突围　数字时代传统媒体变身记》，中山大学出版社 2010 年版，第 12 页。

的读者分众化、发行范围区域化、舆论影响整合化，等等。"①信息的细分市场注定不可能由单一媒介满足，不同媒体各有优势。新媒体的出现，只会使我们拥有更多选择。比如我们可能一边手机登录视频网站点击比赛现场观众的短视频信息分享，一边打开电视看专业媒体人员进行的比赛直播。竞争的媒介之间不是零和博弈，可是各有存在的空间。为了满足受众的丰富需求，我们要推动不同媒介的发展。

广告模式制约 YouTube 发展长视频

我们为何不会看 YouTube 长视频呢？这主要是因为 YouTube 重点优化短视频。具体而言，这是因为 AdSense 广告服务在起作用。当你进入网站的那一刻，你就会切身感受到 YouTube 广告，它们无处不在，时刻吸引你的注意。例如，30 秒视频内置广告，播放视频底部的广告横幅，右边栏上方的视频广告。

我们已经学会容忍这些打扰注意力的广告，并学会过滤大部分烦人的广告内容，以获得真正的视频内容。但是，如果长篇内容应用同样或相似的广告方式，观众就不会容忍。现在是后录像带时代，或者也是 Netflix 时代，用户可以观赏不夹带广告的电视节目和电影(即便通过互联网观看)。正当《行尸走肉》出现扣人心弦的情节时，视频底部突然出现横幅广告，你会怎么想？

——节选自《YouTube 永远无法取代电视》，载《赫芬顿邮报》，2014 年 7 月 25 日

第二节　媒介为人生提供娱乐

2002—2014 年，中国电影票房从 9.5 亿元人民币增至 296.39 亿元，增幅超过 31 倍，是全球票房收入增长最快的区域。特别是 2008 年全球金融危机爆发，大家收入增速放缓，而去看电影的却多了起来。2008 年电影《非诚勿扰》以 3.25 亿元票房收入取得票房冠军，3 年后国内票房冠军《阿凡达》收入激增至 13.82 亿。我们乐于接受电影、电视等媒介为我们提供的大量高品质娱乐产品，消费娱乐是我们重要的生活方式之一。

一、媒介即按摩

在现实生活中，我们常有意无意地摆弄手机，其实这是我们希望借助手机媒介摆脱无所事事的尴尬处境。报纸、电台、电视源源不断地提供一些有用的、令人愉快的内容，帮助人们克服乏味感和无聊感，让人们疲惫的身心得到足够的按摩，从而产生生理上、情感上的愉悦。

加拿大学者麦克卢汉最早提出"媒介即按摩"的理论，"马绍尔·麦克卢汉，被尊称为'电子时代的先圣'。他道出了那句名言'媒介就是按摩'。后来他把这句话作为一本书的书名，而这书几乎被所有的人误念为'媒介就是信息'(把 massage 中的 a 看作 e)——使得

---

① 陈国权：《报业转型新战略》，新华出版社 2014 年版，第 4 页。

整整一代发言人认为只要在电视上露面或者在印刷品上署名就能成功地传递讯息。其实，这一书名术语是一个文字游戏；麦克卢汉使用的是按摩一词，而不是讯息。这一文字游戏包含了两个意思：'媒介是大众时代'。或者，更直白一点说，媒介是给我们大脑以讯息，就好像按摩女郎按摩我们的肌肉一样"①。

媒介通过娱乐给我们提供按摩。"每种新的传播技术的出现，都会改变人们的娱乐方式、内容以及娱乐的体验。印刷术使得小说、报纸、杂志的产生成为可能。古老的说书艺术以及人际传播的方式被文字艺术和印刷方式所取代，人们能够在字里行间获得更多想象的娱乐感受。电子媒介的出现，又将人们从文字时代带进了图像时代，使人们进入一个幻象的世界，获得了比真实更真实的'超真实'的娱乐体验。互联网所营造的虚拟时空给人们提供了一个巨大的非现实的空间，让人们可以随意游走于虚拟和现实的两个世界中。可见，任何新技术的出现都会带来娱乐方式和娱乐感受的变革，技术本身的特性决定了娱乐的特点。同时，技术不仅改变了人们获取娱乐、表达娱乐的方式，更改变了人们对娱乐内涵的认识。"②特别是当下大众已经不单纯是信息的接收者，更是娱乐产品的参与者。自己给自己按摩，自己给熟人按摩，舒缓压力的效果似乎更强。

同时，娱乐并不代表低俗，而是提倡节目应该在一种轻松娱乐的范围中进行。我们也重视媒介的娱乐功能，因为节目可以弘扬真善美，传递正能量，起到积极的教育作用并实现社会价值。比如 2015 年 7 月 22 日国家新闻出版广电总局网站公布了《关于加强真人秀节目管理的通知》，通知对如何"发挥好真人秀节目的价值引领作用"进行指导："真人秀节目在策划和实施等各阶段，都要认真考虑通过环节规则、情境故事、人物言行等，生动活泼、活灵活现地体现社会主义核心价值观，告诉人们什么是应该肯定和赞扬的，什么是必须反对和否定的，做到春风化雨、润物无声。"实践层面与管理层面的有效互动，最终可以达到对优秀的真人秀节目大力扶持，对缺少价值和意义的真人秀节目加以抑制的目的。

娱乐节目如何有意思又有意义

本报记者 陈原

继发出《关于加强真人秀节目管理的通知》(以下简称《通知》)后，近日，国家新闻出版广电总局再度举办真人秀节目培训班，一个多月内，真人秀节目究竟如何办的问题，一再成为社会舆论关注的焦点。

娱乐节目需要调控

这两年，各种主题的真人秀竞相上线。去年，各地方卫视的真人秀节目大约有 40 档，而今年，约 200 来档真人秀节目的预告和项目计划书早就推了出来。如此众多的同类节目究竟是利是弊，一直是人们关注的焦点。两个事实明显呈现在人们的眼

---

① ［美］乔治·莫利斯：《从容面对媒体———让你的媒体亮相尽善尽美》，宋华勋等译，中国轻工出版社 2005 年版，第 29 页。

② 王群、沈慧萍：《电视主持传播概论》，华东师范大学出版社 2008 年版，第 117 页。

前，一是由于大量演艺明星投身真人秀，导致演员荒，一些影视剧的制片人和导演称，今年"很多戏开不了机，因为找不到演员，很多明星都奔综艺去了。综艺节目能够短时间增加知名度、粉丝量以及赚到可能比拍电视剧片酬更多的钱"。二是"有意思无意义"的真人秀节目耽误了许多青少年观众的时间，让精力都消耗在这过度娱乐中。

真人秀节目确有其吸引观众的地方，但问题也不算少，举办培训班的目的正是要扭转节目制作和播出中一些令人担忧的倾向。在培训班上，副局长田进认为目前真人秀节目的问题主要表现为同质化、过度娱乐化、重引进轻原创等。他认为："真人秀节目要转变靠名人明星才能博取收视的陈旧观念，摒弃讲排场、拼明星的错误做法，吸纳更多各行各业基层群众参加节目制作。不能把群众作为明星陪衬或节目背景，要让群众成为节目的主角。"

近日，不少大中小学的老师在微信里也对目前的真人秀节目纷纷发表意见，随后，他们接受了记者采访。原来，无论大学老师，还是中学老师，都非常关注热播的真人秀节目，因为这些节目在学生中收视率很高，影响不小。在老师们看来，国家新闻出版广电总局《通知》很有针对性，非常及时，真人秀节目需要改变目前的这种一窝蜂的现状，而且还需要有知识有格调有情趣的娱乐节目做出表率。

逗乐不该成为主导

对于目前的各类真人秀节目热，中央民族大学文传学院王秀林老师认为，这些节目大部分以逗笑、刺激、取乐为主导，其实，融思想性、知识性与趣味性为一体的节目才是上乘的。在王老师看来，真人秀节目最大的特色和亮点，应该是"可以给观众一些思想的启迪、给一些心灵的触动"。中国人民大学文学院的陶曲勇老师说，现在的娱乐节目，不能只顾趣味性和娱乐性，如果缺少知识性，这类节目就会日渐乏味，最终也会失去观众。

如何让娱乐节目也能有意义呢？北京大兴七中的历史老师焦东伟认为，一个很优秀的娱乐节目同时也应该具有知识上的引导作用，"我们在教学当中很难解决同学们的兴趣问题，比如很多学生一接触历史就觉得枯燥乏味，如果有一些娱乐节目能够引导他们对历史的兴趣，这种娱乐节目就会有意义"。清华大学附属中学的语文老师花向昭说，现在的学生比较喜欢玄幻、魔幻的东西，这些东西毫无时代背景，没有世界观、价值观的约束，随意性太强。如果能通过娱乐形式把知识融入其中，既有知识，又有趣味，用教学的话来说就是寓教于乐，其乐无穷，那么，这种娱乐就是应该提倡的娱乐。

提升电视娱乐节目文化品位是方向。北京十一学校特级教师魏勇认为，现在观众的欣赏水平正在日益提高。电视节目里最需要传播的是历史常识、文化常识和社会常识，还传播有益健康的情调。北京舞蹈学院的历史老师陈强说，将来舞台艺术成就的大小，与历史底蕴、文学底蕴有直接的关系，如果电视娱乐节目可以将一些历史知识、文学知识传递给青少年观众，就会有益于他们的成长。

"寓教于乐"，不妨这样做

在新的形势下，如何制作出既有意思又有意义的娱乐节目，已经成为不少节目的探索方向。不过，既让节目有乐趣、吸引人，又让节目包含知识传播的功能，并非一件易事。

因《百家讲坛》而闻名的中学历史老师纪连海近来关注四川卫视正在播出的娱乐节目《咱们穿越吧》。他认为，作为社会科学的一个分支，历史可分为真实的历史、记录的历史、传播的历史和接受的历史4个层次。而"接受的历史"才是"历史"一词的终极目标。如何才能够让更多的大众真正"接受"更加接近真实的"历史"呢？他说，"学校教育是肯定完不成这个任务的"。而《咱们穿越吧》创建了一种新的渠道，居然可以让学生们从娱乐节目中去接受历史知识。

《咱们穿越吧》由张国立担任总导演，张涵予、宋小宝等人纷纷出现；又有游戏环节，一个个有趣的游戏将观众不断带进兴奋点、悬疑点，更有临场发挥显现出来的戏剧性。很多观众看过第一集、第二集后，又对真人秀节目产生了全新的认识。原来，这种穿越不像穿越的影视剧，不是戏说，而是带领观众穿越时空去体验古人的生活，从中获得历史知识和欣赏本身的愉悦。

几位中学老师都很欣赏《咱们穿越吧》，认为这是"寓教于乐"的范本。焦东伟老师说，没料到，这个节目让学生看得兴致勃勃，还学到了不少知识。在清华大学附属中学高级教师童跃刚眼里，这个节目注重历史知识的渗透，在娱乐的同时尽量还原一些历史场景，让观众感受知识的时候毫不枯燥。在北京三中的历史老师胡晓艺看来，这个节目适合孩子看，适合大人看，也适合老师看。尤其是一些知识细节，用娱乐的方式传递给观众是非常有效的。

《咱们穿越吧》的播出，也引发了人们对如何通过大众传媒传播历史知识的争论。许多人认为，这不失为一种有效有益的尝试，今后应该出现更多的知识性、娱乐性兼备的电视节目。

——《人民日报》，2015 年 9 月 10 日，有删节

二、娱乐至死

英国著名小说家赫胥黎在其发表于 1932 年的反乌托邦小说《美丽新世界》一书中预言："人们在汪洋如海的信息中日益变得被动和自私！真理淹没在那些无聊的烦琐世事中！我们的文化成为充满感官刺激欲望和无规则游戏的庸俗文化！我们将毁于我们热爱的东西！"这就是娱乐过度的另一种极端。

赫胥黎的预言成了美国著名的媒体文化研究者和批评家尼尔·波兹曼的经典著作《娱乐至死》一书的核心思想。尼尔·波兹曼在序言里对比了英国小说家赫胥黎的作品《美丽新世界》与奥威尔的《一九八四年》。奥威尔在《一九八四年》中预言人们将会遭受外来压迫的奴役，失去自由，文化成为受制文化。还记得乔布斯的苹果电脑在 1984 年制作的石破天惊的经典广告《1984》吗？那象征反叛的少女抡起大锤砸向象征桎梏的屏幕时，宣告了乔布斯式的离经叛道与彻底的创新将主宰世界的预言。赫胥黎则在《美丽新世界》中表达了另外一种忧虑：人们会渐渐爱上压迫，崇拜那些使他们丧失思考能力的工业技术。尼尔·波兹曼强调，可能成为现实的，是赫胥黎的预言，而不是奥威尔的预言。"有两种方

法可以让文化精神枯萎，一种是奥威尔式的，文化成为一个监狱，另一种是赫胥黎式的，文化成为一场滑稽戏。""我们的文化是赫胥黎式的，而不是奥威尔式的，他想尽一切办法让我们不断看电视，但是我们看到的是使信息简单化的一种媒介，它使信息变得没有内容，没有历史，没有语境，也就是说，信息被包装成娱乐。"[①]波兹曼警告说，毁掉我们的，不是我们所憎恨的东西，而恰恰是我们所热爱的东西！当"严肃"成为一种娱乐的时候，已经没有什么再值得认真对待了。

尼尔·波兹曼研究的背景处于电视时代，当今迅速发展的网络时代比起电视时代更是有过之而无不及，网络时代比电视更加"娱乐至死"。网络去中心化和草根化的特征，进一步推动了娱乐信息的弥漫。比如本该冷静客观独立的新闻工作者，在微博上主动炮制"#周一见#"的话题。媒体负责人利用微博直接上阵，事件当事人恶语对峙。整个事件的酝酿、发展、高潮都是借助网络新媒体推波助澜。在事件演变的过程中，媒体俨然超越了记录者与阐释者的角色，而自己扮演起新闻人物。明星的婚外情，无数网友被调动起吐槽的激情，满足了整个社会的阅读欲望和窥视心理，成了一部活生生的现代启示录。事实上，正因为媒体所做的是以一种娱乐的方式呈现这个世界，"娱乐"在我们的生活中已经变得无所不在了，我们需要做的，只是愉快地接受"娱乐"已成为我们生活中的中心事件的事实而已。[②] 特别是本该媒体人反思的"周一见事件"，娱乐到最后变成了一档由南都娱乐周刊、芒果娱乐传媒、腾讯娱乐、芒果 TV 联合出品的同名网络节目。

第三节 媒介为人生搭建各种桥梁

陌生人之间结识往往需要机缘，不同层级之间的人群交往更是困难重重。媒介在人际交往中搭建了一条特殊的桥梁，拉近人和人之间的距离。2010 年 9 月 27 日，湖北人彭高峰发出一条微博，至 2011 年春节已被转发了 6000 多次。该微博开头的第一句话是："互联网能再创奇迹吗?"2008 年一男子在深圳抱走了彭高峰 3 岁半的儿子彭文乐，这位父亲裂肺撕心地寻找了近 3 年，但小文乐一直没有下落。当兔年春节的爆竹声响起时，一位回乡探亲的大学生，发现村里一个小男孩像极了那张在微博上被疯传的小文乐照片，他迅速通过寻亲网站传递消息。最后，在警方的陪同下，彭高峰终于找到了魂牵梦萦的儿子。由于陌生人的帮忙，父亲找到被拐多年的儿子，是微博搭建起了他们认识的桥梁。此事后来也促成了微博上开展的，声势浩大的"微博打拐行动"。

一、六度空间中人与人间的距离很近

人与人之间看似隔着千山万水，其实很容易找到链接，距离并不遥远。较早的时候就有人提出的一个假设，假设世界上任何两个互不相识的人，都可以通过少量的中间人介绍，从而建立联系。1967 年，哈佛大学社会心理学家斯坦利·米尔葛兰姆根据这个假设，

---

① 转引自朱海松：《微博的碎片化传播：网络传播的蝴蝶效应与路径依赖》，广东经济出版社 2013 年版，第 17 页。

② 徐宁：《由读〈娱乐至死〉引发对#周一见#事件的思考》，载《新闻研究导刊》2015 年第 13 期。

做了实验研究并提出了六度空间理论。他在志愿者中随机选择一部分人，要求他们向指定的一个目标人物发一封信。同时给出了目标人物的姓名、地址等信息，但是要求发信人不能直接将信件寄给目标人物，而是通过将信件转发给自己熟悉的朋友，规定所有收到信件的参与者（除直接认识目标人物的人）不能直接将信件寄到目的地，经过几次这样的转发，信件最终寄到目标人物手中。实验重复做过多次后，得出结论：大约经过 6 次转发最终到达目的地，即只需要 6 个人，任何两个不相识的人就能建立联系。这种现象，并不是说任何两个不认识的人之间产生联系，都要通过 6 个中间人，其原意旨在表达一个重要的思想，即任意两个互不相识的人，都可以通过某些方式或者办法，从而建立起直接联系或关系。然而，随着每个人的交际圈大小和交际能力等的差别，达到个人所需目标的成功率将会有明显的不同。

通过方法学上的一系列实验，我们基本上可以证明这项理论是正确的。六度分割理论说明社会中弱关系的存在，并且具有普遍性。当然，我们还不应忽视：人与人之间的强弱关系会影响信息的沟通效率；信息虽然到达了目标人，却不一定必然和其建立了直接联系；在传递的过程中也还应计算成本和考虑激励机制。

二、连接让社会更加美好

根据六度分割理论，世界很大，但我们的距离很近，地球上的每一个人都互相连接。连接让沟通成为可能，沟通又促进了发展，社会变得更加美好。近年涌现出一大批新型的社交网络网站，如脸书、推特、人人网、微博、微信等。社交网络网站建立在用户的人际关系之上，通过各种人性化应用带动用户互动沟通，人们的关系日益密切，创造出更多的价值。

比如强化人与人连接的社交网络在商业上拥有广阔的前景。比尔·盖茨曾说过，Web 1.0 的核心是内容，Web 2.0 的核心是关系——人与人之间纷繁复杂的关系。社交网络实质是人际关系网络，它拥有大量高素质和高消费需求的用户，形成巨大的市场空间，吸引了众多品牌的加入。社交网络的人际关系和互动特性，使得基于社交网络的互动式营销必将成为未来营销实践发展的重要领域之一。社交网络关系营销的中心应该定位于"用户"，以认识"朋友的朋友"为基础，通过内容及各种应用来扩展人脉，并在扩大交往的过程中，以满足用户的交往、娱乐等的各种需求为目标创造商业价值。[1]

又比如微博为人们搭建更便捷的行善桥梁，慈善变得并非遥不可及。慈善的最终发展模式是全民慈善，具有信息发布门槛低，传播方式简单，信息交互简便快捷等特点，这种微博慈善模式更接近全民慈善模式。

微博转发力量大　十天为同学患病母亲捐 5 万多

记者　孟醒石　通讯员　刘伟娜　董斌伟

　　河北科技大学信息学院马玉芝同学的母亲得了一种非常罕见的疾病，目前在北京住院，花费很多，陷入困境。同学们获悉情况后，在校园内和网络上发起募捐活动，

---

① 祝娟：《基于六度分割理论的社交网络关系营销价值挖掘》，载《企业导报》2013 年第 23 期。

为马玉芝的母亲筹集善款55748元。

3月28日21时许，河北科技大学校报记者团新浪微博发布一条信息："科大学生家有难，请大家帮帮忙!"校友、网友纷纷转发，反应热烈。

河北科技大学信息学院电信111班马玉芝同学的母亲是河北廊坊市大城县一名普通的农村妇女，一直身体不好。今年3月被诊断出患有星形奴卡菌感染性肺炎，体内还有40%的抗药菌，目前在北京海军总医院医治。这是国内非常罕见的病症，只有几例，此前该院还没有治疗过这种病例，治病也是摸索着来，能用的国产药、进口药都用遍了。那些日子，马玉芝的母亲在重症监护室，一直高烧不退，拍片显示左肺已经坏死，右肺也有阴影，心脏开始包膜，依靠呼吸机和一堆管子维持生命。在北京住院，不算其他费用，仅住院费每天就1万元，从3月17日到28日这十来天就花了十几万元，可是病情并不见起色，医院说还得度过3周的高风险期，可这3周就得花费20多万元，3周过去了还有半年的观察期。这样的事实简直要击垮这个家庭……

马玉芝的舍友范晓晴，是第一个开始为马玉芝一家募捐的学生，从得知这一消息的第一时间起，她一边开始着手联系社会媒体及爱心人士，一边立即在学校为马玉芝同学家募集捐款。在老师和同学的帮助下，募捐求助信在几十个QQ群、QQ空间及微博上迅速传递，三天之内转发已达两万余次。同时，信息学院所有学生都成了志愿者，在校园内展开募捐活动，生活广场、西门、南门、牧星湖等地到处都有他们忙碌的身影。河北师大尼泊尔留学生周末到河北科技大学游玩，见此情景，也献出了一份爱心。来科大赏花的十岁小女孩也来到捐款箱前，放入捐款，并对马玉芝说："姐姐加油，祝你妈妈早日康复。"

从3月28日开始募捐，截至昨日，同学们共为马玉芝的母亲募集了55748元爱心捐款。

——《石家庄日报》，2014年4月9日

第四节　媒介为人生构建理想社会

普利策曾经用这样一句话来描述新闻记者："倘若一个国家是一条航行在大海上的船，新闻记者就是船头的瞭望者，他要在一望无际的海面上观察一切，审视海上的不测风云和浅滩暗礁，及时发出警告。"[1]记者所依附的媒介组织，正是通过一个个具体的记者，承载起自身的社会责任，为人生构建理想社会。

一、拟态环境构建理想社会

环境是一个非常复杂的体系，目前还没有形成统一的分类方法。我们大体可以分为现实环境和拟态环境两大类。现实环境是指以人为中心的可以接触到的外部客观世界。现实环境是真实的客观环境，人们每天都要接触到一定范围内的现实环境，如自己生活的社

---

① 转引自施立松：《张季鸾：船头的瞭望者》，载《名人传记(上半月)》2014年第12期。

区、求知的学校等。"拟态环境"一词是美国著名专栏作家、新闻工作者李普曼在其名著《舆论学》一书中首次提出的，他把由大众传播媒介所塑造的符号式虚拟环境称为"拟态环境"。

1922年，李普曼在《舆论学》的前言中引用了柏拉图在《理想国》中的的洞穴囚徒比喻。那个比喻是说，那些缺乏哲学的人可以比作是关在洞穴里的囚徒，他们只能向一个方向看，因为他们是被锁着的；他们的背后燃烧着一堆火，他们的面前是一座墙。在他们与墙之间什么东西都没有；他们所看见的只有他们自己和他们背后东西的影子，这些都是由火光投射到墙上来的。他们不可避免地把这些影子看成是实在的，而对于造成这些影子的东西却毫无观念。

借助柏拉图的"洞穴比喻"，李普曼接着讲述了这样一个事实："1914年，有一些英国人、法国人和德国人住在一个海岛上，那个海岛不通电报，英国的邮船60天才来一次。9月里，邮船尚未来到，岛上的居民仍在谈论不久前报纸上报道的关于即将审讯凯克劳斯夫人枪击加斯顿·卡尔默特的事，并聚集在码头上，想从船长那里知道判决的情况。可是，他们了解到的却是英国和法国订立了神圣同盟，向德国开战已6个多星期了。在这不可思议的6个星期中，岛上的英、法居民和德国居民实际上已是敌人了，但他们相处得还是像朋友一样。"在此基础上，李普曼对拟态环境作了经典论述："回过头来看，对于我们仍然生活在其中的环境，我们的认识是何等地间接。我们可以看到，报道现实环境的新闻传递给我们有时快，有时慢；但是，我们总是把我们自己认为是真实的情况当作现实环境本身。在涉及现在我们行动所遵循的信念时是较难回想起这一点的……"①

"……我们必须特别注意一个共同的要素，那就是在人与他的假环境之间的插入物。他的行为是在对于虚假环境的一种反应。但是，因为是行为，如果见诸行动，其后果就不是在刺激起行为的假环境中而是在发生行动的真实环境中起作用。……因为在社会生活的层次上，所谓人对于环境的调整当然是通过各种虚构作为媒介来进行的。""由于真正的环境总起来说太大，太复杂，变化得太快，难于直接去了解它。我们没有条件去对付那么多难以捉摸、那么多的种类、那么多的变换的综合体。然而我们必须在那种环境中行动，我们必须先把它设想为一个较简单的模式，我们才能掌握它。人们必须先掌握世界的概貌，才能详细考察世界。然而他们长期的困难是获得他们自己需要或者其他人需要的地图……"②

正如李普曼所言，现代社会人们精力有限、注意力有限，对于复杂的外部世界只能选择性接触，超出自己亲身感知以外的事物，人们只能借助"新闻供给机构"去提供的信息来综合判断。在这种情形下，我们的行动已经不再是对客观环境及其变化的反应，而成了对新闻机构提示的某种"拟态环境"的反应。

人类可以借助这个拟态环境帮助我们认知现实、判断现实，继而保护自身、促进自身发展。拟态环境通过环境监视、社会协调和精神调节起到向导的作用。拟态环境还起到社会协调作用，主要通过对事件的解释、规定来实现。拟态环境中不仅仅只是起到"告知"

---

① [美]沃尔特·李普曼：《舆论学》，林珊译，华夏出版社1989年版，第2页。
② [美]沃尔特·李普曼：《舆论学》，林珊译，华夏出版社1989年版，第9~10页。

人们有什么，它还要解释是什么、为什么。拟态环境通过言论、宣传，帮助社会形成共识，协调社会人的行为，引导社会人的正确的方向。拟态环境中的信息并不都是务实的，有一部分是为了满足人们的精神需要，如文学的、消遣的、游戏的信息等。拟态环境通过娱乐使人们在精神上得到享受和放松，感情上得到满足。① 人们正是这样接受了拟态环境才构建了理想社会。

二、强化向导、避免误导

当我们乐于接受拟态环境给我们带来的便利时，就基本上失去了与客观世界的直接联系。而拟态环境中的信息是人为被选择出来的，属于模糊化的客观现实，存在误导我们认知、判断、行为的可能。特别是由于传播者不同的利益需求，存在故意制造、传播虚假信息的情形。这使得拟态环境和客观环境背离，混淆了信息接受者的视听，不必要的损失可能增加。

对于拟态环境本身无意识的产生的误导，我们要将负面影响减轻到最低程度。比如可以呈现更全面的、多角度的信息，努力拼凑出客观环境的全景。同时要提升受众的媒介素养，培养他们面对拟态环境时信息筛选、信息甄别、信息的归纳、信息的解读能力。针对拟态环境中恶意制造虚假信息的行为，我们应通过建立各项制度去规范信息的传播。尤其是在法律层面加强引导，通过科学立法、严格执法来避免虚假信息的误导。

同一诽谤信息被转发 500 次以上构成诽谤罪
记者　戴佳

《最高人民法院、最高人民检察院关于办理利用信息网络实施诽谤等刑事案件适用法律若干问题的解释》(下称《解释》)今天下午发布。根据《解释》，同一诽谤信息实际被点击、浏览次数达到 5000 次以上，或者被转发次数达到 500 次以上的，应当认定为诽谤行为"情节严重"，构成《刑法》第二百四十六条规定的诽谤罪，处三年以下有期徒刑、拘役、管制或者剥夺政治权利。

最高人民法院、最高人民检察院今天下午联合举行新闻发布会，公布"两高"《解释》及其制定背景。

《解释》明确了"捏造事实诽谤他人"、"情节严重"、"严重危害社会秩序和国家利益"的认定问题，以及利用信息网络实施寻衅滋事犯罪、敲诈勒索犯罪、非法经营犯罪的认定问题。明确了利用信息网络实施诽谤、寻衅滋事、敲诈勒索、非法经营等犯罪的共同犯罪内容，以及与其他犯罪的数罪问题及其处罚原则。

《解释》规定，只要符合以下两种情形之一，就可认定为"捏造事实诽谤他人"：即捏造损害他人名誉的事实，在信息网络上散布，或者组织、指使人员在信息网络上散布的；将信息网络上涉及他人的原始信息内容篡改为损害他人名誉的事实，在信息网络上散布，或者组织、指使人员在信息网络上散布的。

---

① 王忠国：《拟态环境的双刃性：向导和误导》，载《昌吉学院学报》2008 年第 1 期。

根据《刑法》规定，"严重危害社会秩序和国家利益"的诽谤案件，应由公安机关立案侦查、人民检察院提起公诉。为了明确对利用信息网络实施诽谤刑事案件适用公诉程序的条件，《解释》列举了"严重危害社会秩序和国家利益"的 7 种情形，具体包括：引发群体性事件的；引发公共秩序混乱的；引发民族、宗教冲突的；诽谤多人，造成恶劣社会影响的；损害国家形象，严重危害国家利益的；造成恶劣国际影响的；其他严重危害社会秩序和国家利益的。

《解释》还规定，以在信息网络上发布、删除等方式处理网络信息为由，威胁、要挟他人，索取公私财物，数额较大，或者多次实施上述行为的，以敲诈勒索罪定罪处罚。以营利为目的，通过信息网络有偿提供删除信息服务，或者明知是虚假信息而通过信息网络有偿提供发布信息等服务，扰乱市场秩序的，以非法经营罪定罪处罚。

《解释》自 2013 年 9 月 10 日起施行。

——《检察日报》，2013 年 9 月 10 日

第五节　媒介延伸人的各种器官

"世界上最远的距离不是生与死，而是我们坐在一起，你却在低头玩手机。"2015 年 4 月一部《低头人生》的视频短片在微博朋友圈快速流转。这部动画片以夸张的手法描绘了"低头族"的生活状态，以蝴蝶效应将整部短片的情节串联起来，片子的结局竟是低头族导致了世界的毁灭。《低头人生》以夸张的手法表述了手机对我们的重要性，它就像是我们身体的延伸。

一、媒介即人的延伸

我们前面说媒介是信息的载体，但是加拿大学者麦克卢汉说："媒介即信息。"这句论断备受争议，有人认为它体现了麦克卢汉天才般的洞察力，也有人说此话毫无逻辑。

麦克卢汉其实更强调媒介和人的关系，在麦克卢汉看来，任何媒介都不外乎人的感觉和感官的扩展或延伸。任何一种技术，只要它使人类思想、身体、感觉的任何延伸，它就是媒介。"我所谓的媒介是广义的媒介，包括任何使人体和感官延伸的技术，从衣服到电脑。"[1]比如文字和印刷媒介是人的视觉能力的延伸，广播是人的听觉能力的延伸，电视则是人的视觉、听觉和触觉能力的综合延伸。"一切技术都是肉体和神经系统增加力量和速度的延伸。而且，除非力量和速度有所增加，人体新的延伸是不会发生的，发生了也可能被抛弃。"[2]麦克卢汉曾经引用霍尔《无声的语言》中的一段话来表达他媒介即人体的延伸的思想：

---

① ［加］埃里克·麦克卢汉：《麦克卢汉精粹》，何道宽译，南京大学出版社 2000 年版，第 363 页。
② ［加］马歇尔·麦克卢汉：《理解媒介——论人的延伸》，何道宽译，商务印书馆 2000 年版，第 127 页。

"今天。人实际上已经完成了他一切身体功能的延伸。武器的演变开始于牙齿和拳头，以原子弹告终。衣服和房屋是人的生物学温度调控机制。家具使人不再以蹲的姿势席地而坐。电动工具、玻璃杯、电视、电话和书籍是实体延伸的例子。书籍使人的声音跨越时空。货币是延伸和储备劳动的方式。运输系统现在做的是过去当做腿脚和腰背完成的事情。实际上，一切人造的东西都可以当做过去用身体或身体一部分所行使的功能的延伸。"①

尽管媒介是人的延伸，但人类对于"器官、感官活跃功能的强化和放大"的浑然不觉。"无论什么时候发生这样的延伸，中枢神经系统似乎都要在受到影响的区域实行自我保护的麻痹机制，把它隔绝起来，使它麻醉，使它不知道正在发生的东西。我把这种独特的自我催眠形式叫做自恋式麻木。"②

麦克卢汉对媒介的独特定义源于他坚信的两个假设：一个是"我们成为我们自己视为的那样"；另一个是，我们塑造了我们的工具，然后这些工具又塑造了我们。因此，媒介是使事物发生的介质，而不是使人们意识到事情的介质。③ 这两个假设也告诉我们，麦克卢汉的"媒介即人的延伸"理论并不是严密的科学考察的结论，而是建立在"洞察"基础上的一种思辨性的推论。从媒介发展史角度而言，媒介都是在极力延伸受众的感觉和感官，来获取受众的喜爱，从而争取更多的市场以赢得生存。④ 比如手机等移动媒体平台结合了传统媒体的特性，又兼具灵活、便携，受众的感官被延伸到新的高度。

二、媒介延伸并非万能

媒介虽然延伸了我们的感官，但是媒介并非万能的。比如互联网延伸了我们极致的感官，使以信息为标志的生活方式深入社会生活的各个方面。我们利用它，静坐电脑前就能购买、品尝异国的美味；我们利用它，操控机器人排队购买苹果新款手机；我们利用它，近距离观望月球……在我们尽情享受器官延伸带来的前所未有的便利和丰富生活的同时，也在思维方法、价值观念、行为方式等方面受到了一些负面影响和冲击。比如网络依赖催生所谓"宅男"，足不出户不愿意跟真实的人群交流；学习恐惧和焦虑，以为各种信息均可以方便查询，没有必要去学习，最后也不懂怎么学习；迷恋暴力、过度追求刺激，分不清真实与虚拟世界，现实世界中充满暴戾之气。

男子玩网游被杀不爽　现实中打人发泄

来自九龙坡区公安分局的消息：一男子在网吧打游戏时，被游戏中的人物"杀"

---

① ［加］埃里克·麦克卢汉：《麦克卢汉精粹》，何道宽译，南京大学出版社 2000 年版，第 153 页。
② ［加］埃里克·麦克卢汉：《麦克卢汉精粹》，何道宽译，南京大学出版社 2000 年版，第 360 页。
③ 石义彬：《单向度超真实内爆——批判视野中的当代西方传播思想研究》，武汉大学出版社 2003 年版，第 186 页。
④ 李训：《初探现代传媒对人的延伸》，载《新闻知识》2011 年第 5 期。

了，心中充满怒气，没想到此时一名同样在网吧上网的网友正坐在对面哈哈大笑，男子怒气无处发泄，抓着对面的网友就开打。

3月16日晚上，九龙坡警方黄桷坪派出所接到群众报警求助，报警人李某称自己在网吧上网期间无缘无故就被坐在对面的男子打了。

民警接到报警后，赶到黄桷坪某网吧，报警人李某满脸是血，他身边是一个20岁左右的年轻男子，男子已经被网吧的工作人员控制，随即民警将两人和网吧工作人员带回派出所调查。

李某说，自己8点多到网吧上网，8点20左右，对面来了一个年龄20岁左右的男子，男子上网期间情绪激动，并且不停地咒骂，李某并没有在意，自己高兴地看起了综艺节目。但是8点50分左右，对面的男子突然站起来，使劲地摔了一下鼠标，然后就朝自己走过来，用拳头猛打自己的脸，自己当时被打蒙了，都没有想起来还手。

民警询问网吧工作人员，得到的答复和李某说的一致，在看到李某被打后，网吧工作人员立即前去帮忙，4个人用了将近2分钟才将打人男子控制，在监控录像的回放中，民警清楚地看到打人男子的打人行为。

在对打人男子秦某的询问中，民警得知，原来秦某近几个月一直沉迷网游，晚上8点过，他又来到网吧打网游，但是打了好几把都被对手秒杀，心情十分不爽，打游戏的过程中，起初是用饮料瓶撒气，但是觉得不解气后便将鼠标使劲摔在桌上，此时，他看到对面正在不停哈哈大笑的李某便十分不爽，愤然起身走到李某身边进行殴打，在其他群众和网吧工作人员劝解的过程中仍然不停手，一直到被4人按倒才停手。

目前案件还在进一步办理中。

——大渝网，2015年3月17日

美国学者曾经把这种长时间待在一个狭小的空间（如同待在蛋壳里一样）内、处于一种封闭式的视听媒介享受之中的状态称为"蛋壳文化"。1980年，中野牧在《现代人的信息行为》中，针对现代人的信息行为，形象地提出"容器人"的概念："那两个人构成一个世界。那个世界是孤立的。然而，那俨然上、下班车站里沿着同一方向、迈着相同步调、怀着类似的面目表情流动着的人群，由这样的相似状态形成的环境又相互连带着。在同一个环境中心安理得，孤立与连带巧妙地平衡着。两个人的世界如同一个容器，是孤独的、闭锁的。然而，全体把这一个个容器联结起来，构成一个分布状态。但是，在这两个人的世界里，只是容器的外壁结合、融洽，却留着将两人隔开的某种膜，正是介于这种膜中间的自我的、个体的结合，是现代人之间的关系的特征。"①

媒介技术飞速发展，正面效应和负面影响都在倍增。我们既要享受技术提升带来信息爆炸的便捷，又要避免被这便捷包裹为"容器人"。特别是"技术的影响不是发生在意见和

---

① 转引自沙莲香：《传播学——以人为主体的图像世界之谜》，中国人民大学出版社1990年版，第11页。

观念的层面，而是要坚定不移、不可抗拒地改变人的感觉比率和感知模式"①，我们每次面对新的传播技术时，个体认知和传播能力均应重新整合与提高。我们要掌握技术本身，使其真正成为我们的延伸，而不是被其吞噬。

◎ **思考题：**

　　1. 为什么说"媒介即按摩"？

　　2. 怎样理解"娱乐至死"？

　　3. 媒介如何为人生搭建桥梁？

　　4. 何谓"拟态社会"？

---

　　① ［加］马歇尔·麦克卢汉：《理解媒介——论人的延伸》，何道宽译，商务印书馆 2003 年版，第 46 页。

第九章　媒介对人生的负面影响

媒介的发展使信息传播的速度和广度都得到了前所有未有的拓展。信息更加公开透明、人们获取资讯更加便捷、人们的生活也因媒介的发展变得更加丰富多彩。但是，在媒介不断发展的同时，媒介的负面影响也日益明显。本章所要探讨的就是媒介对人带来的负面影响，在多媒体融合时代，媒介在不断发展的同时，更需要人的批判意识。

第一节　媒介信息过量使人不堪重负

媒介发达带来的最为直观的社会结果是信息绝对量的增加。根据美国学者 H. H. 弗莱德里克的推算，人类社会的信息量倍增的时间仅仅需要 18 个月至 5 年的时间。即使以 5 年为周期来计算，也意味着，在今后不到 70 年的时间内，人类积累的信息量将达到我们今天信息量的 100 万倍。信息量正在以指数函数的速度急剧增加，信息泛滥的同时带来了信息爆炸。汹涌而来的信息洪流使人无所适从，从浩如烟海的信息海洋中获取准确信息和自己需要的信息已经变得非常困难，信息泛滥让人在信息社会不堪重负。

一、信息过量的表现

信息过量，顾名思义就是信息量远远超过了人们的接受和承载能力。据日本《信息流通调查报告》估计，人类标准供给信息量每 10 年约增加 4 倍，而个人消费量几乎没有大的变化。如此日积月累，过剩的信息必然堆积如山，信息过量主要集中表现在以下几个方面。

1. 浅层次的信息泛滥

打开电脑，大量的信息涌入人们的眼球。在这些信息中，大量传播的都是浅层次的信息和垃圾信息。包括冗余信息、盗版信息、过时老化信息以及一些污秽信息等。这些信息污染了互联网中的信息源和信息环境，干扰了对信息的开发和利用。冗余信息即多余的、重复的、无价值的信息，包括期刊、书籍、互联网都有一些内容空洞、言之无物的东西。其中有的是剽窃、抄袭、拼凑之作，有的则是多次重复发布，成为人们信息处理的负担。盗版信息是指在未经版权所有人同意或授权的情况下，对其拥有著作权的作品、出版物等进行复制所形成的信息。过时老化信息，即失去时效、老化无用信息。由于科学技术飞速发展，知识更新速度不断加快，据统计，化学专业文献在出版后 8.1 年出现老化，化工文献经过 4.8 年就老化，地理学、地质学、植物学分别经过 16.0、11.8、10.0 年而变得老化。然而网络上依然存在大量老化的信息内容。污秽信息通常则指带有巫术、迷信、色情等内容的信息，还有无从证实的传闻、流言、诽谤等恶意传递的污垢信息。这些信息由于网络的广泛快速传播，而给社会带来消极负面的影响。2011年，一个以"小月月"为名的恶俗故事在网络中大热，"小月月"的恶俗言行也被"膜拜"。此类网络红人的走红再次对人们的信仰和价值观带来冲击，而类似的网络信息比比皆是。他们的丑恶形态及言语给了受众一个不良导向，给人们带来潜移默化的消极影响。

2. 网络的"泛娱乐化"现象带来的娱乐信息泛滥，内容浅薄低俗

如今中国互联网到处充满着娱乐的味道，这是一个全民娱乐的时代。据调查，目前国内绝大多数网民上网活动比较单一，互联网在他们手中成为一种接发信息、恶搞、沉溺游戏的工具，网络使用"泛娱乐化"现象堪忧。大多数网民不管在上网的层次还是网络应用上还依然呈现出以娱乐为主的特征。泛娱乐化突出地体现在以下两个方面：

第一，在网络应用上。据2014年第34次中国互联网发展统计报告显示，即时通信、网络音乐、网络游戏、网络视频几个主要以娱乐为主的网络应用排在各类网络使用率的前5位。而且24岁以下的网民比例超过所有网民数量的一半。由于这一年龄段网民网络消费多以娱乐为主，一定程度上导致网络使用过于简单，降低了互联网的利用效率。因此，国内娱乐互联网的发展遥遥领先于商务网及政务网、企业网。实际上，在娱乐之外，网络使用空间十分广阔。被誉为"互联网之父"的美国 Vinton 博士认为，中国互联网的未来不是 Web 2.0，不是视频，也不是其他什么让人眼花缭乱的技术或者概念，真正的未来在于互联网由娱乐的转向商务的，由娱乐消费品变成生活必需品。

第二，网络娱乐化现象。网络上一切信息皆可娱乐化，都可以成为网民们娱乐的谈资。首先，新闻报道形式可以娱乐化，一些商业门户网站，采用的新闻报道形式多种多样，有做 Flash 戏说新闻的，有手机拍摄视频的，有专门请些"名人"、"专家"做客网站直播的……无论何种形式，其特点都在于一个词——"娱乐化"，即怎么娱乐怎么说，怎么吸引人怎么报。娱乐的目的也多元化：为了点击率，也就是直接与收益画等号；为了出名，爆他人隐私或者制造新闻等。《新闻联播》主持人罗京去世，一些采编人员手持"娱乐频道"的话筒采访送行群众；在播报这一则新闻时采用特大娱乐播报标题，并在视频下方滚动出现销售广告或者网游广告；甚至有网站在这则消息的页面上居然链接着某国外播音员的艳照写真……对这样的网络新闻，是否应将其归为娱乐新闻？新闻娱乐化是否应该有个度？

其次，网络新闻标题的娱乐化。在新闻标题中突出趣味性、悬念性等要素，这本是新闻标题制作中吸引受众注意的标题制作技巧。然而，很多网络新闻为了吸引眼球、提高点击率，将趣味、悬念无限放大，形成了一批标题与内容两张皮的"标题党"；也有一些新闻标题以低俗吸引受众，特别是社会新闻、娱乐新闻和体育新闻板块更是比比皆是。如以下一些新闻：《"天上人间"歇业　十万小姐离京？》《马琳与神秘刺青女子约会，再陷感情纠葛》《比赛变味失规则，北大清华百年赛艇赛"十岁夭折"》……此外，网络信息内容低俗浅薄的现象也十分明显，大量媚俗、猎奇的内容充斥网络。

娱乐本身并没有错，甚至功不可没。问题在于，过度娱乐化浮躁了互联网产业环境、压抑了创新。互联网用户的时间是有限的，用户亦是可以一定程度上被引导的。当消费习惯逐渐倾向于娱乐型，商家们当然愿意提供更多的供给，于是娱乐化日趋严重。一切都跟娱乐扯上关系，投入到"有用性"创新的资源自然减少。

二、信息过量的影响

信息的巨量生产和高速传播，使得信息出现了信息爆炸的现象，而过量的信息又使得人不堪重负。主要反映在以下几个方面：

1. 大量冗余信息带来信息焦虑

信息是无形的财富，但每个人或结构的信息负载量是有一定限度的，当人们接受的信息超过其所能消化的信息量时，往往会患上"信息超载焦虑症"。正如物质财富的巨大诱惑常常会让人沉溺其中不能自拔一样，过分膨胀的信息资源有时也会变成一种过重的心理负担。信息焦虑是现代人特有的心理压力之一。所谓信息焦虑症，是由于人们吸收过多信息、给大脑造成负担形成的。人如果在短时间内接受过多繁杂信息，大脑中枢来不及分解消化，便会造成一系列的自我强迫和紧张，被称为"信息焦虑症"。

当今时代，信息焦虑症成为一种"时尚病"。一些被人们称为"网络综合征"、"手机强迫症"等时代感很强的精神疾病，实际上都是过量信息作用于人的一种焦虑心理反应。患有信息焦虑症的现代人每天将大量时间花在上网浏览信息，看报纸、杂志上，一旦家中或单位出现网络堵塞、电视断电、电子读物无法打开等现象，他们就会感觉极其不适应，变得焦虑不安、心情浮躁、总担心漏掉重要的信息和新闻，害怕给工作带来负面影响，并引发精神、生理上的反应，出现失眠、头痛、食欲下降、恶心呕吐等症状。

面对信息过量带来的信息焦虑，现代人应该有相应的自觉，增强相应的媒介素养。在这个越来越少人看书的时代，多读书写作，重拾墨香，或许是帮助现代人走出媒介依存症以及信息焦虑的有效方法。

2. 信息过量带来信息利用成本的增加

信息本来是用以消除不确定性的，但过量的信息却增加了人们的不确定性和不安全感。而且，浩瀚的网络信息似乎无所不有、无所不包，但是随着信息量的急剧膨胀，相同信息的大量重复，相似信息的鱼目混珠，以及同一主题信息的矛盾解读，导致很多信息有用却无法用。由于信息量太大，身处信息的海洋却找不到自己所需要的信息，致使社会信息吸收利用率反而下降。在网络信息技术十分发达的美国和日本，近年来的信息吸收率仅为 10%。

随着大量信息在信息通道中的拥堵，人们在网络中搜索有用信息耗费的人力物力财力明显增加，网络信息使用的边际成本增加，而信息的可信度降低，这就使信息利用的单位成本加大。因此，信息过量也给人类经济社会发展也带来巨大损失。

为了减少信息过量带来的信息利用成本的增加，不仅需要建立和完善信息政策法规、塑造良好的媒介信息环境，而且要不断进行信息过滤，精选信息渠道，减轻认知负担。当然，从主观上更需要人们提高自身的信息素养。

3. 信息过量带来"互联网肥胖症"

信息过量不仅带来信息超载以及信息焦虑的心理疾病，而且也导致了新型的"互联网肥胖症"。"互联网肥胖症"主要指的是网络上有过多的信息、数据、媒体可供人们享用。有"太多太便宜太美味太过丰腴"的数字美食摆在人们眼前。然而，我们意识到的只是皮毛。网上的好友越来越多，信息提供商每天发布信息，你的注意点从电脑转移到平板，从平板转移到手机，现在又转移到智能手表，用这些平台你每天可以收到比以前更多的新闻，可以有更大的音乐库、更多的好看电影，买到更多性能更强、更便宜的移动设备，看上去你完全接入了社交网络。"网虫"们就像大多数人在自助餐厅做的一样——能吃多少吃多少。然而，信息的获取更自由便捷，是否意味着我们随时都要消费信息？我们真的需要用手机 APP 来告诉我们商店的音乐柜台在哪里？真的需要把我们今天吃了什么上传到社交网站？

信息会以指数级数发展，人类接受的信息将更全面、更深入更快捷。如果找不出方法处理持续汹涌而来的科技可能性，总有一天人类会成为"数字肥胖"的奴隶，或者，成为我们制造的机器的一部分。实际上，和食物一样，我们迫切需要在面对过量的信息和媒体大餐时找到自己的饮食平衡点，我们需要决定要"吃"什么样的信息，怎么去"吃"这些信息，什么时候该"少吃点"。

4. 信息过量使人们信息接受速度变慢

互联网、移动电话、电视和其他电子产品里，都源源不断涌现出新鲜事物，科学家估计，如今人们希望大脑一天之中可以尽量去处理完的信息量，相当于 100 年前，我们的曾祖母整整一个星期收到的信息量。"当不同信息同时涌现在记忆中，人们会无法筛选出与当前目标不相关的信息，甚至还会禁不住去思考那些尚未开始做的事情，于是会出现顾此失彼。"美国斯坦福大学教授埃亚勒·奥斐致力于这方面的研究，他说："一切都分散着人们的注意力。当人们始终在接受眼前的所有信息时，他们就难以令头脑中已存储的信息保持独立。"另一位科学家安东尼·瓦格纳也说："无法过滤信息，意味着会受到无关信息的影响，导致处理信息速度变慢。"当每天巨量信息扑面而来，置身于信息洪水中的受众，想寻找有用信息已经变得困难。正如《大趋势》的作者奈斯比特所说："我们被信息淹没，但却渴求着知识。"渴求知识需要我们重拾墨香、多读书、不断学习，也需要我们不断增强自身的媒介素养、分辨信息的真伪、搜寻有效利用信息，追求信息传播的生态平衡。①

第二节　媒介报道失实误导人生

真实是新闻的生命，坚持新闻真实性是新闻工作的基本要求，也是最高要求，新闻必须真实，媒介报道必须真实。然而，在实际的媒介报道中，新闻失实的现象却也一直屡禁不止。媒介报道失实影响了社会的和谐发展，损害了新闻媒体自身的公信力，并且也给人带来了危害，甚至误导人生。

1. 媒介失实报道侵害他人权益

当前我国的改革进一步深化，在现代化发展的过程中，"一切向钱看"等拜金思想也对新闻工作者带来了影响。少数新闻工作者在市场经济的大潮中迷失了方向，坠入"一切向钱看"的泥潭，以稿谋私、稿钱交易。正所谓"吃了人家的嘴软，拿了人家的手软"，自己手中本该是为党为人民立言请命的神圣之笔，成为替某些老板大款、大腕甚至是罪犯吹捧张目的工具，失实乃至虚假新闻便由此产生。

---

① 独素客：《"一心多用"只会让我们损失更多》，载《羊城晚报》，2011 年 9 月 27 日。

2013 年 10 月 18 日，广州《新快报》记者陈永洲以涉嫌损害企业商誉的罪名被长沙市警方抓获。身处湖南长沙第一看守所的犯罪嫌疑人陈永洲向办案民警坦承，为显示自己有能耐、获取更多名利，其受人指使，根据他人提供的现成资料，在未经核实也未对中联重科进行调查采访的情况下，按照自己的主观臆断，编造中联重科存在国有资产流失、畸形营销、销售和财务造假等问题，在《新快报》连续发表署名文章 10 余篇，被互联网大量转载，致使中联重科声誉严重受损，导致广大股民损失惨重，造成了严重的社会影响。类似的失实报道在媒体中屡见不鲜，不仅侵害了报道对象的权益，而且也带来了消极的社会影响。

2. 媒介失实报道对公众造成精神损害

公众阅读新闻、接受新闻是为了满足认知世界和获得知识的欲望，通过阅读新闻，公众在一定程度上满足了知情权以及好奇心，因此，接受新闻是公众精神生活的组成部分。公众在接受新闻的时候，一般不追问"真有此事吗？"这里就潜藏着一个约定：对新闻的接受只信其有，这表明了公众对传统媒体公信力的认可。这一点和文艺作品正好相反，人们接受文艺作品的约定是：宁信其无。明知那是虚构和编造出来的东西，却当做真有那么回事去接受，并付出自己的情感，为之激动，为之流泪。面对公众的精神需求和渴望，新闻媒体如果出现失实报道，对公众来说岂不是一种精神损害吗？因此，是对公众不负责的行为，也是欺骗和愚弄公众的行为，无疑是对职业道德的一种违背。

2013 年 3 月 25 日，中国新闻网刊发中国新闻社广东分社记者的报道《深圳 90 后女孩当街给残疾乞丐喂饭感动路人》。报道称，在深圳打工的"90 后"某女孩单膝跪地给残疾乞丐喂饭，并配发了新闻图片。新闻一经报道，纷纷得到其他媒体转载，公众为女孩的善良和爱所感动，并把女孩称为"最美打工女孩"。然而经调查，该报道与事实严重不符。原来中国新闻社记者收到"深圳 90 后女孩喂乞丐"的社会来稿后，未深入采访核实就将稿件和图片编发后上传至中国新闻网，并署名记者采写、摄影，加上编辑审核和把关不严，致使虚假报道在网站刊发，不仅造成不良社会影响，而且更重要的是，报道也欺骗和愚弄了公众，利用人们对爱和善的认可博取人们的同情和点击率。这对公众而言实际上是一种精神损害。

3. 媒介报道失实影响社会和谐

媒介的事实报道，特别是对某些人或行业的失实报道容易带来公众对某些人或某些行业形成刻板印象，进而影响到公众对他们的真实判断，因而也给一些人或行业带来伤害。近日一则《中国医师协会因产妇事件首次投诉记者报道失实》的消息引起了业内人士的广泛关注。这也是全国首例中国医师协会投诉记者案。2014 年 8 月 10 日，湖南省湘潭县妇幼保健院发生一起产妇死亡事件。12 日，有媒体最先对此事进行了报道，文章中称，"妻子赤身裸体躺在手术台满口鲜血，眼睛里还含着泪水，而可却再没有了呼吸，而本应该在抢救的医生和护士却全体失踪了"。报道一出，舆论哗然，纷纷指责医院草菅人命。不过，很快有诸多医务专业人士在网络上表示质疑，并介绍羊水栓塞的高死亡率。13 日，湘潭当地卫生局官微发布消息：产妇羊水栓塞，引发多器官功能衰竭，全力抢救无效死亡。此后，更多的事实被报道出来，舆论发生"反转"，愤怒的网友回归理性，纷纷开始反思。

显然，这是一则失实新闻报道，究其原因与记者缺乏深度调查，偏听偏信而带来的对事实真相的了解不全有密切的关联，更与记者对医生以及医院存在的刻板印象息息相关。在类似以上案例的涉医"问题性报道"中，有个别案例性质恶劣，一些记者极端不负责任，混淆事实，歪曲真相，恶意撕裂医患关系。而且乐此不疲。这对紧张的医患关系无疑雪上加霜，既使医患关系进一步恶化，又伤害了医生群体，而根本上也是对民众利益的伤害。因此，在医患关系紧张的当下，媒体如何才能更加理性地看待医患纠纷，通过新闻报道化解医患之间的恶意揣测，而不是制造话题，刻意煽情，加深民众对医生的误读。这需要记者坚守马克思主义新闻观，坚持实事求是的报道原则。

类似以上失实报道在现实的新闻报道中不是个案。由于媒体信息传播范围的广度和时间的及时，使得信息会在短时期内得以迅速传播，并带来深远的影响。因此，媒介报道中长期的失实报道也将对社会的和谐带来影响和伤害。

媒介失实报道屡禁不止，虚假新闻层出不穷，不仅误导受众、侵害受众权益而直接可能因新闻侵权引发新闻官司；而且也对受众的精神带来损害、影响社会的和谐发展。此外，媒介失实报道也损害了新闻工作者和媒体的良好社会形象，降低了媒体的威信，并且也间接导致了执政党和政府公信力的降低。作为新闻工作者和新闻媒体，只有遵循马克思主义新闻观，如实客观地报道事实，真实地反映现实生活，充分地满足人民大众获取各种真实新闻信息的需要，才能得到人民的认可和欢迎，才能体现自己生存的价值和意义。

第三节　媒介需要人的批判意识

媒介对人生、对社会都有着重要的影响。在媒介信息每天以几何倍数不断增长的今天，过量的信息也使人不堪重负，而一些失实的媒介报道又对社会带来不良影响，且误导人生。在这样的媒介发展现状下，更需要受众不断提升自己的媒介素养，在鱼龙混杂的信息中分辨信息的真伪，在参差不齐的信息中有效选择自己真正需要的信息，在信息爆炸的信息环境中逃离信息的污染。受众媒介素养的提升离不开受众批判思维的培养，因此，在媒介化的生存环境里，受众更需要具有批判意识。

批判性思维是对当前的、他人的以及自己的行为和观点进行合理、深入地反思和评价，并能提出新想法的思维活动过程。它包括批判意识(也称批判性精神)和批判性技能两方面内容。以下将从批判意识的角度来分析受众媒介素养的提升。

首先，批判意识至少应该包括思维的开放性和独立性、较强的自信心、好奇心和探究欲、坚定的信念以及对他人的尊重等。因此，即使面对鱼龙混杂的信息环境，受众应该依然保有最基本的好奇心和探究欲，有了解事实真相的强烈愿望。并且，对媒介报道不能持有刻板印象，以免"先入为主"而影响对事实的判断。

其次，媒介批判意识中主张的"批判的思考"，强调受众不仅应对从媒介获得的信息进行客观的分析、能够"识字解读"，而且还要有公正批评、评判的能力，即以培养批判性为主要目的独立思考的能力和习惯。受众在对媒介进行批评解读之前，首先要能够质疑自己，质疑自己的情感、态度和先入之见。这样才能对媒介信息内容有自己独立和客观的解读。在这个基础上，加强人们对各种传播主体以及传播模式的认识，理解信息、媒介与人的关系，理解对媒介语传播产生影响的各种因素，最终才能使受众更具判断力和批判精神。

再次，更进一步说，批判意识在更深层次上又与公民身份意识联系在一起。因为，能够质疑媒介的必然是"具有批判精神的公民"。为了能够作为一个公民而行动，人们必须能够将自己视为公民，在主观上认为自己包含了这一社会范畴可能涉及的各种属性。在一定程度而言，受众批评者身份的认同来自于公民身份认同。在当前的信息环境中虽然各种信息每天充斥着人们的眼球，但要想使受众对信息具有质疑，一个最基本的条件就是要有足够多的渠道，受众能看到许多不同的信息。以此来关照我们当前的信息传播环境，渠道还不够多，媒介新闻报道大多也是千篇一律。长此以往，自然会影响受众的批判意识。因此，受众批判意识的逐渐养成更需媒介信息传播中多种声音的表达。

最后，媒介批判意识还要有"学会同他人交流"的主张。同他人交流强调的不仅是互相了解的过程，同时也是消除偏见的过程。这就要求受众在批判性思考的时候，思想要具有开放性，在与他人进行交流与探讨的过程中，既要敢于主动发表自己的观点，又要善于倾听和采纳别人不同的意见，这样既避免了对信息的不加选择的全盘接受，又避免了对别人的观点的全盘否定，从而在交流的过程中使认识和批判性思维得到提高和深化。

作为媒介而言，需要有质疑的能力，质疑所看到的表象，努力为受众呈现事实的真相。对于媒介受众同样如此，他们必须学会如何更好地信任，也必须学会如何更理智地怀疑。总而言之，媒介社会中受众学会成为批评者，这不仅有益于受众的自我认同与自我实现，也有利于新闻媒介的健康发展以及和谐、民主社会环境的建构。

媒介即信息，媒介也是生产力。在日益媒介化的今天，媒介对人们的积极推动作用毋庸置疑，但媒介不断发展而带来的对社会、对人的负面影响也不容忽视。因此，媒介的发展更需要人的批判意识。

相关链接：2013 年十大假新闻

美国资深新闻工作者比尔·科瓦奇和汤姆·罗森斯蒂尔在《新闻的十大基本原则》中提出了新闻业和公众期待的"十大原则"，其中首要的原则就是：新闻工作首先要对真实负责。真实性是媒体从业者的职业底线，也是传媒业的共业。但恰恰是真实性，却成了新闻业的"阿喀琉斯之踵"，它似乎成了新闻行业的宿命。虚假新闻虽然成了过街老鼠，人人喊打，但还是屡禁不止。以下将 2013 年《新闻记者》杂志评选的十大假新闻做一个简要链接。

案例一："深圳最美女孩"给街边乞丐老人喂饭

【刊播媒体】中国新闻网

【刊播时间】2013 年 3 月 25 日

【新　　闻】3 月 25 日，中国新闻网刊发了一则《深圳 90 后女孩当街给残疾乞丐喂饭感动路人》的新闻。报道称，在深圳打工的"90 后"某女孩单膝跪地给残疾乞丐喂饭。在配图照片中，一名身穿粉红格子衬衫、扎着马尾辫的女孩单膝跪地，在给一位患有残疾的老人喂盒饭。女孩是湖南新化人，出生于 1991 年，目前正在深圳打工。3 月 24 日下班回家路上，女孩看到老人盯着快餐店里的盒饭后便掏钱为老人买来了盒饭，然后亲自喂饭。

【真 相】这则名为"深圳90后女孩给残疾乞丐喂饭"的图片报道在各大新闻网站与微博上疯转，众多网友为女孩竖起大拇指，称赞此举是社会正能量。但很快就有网友指出新闻是策划团体炒作。经深圳媒体证实，整个行为其实是某商业展的炒作。附近一位目睹拍摄过程的报刊亭老板称，女孩只喂了几口饭，便随拍照的男子离开。此后，策划者出面致歉，承认照片是摆拍。首发媒体中国新闻网也表示歉意，中国新闻社称已对当事记者、网站当日值班责任人等做出了处理。

案例二：长春老人菜市场晕倒178人无视跨过，仅有1人施救

【刊播媒体】《新文化报》

【刊播时间】2013年4月7日

【新 闻】据《新文化报》报道，2013年4月5日，在长春市财神大厦2楼的市场里，一位老人突发脑梗塞摔倒在地，一名商户见状拨打了120电话，但在这期间却有52人陆续从老人身上跨过，大多面容平静。约5分钟后，一名路过的"白衣女子"守在老人身边，守护并安慰老人，直到急救人员赶到才离开。而这段时间里，又有126人从老人身上跨过。整个过程中，共有178人从老人身上跨过，只有白衣女子一人帮忙看护老人。178∶1，《新文化报》以《长春老人因脑梗塞摔倒 白衣女子坚守救护》为题，报道了市场监控录像记录下的"这冷漠和温暖交织的一幕"。

【真 相】178∶1的巨大反差，引发大量网民议论，甚至得出"世风日下、人情冷漠、道德沦丧"的结论。但《工人日报》、新华网等媒体针对《新文化报》的报道进行调查发现，这段视频是事发现场的监控画面经过加速、剪辑处理之后被人放到网上的，并不是真实情况的反映。据其他媒体追踪报道：在老人晕倒后，第一时间拨打了120电话的菜市场业户杨先生告诉记者："有好心人要扶，当时我告诉别扶，这时扶容易脑出血。还有人要拨打120，我告诉他们已经打完了。"而据财神大厦负责物业管理的王经理介绍，老人摔倒的地方，是一条重要通道，不足两米宽，因为人特别多，有人就从老人腿上"迈"了过去。"跨过和迈过，一字之差，谬之千里。"王经理特意说明，多数路人都关切地询问老人的伤势，直到那位看似有一定医疗经验的白衣女子出现。

市场工作人员张岩还介绍说："老人摔倒那天我正在值班，当我赶到现场时，已经有商户第一时间向120求援了，很多热心路人都说不要触碰老人，怕对老人'二次伤害'，个别人还在维持现场秩序，让行人不要围观、避开老人、小心通过。"

4月9日，《新文化报》以《老人脑梗摔倒后看正能量如何传递》为题，委婉地为本报之前的报道纠偏，其中说道："在老人摔倒到急救人员赶到的12分钟里，我们需要感谢很多人，感谢'白衣女子'的真情守护，感谢卖蘑菇的老杨拨打120急救电话，感谢菜摊老板挪摊位腾出空间，感谢众多路过的好心人对老人关切地询问……"

案例三：温州乞丐流浪9年回家获700万拆迁补偿

【刊播媒体】《信息日报》

【刊播时间】2013年4月7日

【新　　闻】4月7日，江西《信息日报》刊发该报记者的报道《流浪9年回家瞬间变"富翁"》。报道称，2004年7月，家境贫寒的温州男子朱景从家里出发，像全国各地的温州人一样，远离家门闯荡自己的事业。因为连连亏本，朱景9年来风餐露宿乞讨流浪，甚至染上了严重的肺结核。今年3月27日，经过50天的治疗后，萍乡救助站将病情好转的朱景送回家乡浙江温州。悲喜交集中，哥哥朱忠告诉失踪9年的弟弟，前几年家乡搞城中村开发，他已获得700余万元的土地补偿金。

【真　　相】4月8日，《现代金报》刊发报道称"这是一起假新闻，与事实严重不符"。报道称，该男子并不叫朱景，而是叫朱景修，家住平阳县昆阳镇后垟村。在朱景修离家前后，老家的房子没有任何变化，离家期间也未有征地和拆迁。传言朱景修外出做生意，生意失败后无颜面对家人，于是开始了流浪。实际上，他当时是因赌气离家出走的。这9年来，他开过出租车、当过保安，进过黑砖窑也挖过煤。直到2010年，他才因肺结核病重而开始行乞。

案例四：斯诺登爆料美国登月造假

【刊播媒体】《新晚报》《北京晚报》

【刊播时间】2013年8月3日、8月9日

【新　　闻】2013年8月3日，《新晚报》在第B05版刊发报道《斯诺登：俄才是首个探月国家》称：被"困"在莫斯科机场数周之久的美国前情报机构雇员斯诺登，获得俄罗斯政府发给的入境许可证，于2日进入俄罗斯境内。斯诺登获得"自由"后第一时间通过推特发布信息："我相信是俄罗斯首先探索的月球。"此前有英国媒体透露，斯诺登手中掌握有揭露美国1969年登月是造假的机密文件。

8月9日，《北京晚报》也刊发报道《美登月造假》，言之凿凿地认定美国登月为造假，配发的图片直接写明"鉴定书：美登月造假；鉴定人：斯诺登"，其新闻依据也是斯诺登发布的推特："我相信是俄罗斯首先探索的月球。"《北京晚报》的报道引发各家网站、报纸、电视新闻节目的新一轮大规模转发，包括新华网、人民网、光明网、中国新闻网、CCTV"东方时空"节目在内的诸多主流媒体都被卷入其中。

【真　　相】就在《新晚报》的报道刊发后，2013年8月7日，看看新闻网发表文章《爱德华·斯诺登真的能证明美国1969年登月是造假吗？凤凰编辑新闻来源搞错？》，文中使用多个来源的信息表明，斯诺登根本没有说过俄罗斯是第一个登上月球的话。报道的关键信息来源是斯诺登的推特账号，但经过查证，所谓斯诺登的推特账号是"Edward Snowden @ EJosephSnowden"，其实国外早有人指出，"Edward Snowden @ EJosephSnowden"账号其实是国外一家以讽刺时政、强调网络自由权益网站Internet Chronicle的写手注册的，早在2011年就开始发布内容。该写手正是在斯诺登事件发生后，趁机炒作一把，于是迅速在推特弄了一个接近斯诺登英文本名的名字，来发布一些以符合斯诺登口吻的话。这名写手还在他们网站的博客里写了一篇名为《成为爱德华·斯诺登》的文章，详细描述了自己为什么要捏造这样一个账号，其目的是为了讽刺性和娱乐性，为了发表不同的政见，为了网络信息的自由。除了这个账号，twitter上还有其他类似的用斯诺登头像或名字的且很具有迷惑性的账号。

8月12日，《北京青年报》也刊发《"登月造假"推文被疑非斯诺登发布》的报道说：事实上，推特"@EJosephSnowden"很早就被质疑并非是斯诺登本人的账号。除了一个躲避美国情报系统追踪的人不应该在网上自曝行踪外，美国点击率排名前20的"About. com"网站还曾专门撰文从技术角度分析为何该账户并非斯诺登本人。此外，该账户公开称奥巴马为"白痴"、"娘娘腔"等，也被指与其本人风格不相符。

2013年11月8日，人民网援引俄罗斯媒体报道称，斯诺登的律师库切连纳证实，斯诺登未在推特网站注册账号，因此，之前关于斯诺登开通推特的报道均属不实信息。

案例五：亚马逊创始人无收购《华盛顿邮报》意愿　系点错鼠标

【刊播媒体】《法制晚报》等

【刊播时间】2013年8月7日

【新　　闻】8月7日，《法制晚报》等援引6日"纽约客"专栏内容，发布题为"亚马逊创始人称收购《华盛顿邮报》非本意　系点错鼠标"的报道。文中称，亚马逊创始人贝索斯收购《华盛顿邮报》是个美丽的错误，只是在刷邮报网页时手抖点错鼠标买下来的。新华网、人民网等部分国内主流媒体也纷纷转载该文。

【真　　相】事实上，这篇文章发表于美国谐星和作家安迪·鲍罗威茨在《纽约客》的专栏"鲍罗威茨报告"。这个专栏就和洋葱新闻网一样，致力于打造优质假新闻(即讽刺性新闻)。鲍罗威茨从20世纪90年代开始写"鲍罗威茨报告"，并很快因此成为备受瞩目的政治讽刺作家，每日野兽网站更称其为"美国讽刺之王"。

案例六：村支书性侵村民留守妻子：村里一半都是我的娃

【刊播媒体】《南风窗》

【刊播时间】2013年8月28日

【新　　闻】8月28日，《南风窗》刊发报道《村官腐败透视》。开头就有这样一段话："这个村，有一半都是我的娃。"在三门峡市西南方，距离市区90公里左右的一个小村里，村支书张大万(化名)笑嘻嘻地对市里来的驻村工作队员说。本村的青壮劳力都外出打工去了，他们的留守妻子竟然成为张支书的猎艳对象。但农民们对村干部普遍和最大的愤怒，并非来自男女作风甚至性侵方面。他们最在意的，是自己和集体的财产受到了村干部的不法侵占……

9月2日，这篇报道被网络媒体以"村支书性侵村民留守妻子：村里一半都是我的娃"为题大量转载。

【真　　相】9月3日晚，河南省三门峡市委新闻发言人发布情况说明，称已联系到原文作者，请求提供案情线索，但作者以"遵循新闻工作职业道德，为信源保密"为由拒绝。三门峡市公安局也通过微博请求杂志或作者提供具体线索，以便尽快破案。后经该市有关部门调查，发现文中反映的问题要么与事实不符，要么移花接木或以偏概全，要么混淆时空概念。

9月7日晚，《南风窗》杂志社致函三门峡市委宣传部，承认该刊今年第18期报道《村官腐败透视》一文存在问题，并向广大读者致歉，称："本刊第18期文章《村官腐败透视》一文，存在采访不够深入、把关不严的问题，其中提及村支书称'这个村，有一半都是我的娃'，把这句私底下吹牛的话写入文章，造成了不良影响，特向广大读者致歉。"

案例七：丈母娘婚宴送宾利

【刊播媒体】《金陵晚报》

【刊播时间】2013年10月4日

【新　　闻】2013年10月4日，《金陵晚报》刊发报道《丈母娘婚宴上送400万元宾利轿车》称：一对新人在马鞍山太白大道上一家很气派的大酒店举行婚宴，婚宴价格5888元/桌，婚宴上，丈母娘当场宣布，赠给女婿一辆价值400万元左右的宾利牌轿车。获赠的女婿"居然扑通一声当众跪下，向丈母娘保证一辈子不辜负她女儿，一辈子孝顺双方父母，将丈母娘感动得也在台上流泪，还一个劲说'好儿子，快起来'"。

10月5日，《金陵晚报》又刊出后续报道《赠豪车丈母娘作出回应　知情人披露另一细节　单身汉婚宴上受刺激竟咆哮父母》称：婚宴当晚，一年轻男性宾客看到丈母娘送豪车一幕，竟在众目睽睽之下咆哮父母"没百万生我干吗"。

【真　　相】新闻引起极大关注后，多家媒体对这两则新闻进行了一系列调查，经过现场调查、采访原发新闻的两名作者，证实这两条引人关注的新闻确是不折不扣的虚假报道。10月8日，《新安晚报》刊发报道《丈母娘送宾利？时间地点人物对不上》，文中称：一位网名叫"名字被占用"的网友2号在论坛发了一条帖子，说一朋友结婚，丈母娘送了辆宾利欧陆，但朋友不是马鞍山的，后来他怕受到影响，删除了。结果4号凌晨，马鞍山本地也出现了这个新闻……《新安晚报》记者还赶到马鞍山市太白大道，这条路上的中高档酒店均否认在10月3日晚接待过5888元/桌的婚宴，也否认酒店内发生过"丈母娘送宾利"的事。

最终，参与采写稿件的通讯员承认采访不扎实，说写这个新闻有瑕疵，打了擦边球。他表示，一位爆料人在和几位朋友聚会时，听说马鞍山一些青年人结婚，婚礼搞得很气派，有丈母娘送车送房。爆料人就把这事告诉了崔某某。两天后，崔某某在马鞍山一家论坛上看到一条"丈母娘婚宴送豪车"的帖子，以为是发生在马鞍山的新闻，就和南京这家报纸的记者取得联系，两人向马鞍山一家酒店了解情况。崔某某说，他们在向这家酒店求证时，对方服务员模棱两可，既没有肯定也没有否定，两人就写成了"丈母娘婚宴送宾利豪车"的新闻。

案例八：老汉约女网友开房却是儿媳

【刊播媒体】《黑龙江晨报》

【刊播时间】2013年10月24日

【新　　闻】2013年10月24日，《黑龙江晨报》刊载《老汉旅店见网友，一开门傻了——"跟我开房的咋是儿媳妇"》的新闻。报道称，当月22日，在穆棱市发生了一件令人啼笑皆非的荒唐事，57岁的王老汉上网结识了女网友"寂寞的花草"，双方因互传旁人照片产生暧昧，相约酒店见面，没想到女网友竟然是他的儿媳妇。提前回家的"儿子"尾随妻子看见这一幕大打出手。原报道还附有"儿媳"背影照片及"儿子"在警局接受调查的现场图片。这则"奇闻"一时间迅速引起媒体关注和网友热议。

【真　相】10月25日，《黑龙江晨报》在5版刊发道歉信，承认此报道为假新闻。致歉信提到，此案是穆棱电视台记者韦洪基杜撰的一则假消息。媒体虽要求韦洪基协助拍摄案件当事人照片，但没有深入当地详细采访。

案例九：2014年放假安排

【刊播媒体】"@财经网"等媒体官微、财经网等媒体网站、网易等新闻客户端

【刊播时间】2013年11月13日

【新　闻】2013年11月13日傍晚起，多家媒体新闻客户端以及官方微博纷纷发布据称来自中国政府网的"2014年放假安排时间表"的消息。按照这条放假消息，2014年元旦放5天，春节放9天，元宵节放假2天，清明节放假3天，劳动节放假5天，端午节放假3天，中秋节放假3天，国庆节放假9天。这一方案中含有多个长假，瞬间引发网络"疯转"。

【真　相】11月13日22点21分，新华网新浪和腾讯微博发布辟谣消息称，记者核实得知，中国政府网目前并未发布过"2014年放假安排时间表"，按往年的做法，放假安排时间表要到12月份发布。12月11日，官方正式发布2014年放假安排时间表。

实际上，从10月份起在网上流传的这一放假版本源于网民自制，而且其中故意留下"新闻发言人胡周称"之类明显恶搞的破绽，但还是被网络媒体转载后当成新闻。

案例十：外国小伙扶摔倒中年女子疑遭讹诈

【刊播媒体】国际在线，"@人民日报"等各大媒体官微、新闻客户端、新闻网站

【刊播时间】2013年12月3日

【新　闻】12月3日早上5点多，由中国国际广播电台主办的中央重点新闻网站"国际在线"发布了一组"老外街头扶摔倒大妈遭讹"的图片，图中大妈一脸痛苦，外国小伙一脸无辜。报道称，一名东北口音女子在经过一个骑车老外旁边时突然摔倒，随即瘫软倒地不起。外国小伙下车急忙搀扶女子，却被女子一把揪住，自称被老外撞到腿部受伤无法行走，需要该老外负责。外国小伙大惊失色，却被女子死死拖住。最后双方在调解下，外国小伙不得不给付1800元"医药费"，女子方才作罢自行离开。

《人民日报》官方微博当天7点48分转载了此组图片。随后，这条新闻被广泛传播。凤凰网联系到了图片拍摄者李先生，据他介绍，12月2日上午10时30分许，他驾车路过北京朝阳区香河园路与左家庄东街路口时，看到一名四五十岁的女子摔倒在路上，一名外国男子将其扶至路边，两人发生拉扯。凤凰网记者还联系到了外国男子的女友王女士，她证实，经检查女子有轻微的皮外伤。稿件还证实，支付1800元

是在警方的调解之下达成的。

【真　相】事情很快发生了逆转。12 月 3 日 12 点 35 分新　京报网的报道《目击者："老外扶摔倒大妈遭讹"与事实不符》提供了进一步的细节。记者走访事发地点，采访到两位目击者，证实大妈并非"碰瓷"，当时老外骑一黑色无牌摩托，车上还带有一名女子。其中一位目击者还提供了视频，老外不断用流利的中文骂人。随后，北京市公安局的官方微博"@平安北京"发布了官方调查结果，经过调看路口监控视频等调查手段，最终给出了权威结论：中年女子经过人行横道时，被一外籍男子驾驶摩托车撞倒。在现场处理过程中，倒地女子称身体不适，民警立即拨打 120 将其送往附近医院。经检查，该中年女子伤情轻微。老外无证驾驶，车辆被扣且受处罚。

◎ 思考题：

1. 媒介信息过量给人带来了什么？
2. 媒介失实报道会对公众造成怎样的损害？
3. 为什么媒介需要人的批判意识？

第十章　媒介中的媒介人

我们所说的媒介人是指在媒体中从事一定专业工作的人员。随着社会的发展，媒介产业日益壮大，媒介人这一群体已经有了很多类型。除了基本的记者、编辑外，传统纸质媒体如报纸、杂志，还设有主编、出版人、美术编辑、评论员、广告人员等职位；传统电子媒介如广播、电视又有主持人（主播）、总监、导播、技术员、试音员等；而正迅猛发展的网络媒体，则有运营总监、设计师、推广员、客服、文案等工作人员。

相比受媒介影响的公众而言，媒介人在各种媒介活动中同样是一个重要的元素。他们在媒介中无处不见，参与媒体的具体运作，把控媒介产品生产的一定环节，是媒介最直接的接触者和使用者。他们运用自己的体力与脑力推动媒体发展，同时，媒介环境、媒介的特征也在一定程度上影响着这些媒介人的人生。

第一节　媒介的灵魂是媒介人

人是社会机制运行的关键因素。社会机制本由人类创造，由人类操作执行，从而得以围绕由人构成的社会而运行不断。新闻媒介也不例外，媒介的创设、运行、生存都离不开人在其中的各种作用。

一、媒介人贯穿于媒介的产生与发展

人在新闻媒介中的作用与源自新闻活动与媒介的技术特征。古老的新闻活动由人们对了解信息变化的需求而产生。在科学技术尚不发达、社会机制不完善的时代，信息的传递主要靠口语、象征标志以及渐渐发展成熟的文字，在这样的信息传播机制中，除了用于承载信息的媒介以外，最重要的就是传播信息的人。这些人使用各种古老的媒介记录信息，并通过各自的方式传播出去，形成了古代新闻活动，参与传播新闻的人们也成为最早意义上的媒介人。

随着社会进步与生产力的发展，信息的复杂与信息量的庞大促成了大众媒介的产生。报纸作为最先产生的大众媒体，无论是古代的"邸报"，还是近代的便士报与现代的都市报，它们都少不了媒介人的把控操作。以现代报纸为例，最初需要办报人的发起与筹划，例如邵飘萍之于《京报》、成舍我之于《世界晚报》，他们为报纸筹集资金、设定宗旨与目标，是报刊产生发展过程中的"第一媒介人"，直接促成了一个报纸的产生。随后，各色媒介人才汇集到报纸媒体里来，他们深入社会搜集信息，并将其编撰为文字，构成报纸媒体上的新闻内容；他们将一份份报纸印制出来，并着力发行到受众面前；他们负责报纸的经营，为报纸争取赞助商与广告商，以支撑报纸的整体运营。

进入电子媒介时代，媒介技术更加丰富，一个媒介产业所需的人才数量越来越多，种类越来越丰富，媒介人的队伍越来越庞大。仅就电视媒介而言，制作一档室内电视节目就有编导、导播、主持人、摄像师、灯光师、音频师、视频处理师、技术人员以及各种现场助理等工作人员。如果要算上整个电视台运营的工作人员，其种类和数量更是纷繁复杂。这些电视媒介人分工负责电视台的各个部分的运作，各尽其职，才构成了整个电视台的发展运行。可以说，任何一个电视人的表现与行动都会在一定程度上影响到电视节目甚至电视台的运行。例如，电视节目编导对节目的思路与录制现场的把控，影响着电视节目的整体质量；节目导播对节目镜头的分配与导引，直接影响到观众看到的节目影像，进而影响到节目的收视效果；而现场一个普通的助理人员对自己工作的负责程度，也有可能决定节目录制的效果与质量。可见，媒介人贯穿于媒介的产生与发展过程，是媒介运行每一个环节的操作者，是媒介运行中最为重要的因素，是当之无愧的"媒介的灵魂"。

二、媒介人引领媒介的发展方向

从社会形态上来说，媒介是一种社会机构；从社会构成来看，媒介是一种社会机制。无论是作为实体的机构还是作为形态存在的机制，都离不开媒介人的运作，每一个媒介的产生与发展的过程中，媒介人，尤其是媒介领导人物，对媒介的影响都至关重要。他们是创办媒介的主力，直接促成了媒介的产生，他们为媒介设定宗旨与目标，规定媒介的性质与作用；他们负责媒介的日常运行调度，为媒介确立运行机制。如此种种，媒介人实际上是媒体的发展方向的引领者。

1. 媒介人创办媒体

作为社会机构，一个媒介具体形态的产生离不开人的作用。媒介人出于某种目的，筹集资金，准备物质条件(包括房屋场地、采访设备、电子计算机、办公物品等)，聚集人才，尽自己的努力创办媒体。可见，一个媒体的产生中的第一个要素，就是以媒体创办人为代表的媒介人。从美国报人克·康韦尔创办《一分钱报》而开启美国报业的便士报时期。到19世纪70年代，艾小梅、王韬等先进的中国人创办中国自己最早的报刊。可以说，媒介产生史中，无论古今中外还是新旧媒体，媒介人都是一个媒体得以创立的灵魂元素，产生于我国近代的传奇报刊新记《大公报》就是一个有着巨大参考价值的例子。

《大公报》于1902年在天津由满族人英敛之创办，经王致隆接办至1925年11月停刊，原本《大公报》将如此退出历史舞台。然而三个时代骄子的通力合作，不仅创办了全新的《大公报》，更是谱写了一段报业传奇，他们就是张季鸾、胡政之与吴鼎昌。

胡政之1912年上任《大共和报》总编辑之后，就开始以办报为一生之事业。被称为"胡老板"的他曾多次任停刊前的《大公报》总编辑，曾与近代报人林白水合办《新社会日报》，后来更是独自创办国闻通讯社和《国闻周报》。他采访经验丰富，能写社论还有编辑的功底，加上极强的交际能力，胡政之是当之无愧的报业家典型，被外国报举为"报业巨子"。张季鸾曾与胡政之是日本留学期间的同学，回国在革命色彩浓厚《民立报》任记者，从此本着"新闻救国"、"言论报国"的志愿走上新闻之路。他文笔犀利，对标题的拟定和版面的安排方面也有很独到的见解，后任上海《中华新报》总编辑，声名显赫一时，直至该报1924年停刊。著名报人邵飘萍就曾如此评价："其(《中华新报》)执笔之张一苇君(张季鸾的别名），头脑极为明晰，评论亦多中肯，勤勤恳恳，忠于其职，不失为贤明之记者，且自身殊少党派之偏见，唯该报营业方面，似未得法，故销数仍未大增。"①吴鼎昌是胡政之的同乡与老相识，他在清末与民国初年历任政府的银行与财务职务，是个资本行家，早在1924年就开始资助胡政之的《国闻周报》。

一个资金雄厚的银行家、一个精明老到又是全才的报业家和一个才华横溢的文人，面对已经停止运作的大公报馆旧址，他们三人一拍即合，由吴鼎昌出资，以胡政之的国闻通讯社、《国闻周报》以及原大公报部分职工为班底，加上张季鸾的一支笔，于1926年9月共同组成了新记公司《大公报》。

分工明确的三人为新记《大公报》创办可谓费尽心血。吴鼎昌一人独自筹措了5万元资金全部投入报馆创办，不向任何方面借募，以保证报刊不受政治局面的影响。报刊成立后，根据个人所长，吴鼎昌任社长，胡政之任经理兼副总编辑，张季鸾任总编辑兼副总经理。三人更是约定，三年之内不得担任有俸给的公职，以一颗把报纸当做事业的心来认真办报。就此，在报刊创办伊始艰苦的条件，他们筚路蓝缕，各尽职守，分别尽自己的力量确保《大公报》成功起航。

吴鼎昌每日白天依旧在盐业银行工作，每日晚上则赶到报馆与两人研究时局，商讨社评，他运用自己在金融方面的丰富经验，筹划报刊经营与用纸购买，在经济动荡的年代为《大公报》的成功创办保驾护航。胡政之每天起早摸黑，从广告到发行，从采访到编辑，晚上还与吴、张研究社论，可以说整天都在报馆管理报刊运营。他自己每周亲手操笔两篇，周末更是去北京采访新闻，为创办初期的大公报呕心沥血。而张季鸾则专心致志主持编辑部，很少过问经营。他把握整个报刊的新闻与社论，对报馆编辑指导有方，自己也是亲力亲为每日执笔与修改社评，虽然身体孱弱，却常常当班至凌晨两三点钟，有时甚至要通宵。②

正是三人的明确分工与以身作则，使得创刊之初不过70人的大公报，在一年半后，发行量就由2000份上升到1.2万余份，广告收入由每月200多元增长到3200多元。从此，这份在中国新闻史上和全球华文传媒史上唯一拥有百岁高龄的报纸开始了它的辉煌之旅，而报刊创立之初的这"三驾马车"为此打下的坚实基础，功不可没。③

2. 媒介人为媒介设定宗旨与目标

媒体创办之后，往往都有其运行的宗旨与目标，在不同媒体一般不尽相同，而同一媒体发展的不同时期也会有所变化。一方面，在一个媒体创设初期，这样的宗旨与目标，是在社会大环境背景的影响下，由媒体创办人设定的；而另一方面，在一个媒体漫长的发展过程中，或多或少地会出现方向与目标的转变，媒介人尤其是媒体领导阶层，往往能够在这样的转变中起到关键的作用。在美国新闻史上著名的"新式新闻事业"时期，著名的报人约瑟夫·普利策引领的"新式新闻"对当时报业的宗旨与目标影响重大。

所谓"新式新闻事业"，是指19世纪末20世纪初由普利策引领的一股美国办报新潮

---

① 周雨：《大公报史（1902—1949）》，江苏古籍出版社1993年版，第25页。

② 周雨：《大公报史（1902—1949）》，江苏古籍出版社1993年版，第32页。

③ 向武、赵战花：《"报界巨子"胡政之》，载《今传媒》2005年第5期。

流，其鲜明的特征为：大众化和商业化的性质、超党派的独立立场、促进社会改革的进取精神和吸引眼球的报道方式。① 这一时期，在第二次工业革命的影响下，美国的社会经济迅速发展，人口与社会财富飞速增长，城市化进程加快，加之基础教育的普及与大众文化的产生，人们对信息的需求不断增加，如此种种，都促成了报刊的大众化。

普利策正是大众化报刊潮流中的踏浪者。早在 1875 年创办美国最大的报纸之一《邮讯报》时，他就定义新闻为"要容易引起人们谈论"，并将这一定义付诸该报的办报目标；与此同时，他还要求"除非把一件事情的真相弄个水落石出，否则绝不放过它。连续报道！连续报道！直至问题真正被弄清楚。"②他还更进一步规定了该报的办报方针：《邮讯报》不为党派服务，而为人民服务；不是共和党的喉舌，而是真理的喉舌；不追随任何主张，只遵循自己的结论不支持"行政当局"，而是批评它；反对一切骗局，不管发生于何处，也不管它是何种性质的；提倡原则和思想，不提倡偏见和派性。③

如此种种，都是普利策为《邮讯报》设定的办报宗旨与目标，他力图抓住大众的眼球，选择受众感兴趣的、易谈论的新闻信息；站在为公众服务的角度，往纵深处报道，满足他们接触媒体的需求，促使报纸成为大众都感兴趣的媒体。这些办报理念都同样出现在了普利策日后改版创办的《纽约世界报》中。普利策于 1883 年在纽约买下了曾颇具影响、当时已经营不善的《世界报》，随后即在发刊词中宣称："在我们这个日益繁荣的大城市里，需要这样一种日报。这份报纸不仅售价低廉，而且内容丰富；不仅内容丰富，篇幅浩大，而且充分发扬民主，真正致力于人民的事业，而不为有钱有势者谋利益。它将多登新世界的报道，少登旧世界的报道。它将揭露一切诡骗和无耻，抨击一切社会罪恶和弊端。它将以真挚诚恳的态度为人民的利益而奋斗。"

由此，普利策为《纽约世界报》设定了报道重大新闻、担负起社会责任的宗旨与目标，虽然为了引起受众关注，他的报纸采用的煽情报道方式与各种促销手段引起了争议④，但一直坚持报道有责任的"好新闻"促成了《纽约世界报》的巨大成功：从普利策接手时的 1500 份发行量，到四年后销售量达到 25 万份，成为美国最大发行量的报纸，逼得其他报刊不得不用降价的手段来应对。

3. 媒介人影响媒体的运行机制

媒体作为一种社会机制，有其特有的运作模式，这样的模式在各种媒介中不尽相同，尤其是国内外和不同的历史阶段的媒介，其运行模式不仅仅受到社会政治经济状况大环境的影响，还受到媒介人的影响。新记《大公报》精明的总经理胡政之，主持新旧《大公报》

---

① 新浪博客：《新式新闻事业》，http：//blog.sina.com.cn/s/blog_a2b1281c01011k0w.html，访问日期，2016-03-28。

② ［美］迈克尔·埃默里等：《美国新闻史：大众传播媒介解释史》，展江、殷文主译，新华出版社 2001 年版，第 201 页。

③ ［美］迈克尔·埃默里等：《美国新闻史：大众传播媒介解释史》，展江、殷文主译，新华出版社 2001 年版，第 201 页。

④ 普利策和他的煽情主义报道方式某种程度上开启了美国新闻史上"黄色新闻"的潮流。然而，《纽约世界报》的成功，并不仅仅是煽情主义，其报道方针——负责任的、步步深入的报道和精彩的社论才是成功最大的原因。

的运营长达 27 年之久，其以经营为本、重视人才培养、铁腕狠抓报纸文字质量的经营方针，正是促成《大公报》成功的重要因素。

特别值得注意的是，现代职业经理人将科学管理引入媒介管理，为促成现代媒介运作与媒介融合立下了汗马功劳。职业经理人是西方企业资本运作和市场化发展到一定阶段的产物，目前世界范围内知名企业的职业经理人为公司经营目标的实现发挥着举足轻重的作用。① 在现代传媒行业，这一特点也开始显现。作为媒介高级管理人员，他们具备经营管理、战略规划、财务管理等方面的专业技能，他们不仅了解媒介本身的运作规律，理解媒介的各环节的运作方式，可以把握整体管理，为媒介制定发展规划；而且他们也懂得市场运行与资本运作，这在传媒行业集团化、业内外资本流量增大的当代，无疑是至关重要的技能。加之职业经理人具备良好的人际关系能力，他们的出现使得现代传媒产业的运作模式产生了前所未有的转变。

在我国，传媒产业正在进行新旧媒体融合与集团化转变，21 世纪开始出现的职业经理人也正促进着这一变革。诸如一手缔造了我国继湖南电广传媒之后的传媒第二股——赛迪集团的 CEO 李颖，正是导演创立跨媒体集团的典型职业经理人。她从国外导入风险投资，以资本市场为桥梁实现资源组合，引进全球化的传媒运作方法和治理机制，使经营规模增大、效益提升，全面应对全球国际化和资本化的双重冲击。②

这些媒介职业经理人从整体上推动了我国现代媒介的运行机制的变革，他们着手进行产业链整合，加强团队化管理，打造更深更广的传媒产业价值链，促成传统媒介融入新的现代媒介，掀起了传媒集团化狂潮。

三、媒介人影响媒介的传播内容

信息传递是媒介的主要功能。媒体每天都在经历从事信息生产、传递给受众的过程，这些信息塑造了一个媒体环境。媒介人正是这一过程的操作者和这一环境的缔造人。无论是新旧媒体还是纸质、电子媒介，在信息内容生产的每一个环节，几乎都有媒介人的直接作用。

因事实变动而产生的信息最先出现在社会中，无论是从消息来源处获取（线人、政府、当事人），还是走到事实现场，媒介人都需亲力亲为。例如新闻记者往往出现在新闻事件的第一现场，他们并非最先接触到信息的人，却是信息的第一采集者。他们根据新闻事实的情况，以新闻价值为取舍标准，决定采集什么信息、从什么角度报道事件。这就是媒介信息内容生产的第一环节，前线媒介人对此影响重大。随后，信息内容进入媒介组织内部，在它们被呈现在媒介上之前，通常还需要经过内部工作人员的处理，我们把他们叫做"把关人"。把关人根据各自媒介的宗旨与目标、社会政策与环境以及自己的价值观点，对信息进行再处理。各种媒介的编辑往往扮演着这样的角色，他们在记者采集的信息的基础上，从文字上把关，对稿件进行修改；更重要的是，他们会根据媒体的情况、领导与投资者的要求、社会的舆论走向，对稿件的内容再选择与加工，甚至融入个人观点，撰写评

---

① 李树喜：《以人制胜》，光明日报出版社 2003 年版，第 53 页。
② 李怀苍：《职业经理人：中国媒体新路标》，载《媒体观察》2003 年第 12 期。

论文章。

我们从关于中国人民解放军进驻北平这一事件的两则相关报道，可以窥见媒介人对媒介内容的影响。1949年1月，北平和平解放，中国人民解放军于当月31日进驻北平交接防务，新华社与美联社都有相关报道发出。

【新华社陕北31日电】世界驰名的文化古都，拥有二百余万人口的北平，本日宣告解放。北平的解放是伟大的中国人民革命运动中最重要的军事发展和政治发展之一。原有国民党反动军队及其军事机构大约20万人据守北平，乃是执行中国共产党毛泽东主席所宣布的八项和平条件以和平方法结束战争的第一个榜样。这个事实的发生，是人民解放军的十分强大，所向无敌，国民党反动军队中的广大官兵战意消沉、不愿再做毫无出路的抵抗和北平广大人民群众坚决拥护真正民主和平的结果。北平的国民党军主力现已开至城外指定地点，人民解放军定于本日开始入城接防。

北平的人民久已像亲人一样地渴望着人民解放军。在知道了人民解放军即将开入北平后，北平的工人、学生、市民连忙热闹非凡地筹备着盛大的欢迎仪式，并因国民党军全部出城之一再延期而感觉不耐。人民解放军即将和平地开入北平的消息，使这个古城突然恢复了青春的活力，从1月23日起，物价顿然下降。街道上重新拥挤着欢天喜地的行人，他们到处打听着解放军入城的确实日期，询问着和传说着解放军和共产党的宣传品的内容……

【美联社1949年2月3日电】记者穆萨报道：今日北平给它的共产党征服者一个热闹的欢迎，这只有这个经常被征服的城市才能做到。共产党向拥挤着的成千成万的人显出一两件东西看看——长达数里的缴获来的美国造的各种车辆。长列的市民在这个热闹的欢迎游行中把嗓子都喊哑了——正如当日本人占领北平他们欢迎日本人，当美国人回来他们欢迎美国人，当中国国民党人回来他们欢迎国民党，以及数百年前欢迎蒙古人与鞑靼人一样。北平在欢迎他的征服者方面是素享盛名的。

从上文两段报道我们可以看到，面对同一事实：中国人民解放军进驻北平，同一场景：百万民众欢迎解放军，新华社记者与美联社记者采取了截然不同的两种描述。新华社对此发出的新闻稿先是分析了北平解放的原因："人民解放军的十分强大"、"国民党反动军队中的广大官兵战意消沉"以及"北平广大人民群众坚决拥护真正民主和平的结果"。由此诠释解放军进驻北平的正当合法性。接着，作者运用了几组描述北平人民心理的语句：对国民党军队一再延期出城"感觉不耐"、"渴望"人民解放军的到来、"热闹非凡地"筹备欢迎仪式、听到消息后的"欢天喜地"以及古城北平都恢复了"青春的活力"等。可见，新华社的媒介人从历史发展进步的角度对人民解放军进驻北平这一事实进行报道，通过对北平人民欢迎解放军的热烈气氛，表现了这一不可阻挡的历史进步的事实。

然而，面对同一事实，美联社的记者穆萨却选择了另一角度对此极尽讽刺。他没敢忽略热闹的欢迎队伍，但却把北平人民的欢迎游行描述成"欢迎他的征服者方面是素享盛名的"，认为这是北平素有的"德性"。为此，穆萨在193字的报道中，仅用63个字描述了人民欢迎的场景，其余的部分都在试图诠释只有像北平这样的"经常被征服的城市"才能做到热闹地欢迎"共产党征服者"。对此，他甚至可以不顾史实——鞑靼人从来没有占领过北平的事实。① 我们已无法得知这两则新闻稿在当时于媒介内部经历了怎样的运作，但是从稿件内容不同可以窥见：不同媒体中的媒介人，怀揣着不同的价值观念与意识形态，对媒体的信息内容产生着巨大的影响。

有些媒介信息在经历以上两个步骤后，有时还不一定是最后呈现在受众眼前的信息。媒介将信息内容呈现给受众，往往还要依靠人的力量，这在广播、电视等电子媒介上体现得十分明显。例如电视台的主持人通常才是信息内容的最终把握者，虽然事先已排练或者准备草稿，但实时呈现的情况下，他们仍有很大的主观能动性。2014 年 4 月，中央电视台曝光了湖北省国家级贫困县房县斥资几亿元圈占百亩农田违规修建豪华办公楼一事，湖北荆州电视台《垄上行》节目组就此做了实地探访和深入报道。② 4 月 8 日的《垄上行》节目中，一位男性主持人在评论该新闻时，直接忽略了眼前的提词器，情绪激动地展开独白。据《羊城晚报》相关报道描述，该主持人义愤填膺地说："他们（房县官员）比的不是人民生活水平的改善，不是政府服务水平的提高，而是奢华排场。"并称中国腐败现象一直得不到根除，就在于一些领导干部思想奢靡腐化，甚至在节目中爆起了粗口："真想对他们说一句，思想有多远，就滚多远吧。"言辞一出，直播节目当场被叫停，电视画面随后切入片花，并在一分钟后换上了另一位女主持人。可见，这位男性主持人并没有在事先节目组安排好的范围内发表言论，而是更为激动地表达了个人情绪，虽然被叫停换下，但是由于节目的直播性质，媒介内容经由这位主持人之口已然播出，不可逆转。

四、媒介人的素质影响媒介形象

媒介形象是指媒介组织在受众心中的形象。它以媒介本身内容质量为基础，由媒介广告、公关与对外宣传塑造，同时，也受到操作媒介各个环节运作的媒介人的影响。

首先，正如前文叙述，媒介内容的产生先是由前线媒体人采集信息而来。在此过程中，必定有大量的人与人之间的接触与交往。于是，媒介前线人员的素质带给公众的印象，就在一定程度上影响了媒介在公众心中的形象。其次，知名媒介人不定时地会出现在大众媒体上，展现在公众面前，他们中有些是媒介领导，有些是骨干人员，他们对媒体经营政策的阐述、对媒体的推介也都一定程度上影响着媒介形象。总而言之，出现在公众视野中的媒介人，往往代表着他所在的媒体，他们的一举一动，如何与人交流、如何搜集信息、品德素养与专业技能如何，都必然影响着媒体的社会形象。

在 2012 年的伦敦奥运会中，BBC（英国国家广播公司）就遭到了英国观众的批评。在该届奥运会中，BBC 派出了 150 人的堪称"天团"的庞大解说队伍，通过有线和卫星提供

---

① 鞑靼人的称呼指意广泛，既有指代居住在东欧、中亚的使用突厥语的少数民族，也有指代元朝灭亡后的蒙古部落。但无论是哪一种鞑靼人，都没有攻占过历史上的北平。

② 金羊网：《直播中爆粗口斥奢靡官员　主持人当场被换下》，http：//news.ycwb.com/2014-04/10/content_6519710.htm，访问日期，2016-03-27。

24套高清奥运实况转播节目。① 然而，英国观众似乎并不买账，BBC的体育报道形象被扣上了"不专业"的帽子。这正是由于BBC众多体育解说员卖萌、调侃的风格以及体育记者的冷血采访造成的。前者在赛事解说中，有时并不针对比赛做详尽解释与描述，却转而用搞笑诙谐的语言调侃赛事、运动员、国家(甚至是自己的祖国)，插入一些与比赛不相关的话题。例如：

　　——在女子射箭团体赛中韩大战上，BBC解说员如此评论道：

　　"韩国在现代奥运会里几乎包揽了所有的射箭金牌。你知道，在1908年伦敦奥运会上，哪个队包揽了所有三块射箭金牌吗？"

　　"英国？"

　　"对啊！我们包揽了三枚！知道为什么吗？因为那届奥运会射箭比赛只有英国参加。哈哈！"

　　——BBC解说员用调侃的方式解说奥运会开幕式：

　　"接下来是摩尔多瓦共和国。这个国家……被夹在罗马尼亚和乌克兰之间……就像个三明治的馅一样。"

　　"冰岛——这次他们那个……名字很长的火山没有爆发，所以他们按时来到伦敦了，祝贺他们！"

　　——中国游泳选手孙杨夺得男子400米自由泳金牌后，两位解说闲聊而"言它"：

　　"你觉得孙杨真拼起来到底能多快？"

　　"不知道。他太可怕了。"

　　"我要是他的教练就告诉他前面300米也使劲儿。你要是他的教练你会告诉他啥？"

　　"好好剪个头发。"

　　类似的例子不胜枚举。不仅仅是赛事解说员，BBC的新闻记者也"表现不佳"。有些记者专业素养欠缺，采访成绩不佳的运动员时，没有同情与尊重，劈头盖脸地谈论成绩问题。例如记者大卫·邦德在采访自行车选手卡文迪什时问道："环法比赛的疲劳是不是你输掉比赛的一个因素？"他得到的卡文迪什的回答是："不要问这种愚蠢的问题，你懂自行车吗？"显然，卡文迪什正为输掉比赛而懊恼，这名记者并没有出言安慰，而是与他谈论成绩问题，自然不会受到待见。同样的问题也出现在了BBC的女主持吉尔·道格拉斯身上，她在采访比赛失利的自行车女将彭德尔顿时，没有任何安慰性的话语。如此种种的报道方式引起了英国观众的不满，批评声铺天盖地地指向BBC的体育报道："史上最糟，没有之一。在如此重大的场合，采取了这样一种并不幽默的方式，完全令人难以理解。""我很强烈地感觉到，BBC的记者不应该把那些没有取得好成绩的运动员逼得痛哭流涕或是崩溃，这太过冷血了。"②

---

① 《东方早报》：《访BBC解说团队：吐槽风格源自主播多电台出身》，2012年8月12日。

② 《东方早报》：《访BBC解说团队：吐槽风格源自主播多电台出身》，2012年8月12日。

正如英格兰幽默作家乔治·迈克尔斯所说："英国人是世界上唯一为其幽默感自豪的民族。"①不可否认，BBC报道的调侃和诙谐是英式幽默的体现。然而这反而没能讨得英国观众的欢心。究其原因，在影响重大的奥林匹克盛会上，过多的"闲聊"和调侃与这样一个世界最高级别体育赛事是不相符的，加上BBC前线记者的"糟糕表现"，英国观众由此对BBC在体育报道方面的能力提出了质疑，BBC被扣上了"不专业"的帽子。这与其庞大的报道团队和全覆盖的报道方式形成了鲜明的对比，不得不说，BBC的报道人员在很大程度上造就了它的这一形象。

同样的解说风格用在我国新浪体育解说上时，却为其塑造了"轻松、活泼"的媒体形象，这源自于主持人和嘉宾在语言风格上的统一把握。以新浪网NBA解说为例，颇受欢迎的主持人柯凡被球迷亲切地称为"邻家大男孩"，他在直播中满腹激情，时常从个人经历、风格与外貌特征等方面调侃解说嘉宾。而马健、苏群、王猛、杨毅等知名篮球解说员在直播厅也反过来调侃柯凡，一来一回中营造了新浪NBA轻松、热闹的直播氛围。我们可以在知名的网络社区中看到新浪给观众留下的整体形象："新浪解说的气氛很轻松，看着球开着玩笑，很愉快，不像CCTV5的那么严谨。""新浪有那种几个兄弟围在一起看球的感觉，你一言我一语，很热闹很欢笑；央视总的来说就比较正规专业一些但也不失调侃和一些小风趣。""（柯凡解说）氛围轻松，像个邻家大男孩。但是听得多了，发现他的搞笑很让人分心哎，本人还是倾向看央视的。"②无论是褒是贬，主持人与解说员的整体风格，在受众心中塑造了新浪NBA区别于央视五套"正经、专业"的媒介形象。

第二节　媒介影响媒介人的人生

人们自从进入媒介，成为一名媒介从业人员之后，其一生就注定与媒介发生着千丝万缕的关系。他们怀揣着自己的人生经验与已掌握的技能知识，在媒介中发挥自己的光和热；而媒介这个系统的大型平台，也从各个方面对他们产生着影响，可以说，媒介人的身上都烙上了媒介的印记。

在我国，调查性报道是一种高端的媒介活动形式，随之产生的调查性媒介形式早已不是新鲜事物，活跃在其中的调查性记者在推动着媒介发挥舆论监督作用的同时，也将自己的人生交付给了媒体。本节以调查性记者在我国媒介环境中受到的不同影响为角度，来窥视媒介对媒介人人生的影响作用。

一、调查性报道与调查记者

调查性报道往往被定义为：为了公众利益而对某一政治、经济和社会等领域的事件，

---

① 赵琼：《自嘲与自傲：英式冷幽默的背后》，载《安徽文学（下半月）》2013年第6期。
② 百度贴吧：《你们觉得新浪柯凡解说怎样？》，http：//tieba. baidu. com/p/1097952844；虎扑论坛：《大家更喜欢下面哪家的NBA解说？央视、新浪还是腾讯？》，http：//bbs. hupu. com/6569138. html；天涯社区：《大家觉得新浪NBA解说柯凡如何？》，http：//bbs. tianya. cn/post-basketball-133606-1. shtml，访问日期，2016-03-20。

进行深入调查采访，进而揭露其中的问题，并寻求解决方法的深度报道形式。在新中国，它的产生源于改革开放的大潮与政治环境的改变。20 世纪 70 年代末，《人民日报》刊发了揭露党的基层干部、大贪污犯王守信的《人妖之间》，以及揭露某县委书记为非作歹的《在罪恶的背后》等报道，开启了我国调查性报道的先例。此后，调查性报道在我国逐渐形成了一定的声势，一批新锐进取的主流报纸开始大量刊登带有启蒙色彩的调查性报道。① 例如《人民日报》刊载的《蒋爱珍为什么杀人》《白衣下的污垢》；《中国青年报》关于大兴安岭火灾的系列调查报道《红色的警告》《黑色的咏叹》《绿色的悲哀》；当时影响最大的《工人日报》发表的"渤海二号"沉船事故调查（1980 年），该报道经过深入调查采访，分析揭露了该事故的原因，点名批评了石油工业部部长，最后导致部长被撤职，国务院副总理被记大过处分，在国内掀起轩然大波。随后，更多类型的媒介也开始涉及调查性报道，影响最为深远的当推电视媒体。1980 年 7 月，中央电视台创办《观察与思考》栏目，该栏目定位是对具有普遍意义和群众关心的事件、问题、或人物进行调查、介绍、分析。而地方电视台中，1987 年上海电视台开办的《新闻透视》和 1991 年湖南电视台开办的《焦点》栏目推动了调查性电视节目的发展。这也催生了中央电视台两大调查性栏目《焦点访谈》和《新闻调查》分别于 1994 年和 1996 年开办。《新闻调查》是一个集社会性、故事性、调查性为一体的大型调查性栏目，每周一期，每期 45 分钟。该栏目由创办之初由记者调查为主要叙述形式，在经历探索、调整两个发展阶段之后，于 2003 年 5 月，将栏目定位从主题性调查转向了事件性调查和重大事件报道。凭借电子媒介的穿透力，调查性报道在全国范围内得到了民众的认可与称道，而调查记者的概念也为社会公众所知。② 他们的专业理念——"我们不是传声筒，我们是调查记者，我们挖掘事实，我们接近真相"，在 2011 年复旦大学举办的"数字化时代的调查性报道"论坛上传达出来。

调查性报道的产生有其深刻的社会根源。改革开放以来，中国人民最大的转变就是对人权的呼吁。封建社会等级森严，加之旧思想旧文化的影响，百姓是不折不扣的"顺民"，整个社会呈现的是"夫为妻纲，父为子纲，君为臣纲"的现象。伴随着自由、民主的新中国的诞生，人们开始要求自身的自由与民主，而改革开放后，人民的思想更为开放、活跃与激进，人权与社会生活参与度的需求不断提升，对社会监督的要求更加突出。于是，调查性报道在中国崛起，并以星星之火点燃燎原之势。伴随而来的，秉承着"揭露社会问题，维护公平正义"、"表达百姓呼声"与"传播新思想、启迪民心"的职业理念的一批调查性记者也应运而生。

然而，在我国的整体媒介环境下，不同的调查记者在媒介的影响下呈现出了不同的人生命运。

二、媒介成就媒介人的人生

媒介活动的运作过程，需要媒介人参与其中，这参与的过程，往往锻炼、培养着媒介人，实现自我价值，成就他们的人生。在媒体中，媒介人需要不断发挥自己的聪明才智，

---

① 徐培枝：《报纸调查性报道的叙事研究》，南京师范大学 2010 年硕士论文。
② 庄曦，方晓红：《改革开放以来我国调查性报道的发展探析》，载《新闻知识》2008 年第 9 期。

在具体工作中得到发展；媒介人通过媒体工作，践行了媒介肩负着的某些社会责任与社会功能，也实现着自己的社会价值；媒介人不断有机会在作为社会公器的大众媒介上表达呈现自己，为大众所知。如此种种，都是媒介给媒介人的人生带来成就的体现，我国著名的调查记者柴静就是一个典范。

　　柴静，1976 年 1 月 1 日出生于山西临汾，1992 年到长沙铁道学院（现中南大学）读书，1995 年，在电台主持《夜色温柔》节目。1998 年到中国传媒大学学习电视编辑，并在湖南电视台主持《新青年》节目；2001 年 11 月起担任中央电视台《东方时空》主持人。2003 年起担任《新闻调查》记者；2011 年起担任《看见》主持人；2013 年出版讲述央视十年历程的自传性作品《看见》，销量超过 100 万册，成为年度畅销书籍。

作为千千万万个奔走在第一线的调查性记者中的一员，柴静无疑是最成功的调查性记者之一。在中央电视台的平台支持下，她通过走访调查发现真相，揭露真相，还观众一个事实。由此，她收获了社会给予她的大量回馈：成名。

　　在柴静的自传《看见》中，开篇有一段对话描述，讲述她是如何走入《新闻调查》的：
　　2000 年，我接到一个电话。"我是陈虻。"
　　说完他意味深长地停顿一下，可能是想给我一个发出仰慕尖叫的时间。
　　"谁？"
　　"我，陈虻……没给你讲过课？"
　　"你哪个单位的？"
　　"嘎……中央电视台新闻评论部的，找你合作个节目。"
　　我们在央视后面的梅地亚餐厅见了面。
　　我打量他，中长头发，旧皮夹克耷拉着，倒不太像个领导，他跷着二郎腿，我也跷着。
　　他开口的第一句话是："你对成名有心理准备么？"
　　哟，中央台的人说话都这么牛么？
　　我二十三四岁，不知天高地厚得很："如果成名是一种心理感受的话，我二十岁的时候就已经有过了。"
　　"我说的是家喻户晓的成名。"
　　"我知道我能达到的高度。"
　　他气笑了："你再说一遍？"
　　"我知道我能达到的高度。"

柴静真的成名了。2003 年因出现在非典的第一线而家喻户晓的她获得了"全国抗击非典优秀新闻工作者"及"年度风云记者"荣誉称号。2008 年获得东方卫视评选的 2007 年度

"感动中国绿色人物"奖。2010年3月17日,她的作品《认识的人,了解的事》因高点击率,获得2010年度土豆节金镜头奖。2010年11月5日,她入选央视十佳主持人(乙等)。

平台和工作性质是一个人成名的关键因素之一。正如白岩松在2004年央视黄金段广告招标说明会上,对前来参会的广告商说:"一条狗拉倒中央电视台30天,自然会成为一条名狗,我不过就是那条名狗而已……因为中央台太好了,所以我一直赖在里面。"不可否认的是,柴静的个人成功,离不开中央电视台这个媒介平台的影响。

首先,站在中央电视台这个我国最权威、最官方的媒介平台上,柴静已成功了一半,央视能提供给她足够的话语权,而她需要学的是如何运用自己的话语权,凭借自身的胆识、聪慧与毅力去实现自己的价值。其次,调查性报道的高端、综合的特性,使得媒介对调查记者提出了高级要求,他们不仅要掌握优秀的沟通技巧,也需要有洞悉事物本质的敏锐的思维能力。柴静正是在央视调查类节目这样的要求下一步步成长为"多面手"调查记者,自己的才华与能力得到了巨大的发挥与提升。再次,舆论监督是媒介的重要社会功能。正如曾华锋所言,"从新闻媒体发展的历史来看,'警犬'记者被看做最崇高的媒体人,而公共新闻又强化了新闻界的基本使命——舆论监督"[1]。作为国家级中央媒体,中央电视台面向整个中国社会,它所肩负着的社会责任与社会功能,促使调查性记者运用自己的聪明才智去实现媒体的社会监督作用。正是在此过程中,柴静在公众面前树立了"为公共利益服务"的社会责任形象,个人社会价值得到了完美实现。

三、媒介环境对媒介人的消极影响

媒介系统是社会系统的组成部分,它的发展与运作在很大程度上受到所处的社会环境的影响,我们将此称为媒介的生存环境。活跃于媒介中的从业人员也受到了这样的环境的影响,一些消极的因素的影响十分明显。在我国媒体界,有一类特殊人群被称为"打工记者",他们可能是高端的调查记者,可能是普通的社会新闻记者,但他们都有一个共同点:"他们没有编制、户口,甚至没有新闻出版署颁发的记者证。"[2]

调查性记者赵世龙说道:"我把我个人的能量用到了极限,但是我的工作没有制度保障,只能依靠我个人去闯。"2003年,时任《羊城晚报》记者的赵世龙被"流放"在路上。领衔报道了广州戒毒所"将戒毒女强行卖与鸡头卖淫"黑幕的他,被戒毒所所长以"诽谤罪"向法院提起诉讼,要求追究刑事责任。"我做记者10年来第一次真正感到害怕,中央电视台《新闻调查》都报道了,他们还敢这样嚣张,公开和暗地威胁我。"赵世龙说。他还在西祠胡同"记者的家"发出呼救帖:"本人在广州素与人为善,如遇不测,定为广州戒毒所所长罗贤文所为。"之后,他躲在北京公主坟的一间公寓里避难,神情萧瑟。在报社内部,也有部门领导指责他不该擅自接受《新闻调查》采访,随后他任职于央视的《社会记录》,但仍是"打工"。[3]

---

① 曾华锋:《调查记者》,中国方正出版社2004年版,序言。
② 曾华锋:《调查记者》,中国方正出版社2004年版,序言。
③ 资料整理自曾华锋:《调查性记者》,中国方正出版社2004年版,序言。

"吾行太远，孑然失其侣，吾见放于父母之邦矣。"[1]鲁迅不被世人理解的悲叹穿越浩瀚的历史长河印证了"打工"记者的悲凉。那么，中国为什么会出现打工记者？记者是事业编制吗？

这是与我国媒介的整体环境有着密切的联系。首先，中国的媒体分为中央直属事业单位和省事业单位，新华社、中央电视台、人民日报社是中央直属事业单位，大众日报社是省事业单位，都有事业编制。但目前这些事业编制实行的是全员聘任制，实行岗位工资。其次，中国庞大的人口基数导致在行业内部的竞争激烈，有限的编制无法满足所有人的需求，导致了许多行业"打工"人员的存在。媒体行业也是如此。再次，在新时期社会认可的人才是"学历+能力"，二者缺一不可，但是社会中往往会出现学历与能力不相符的现象，有的人学历高能力差，有的人能力强却学历低。能力强的人由于缺少学历这块敲门砖，只能飘在江湖，居无定所。最后，对于媒体而言，聘任制可以给自身带来的利益远远超过终身制。在调查性报道方面，调查性记者又被称为"揭丑记者"，记者要揭示事件内幕，这就意味着会损害一部分人的利益，因而记者会面临被威胁、被起诉、被流放、被诬陷和被调离的危险。聘任"打工"记者，在为媒体创造最大利益的同时把责任降到了最低。

可见，媒介所处的社会环境决定了媒介的特征与性质，在此环境下，媒介工作人员面临的待遇与压力，直接影响到了他们的人生处境。

第三节　媒介从业人员的自律与他律

媒介是社会信息系统的组成部分，它是信息在社会传播过程中的重要一环。这就决定了媒介除了把握新闻专业精神以外，还必须遵循新闻职业道德伦理规范。媒介的具体运作是由媒介从业人员来执行的，社会中的媒介实际上由媒介人的表现而定。而人是主观能动的人，面对复杂多变的社会系统，媒介从业人员或多或少地会受到各种影响，往往造成了一些媒介道德伦理问题。在这种情况下，加强从业人员的自律和进行一定程度上的他律规范就成为媒介系统中不可或缺的部分。

一、媒介从业人员的主要道德伦理问题

媒介活动在运行过程中，有自身所约定俗成的对媒介人起到约束作用的职业道德规范，它们以成文或不成文的规定对媒介人的活动产生着制约与规范。以新闻职业道德为例，新闻职业道德即新闻从业人员的职业道德，它是"在一定经济社会条件下，人们在长期的新闻传播活动中逐渐形成的规范自己传播行为的各种观念、习惯、信念的总称"[2]。

随着社会经济的发展，社会利益出现多元化，在各种好处与诱惑的吸引下，诸多媒介道德伦理问题在世界范围内显现出来。在媒介的新闻活动中，"新闻侵权"、"有偿新闻"、"虚假新闻"、"新闻敲诈"、"客观公正缺失"、"媒介审判"、"新闻侵权"等现象屡见不鲜，这不仅是对新闻职业道德的严重破坏，影响了媒介的社会公信力，也造成了恶劣的社

---

[1]　鲁迅：《文化偏至论》，见《鲁迅全集》第 1 卷，人民出版社 1981 年版，第 49 页。

[2]　蓝鸿文：《新闻伦理学简明教程》，中国人民大学出版社 2001 年版，第 29 页。

会影响，阻碍正常的社会发展秩序。这些媒介道德问题的产生，主要有以下原因：

1. 媒介从业人员的专业素养不足

媒介活动的组织与运行本是涉及多个领域的专业的活动，它向媒介人提出了诸如真实、客观、时新等专业要求，甚至也要求掌握人的权利义务与心理活动方面的规范。在复杂的社会环境中，我们的媒介从业人员往往不能保证随时随刻都做到具备这些专业素养，这也就造成了一些虚假新闻、新闻侵权等现象的产生。

虚假新闻即虚构事实的新闻，一定程度上来说失实新闻与不太恰当的公关新闻也包括在内。① 自新闻的产生起，虚假新闻就已伴随而出现在社会中，而随着社会的发展，媒介技术手段的提高与经济总量的扩大，虚假新闻在大众媒介的广泛传播下影响越来越大，一则影响较大的虚假新闻的传播，往往给社会造成一定的经济损失，甚至影响社会正常秩序。在我国，每年都有数量庞大的虚假新闻在不同种类的媒体报道出来，而且涉及领域极广。这些新闻信息有些完全是无中生有杜撰而来；有些虽确有其事，但部分要素失实。从《新闻记者》杂志每年年初推出的"虚假新闻研究报告"来看，虚假新闻在社会民生、经济商业、国际事件乃至政治法律方面都有涉及。而这些新闻多出现在都市报、网络媒体上，甚至中央电视台、新华社、中新社等中央级媒体以及《南风窗》这样的拥有多年良好声誉的杂志也未能避免，可见，我国的虚假新闻已十分普遍，成为一个痼疾。②

大多数虚假新闻源自于媒介从业人员的专业素养不足。在信息量丰富的互联网信息时代，记者很轻易就能从网上获取最新的消息与各种领域的知识与资料，有些记者往往就仅将互联网上的信息拿出来，不加验证地作为新闻事实发布到媒体上；更有甚者，根据手上获取的信息内容"合理想象"，杜撰出一条条"生动逼真"的新闻。下面我们以本书第九章末尾链接的"2013年十大假新闻"案例八为例：

> 2013年10月24日，《黑龙江晨报》上刊登了《老汉旅店见网友，一开门傻眼了——跟我开房的咋是儿媳妇》的一则发生在穆棱市的奇闻：57岁已退休两年的王老汉上网结识了女网友"寂寞的花草"，两人分别谎称了自己的家庭情况，相谈甚欢，互相发送了假照片，并约定时间于某旅馆准时见面。两人见面后，王老汉才知"寂寞的花草"是媳妇丽丽。正巧的是，本出差在外的王老汉的儿子大军"提前回家"，看到两人聊天记录后一路尾随丽丽将两人逮个正着。愤怒的儿子暴打父亲与妻子，最后被警方拘留。消息中还附有警方审讯大军与其媳妇的照片。

报道立即引起了公众的热议与其他媒体的关注，也引起了一些质疑。正当这则奇闻在网络上疯传时，《黑龙江晨报》于25日刊登致歉信，证明该报道是一则由穆棱电视台记者韦洪基杜撰的假消息。根据南都网整理的信息，该记者是在穆棱市颇有名气的电视台高产记者，业务熟练，曾先后被评为市五一劳动模范、十大杰出青年和黑龙江省建功立业先进个人，还曾受到当地广电新闻局的争先创优事迹表彰。但在此事件中，韦洪基在拍摄案件

---

① 杨保军：《认清假新闻的真面目》，载《新闻记者》2011年第2期。
② 年度虚假新闻研究课题组：《2013年虚假新闻研究报告》，载《新闻记者》2014年第1期。

照片后，对于这个普通的社会新闻并没有产生重视，没有深入了解访查，而是根据自己"合理想象"，草草描绘案件，杜撰了这则假新闻。优秀媒介人一时的素养缺失便铸造了假新闻。

新闻侵权，简而言之就是媒体的新闻活动对公民权利产生了侵犯。这些权利通常包括名誉权、隐私权、姓名权等。这种现象的产生往往是由于媒介从业人员缺乏应有的法律权利意识，一味追求新闻报道而忽视了当事人的个人权利。

这些权利中，隐私权的保护与侵犯是媒体道德问题的多发地。隐私权是公民不愿公开与社会公共生活无关的私生活的权利。有些媒体在追求新奇与独家信息的时候，为了获取更多信息满足受众"窥私"心理，总是将公民隐私权抛到一边，肆意传播与新闻事件不相关的事实。曾获奥斯卡最佳导演奖的波兰斯基曾指控多家媒体侵犯其与家人的隐私权、肖像权。法国《巴黎人报》在2009年曾发表相关文章与3张图片报道了波兰斯基的软禁生活（波兰斯基因被指控与少女发生不正当性关系而被捕，保释后软禁于家中）。波兰斯基认为这是对他及家人的隐私权的侵犯，随将该报以及同样刊登新闻的《星期天日报》《周五、六、日》周刊等媒体告上法庭。

公众人物由于与公共利益的密切相关性，其隐私权界定或许还有争议，但对普通民众隐私权的保护却是不容置辩的底线。窥探人之隐私的"八卦"之心人皆有之，然而普通公众不关乎公众利益的个人信息却涉及个人的人格权。2012年热极一时的"雷政富不雅视频"案件中，重庆官员雷政富作为公众人物被媒体大量报道。但在一片反腐热情高涨的情势下，涉案人员赵红霞及其家人也被媒体报道出来，他们的个人信息在网络中流传，更有媒体记者要求采访赵红霞的家人。"赵红霞违法犯罪，不等于他的家人也违法犯罪；即使是有违法犯罪嫌疑的赵红霞，其隐私同样也受法律保护。"[1]

2. 商业运作与经济利益的渗透

在媒介市场竞争的环境下，争取受众与发展市场成为众多媒介首要考虑的问题，更多的关注意味着更多的广告，更多的广告则标志着更好的经济收入与利益。这样的经济利益因素渗入到媒介活动，致使一些媒体与媒体人开始策划与制造"事件"，甚至是与某些公关公司、策划公司和网络推手合作，制造新闻，为某些组织或个人服务，"新闻炒作"、"新闻敲诈"、"有偿新闻"等媒介职业道德问题现象就产生了。

所谓"新闻炒作"，是一种违背新闻报道必须真实、准确、公正的准则，不以客观存在的事实为依据，采用夸大、歪曲或掩盖客观事实的某些因素，甚至捏造"事实"、杜撰情节、煽情鼓吹等非常规的表现手段，制造出轰动效应，为谋求媒体或个人的私利不惜损害公众与他人利益的恶意报道行为。[2] 首先，"新闻炒作"本身是经过了精心设计的虚假新闻，其次，它的出现是为了谋取一定的私利。它们的源头不仅仅是具有自媒体属性的网络媒体，许多有着严密组织形态的传统媒体也成为"新闻炒作"的发起点。炒作人员炮制新闻事件，经由媒体报道与传播后，引起社会广泛关注与讨论，在一致的舆论中达到某些

---

① 朱忠保：《赵红霞家人隐私不容侵犯》，载《人民法院报》，2013年2月7日。

② 张骏德、闫丽：《论新闻炒作的危害、根源与治理》，载《西南民族大学学报（人文社科版）》2007年第5期。

商业目的。在 2013 年热极一时的"深圳最美女孩"与"中国好宝宝"在媒体大量报道之后都被证明是新闻炒作。

"深圳最美女孩"的报道最先由中新社记者采写，被《人民日报》、中央人民广播电台等多家媒体官方网站转发。名为"深圳 90 后女孩当街给残疾乞丐喂饭"的报道主要描写一位叫文芳的湖南女孩在路边给老人喂饭的情景："一名满头白发的老人盯着快餐店里的盒饭直流口水，被一名过路的女孩瞅见了，女孩当即买来盒饭，并单膝跪地将饭一口一口喂进老人的嘴里。"①这名女孩随即被赞为"最美深圳女孩"，受到网络热捧。

广州《新快报》于 2013 年 8 月 1 日报道了一个小女孩为晕倒的清洁工撑伞新闻。这篇名为"孩子，谢谢你！"的新闻称："一名女清洁工中暑后昏倒在天河区东圃客运站附近的黄村东路。刚开始路人不敢贸然施救，后来一名小女孩蹲下为她撑伞，在孩子的感召下，两名观望的路人终于出手，将人救醒。"②新闻随即在网络上热传，小女孩被称为"中国好宝宝"，她所撑的那把"感恩漂流伞"也随之走红。

然而，经目击民众的证言与媒体的调查后，两则新闻都被证实为虚假新闻，炒作人员制造新闻事件的过程都被民众看到。两个事件背后是否有媒体与炒作人员的合谋我们不得而知，但是此类"新闻炒作"的出现严重损害了新闻媒体形象与社会秩序，透支了民众的信任。

有偿新闻，通常还有"有偿不闻"，顾名思义，是指新闻媒体或媒介工作人员通过收取一定的费用，在媒体上刊播或者不刊播某些信息内容的现象。这是全球媒介产业都存在的新闻道德问题，往往是想要达到某些商业、宣传与政治目的团体或个人，给予媒体及其工作人员经济报酬，从而影响他们的信息传播活动来为自己谋利益。

"失实负面报道"是有偿新闻的常见类型。在激烈的市场竞争环境下，有些商业组织与个人会采用一些不正当竞争的形式打击自己的竞争者，"失实负面报道"正是一个有力的手段。这种现象的产生，通常是某些组织与个人为达到其竞争目的，为媒介人提供额外报酬，由媒介人帮助其发表针对某商业组织的相关新闻报道。本书第九章第二节提到的"陈永洲事件"，就是轰动整个新闻界的"有偿新闻"事件。《新快报》记者陈永洲向警方供述了自己发表的关于中联重科的负面报道中，只有"一篇半"是自己在他人的安排采访下完成，其余都是他人提供的现成稿件，他在其中收受了他人一定数量的"酬劳"。

作为具有专业素养的新闻记者，在经济利益的驱使下，帮助他人传播负面报道以实现商业目的，最终造成了难以估量的经济损失，损害了社会秩序；类似的新闻职业道德问题危害巨大。

二、媒介从业人员的自律

媒介作为"社会公器"存在于社会系统中，一些媒介从业人员的道德失范问题不但将影响媒介发挥积极的社会作用，而且有碍于社会秩序的正常发展。那么，作为"媒介灵

---

① 新华网：《深圳 90 后女孩当街给残疾乞丐喂饭　感动路人》，http：//news. xinhuanet. com/local/2013-03-25/c_115153177. htm，访问日期，2016-03-27。

② 《新快报》：《孩子，谢谢你！》，2013 年 8 月 1 日。

魂"的媒介人，其对自身修养的提升与自我操守的把握对于社会与媒体来说就十分重要了。为此，媒介人的自律是不可或缺的途径。

自律，指的是人的自我约束与自我控制，是人通过内心中认同的规范意识来约束与控制自己的行为与观念。具体到媒介行业，传媒自律是以传媒伦理为核心的自我约束，是传播者的职业道德自律，是在道德上进行的自我约束，其目的是防止传媒及其从业人员滥用言论权利，对社会和民众负责。① 媒介的自律包括个人层面的自律与媒介行业的自律，往往从以下三个方面来展开。

1. 培养有责任感的职业精神

媒介承担着其固有的社会责任，这早在 1947 年就在美国提出来了。由此衍生的社会责任理论强调，媒体必须为公众利益服务，真实客观公正地传播信息，为探求真理而服务。这也就对把握着媒体运行的媒介从业人员提出了新闻专业主义的职业精神要求，媒介人必须树立富有责任感与使命感的专业主义职业精神，对自己所承担的特殊社会角色以及履行的历史使命具有一种发自内心的自觉意识，把自己的工作当成一项事业来做。② 媒介拥有的社会权利本身是由公众赋予的，具体执行这些权利的媒介人应该克服懒散、浮躁的做事风格，本着对社会、对公众负责任的态度来从事媒介工作，客观公正地为公众传递信息，约束自己的行为，成为真正的"媒介灵魂"。

2. 构建媒介道德规范

负责任的媒介职业精神是媒介人自身需具备的职业理念，而在具体的媒体行为上，我们还需要确立具体的媒介道德规范。早在 1926 年，美国媒体界的重要条例:《职业新闻工作者协会道德守则》就已问世。在中国，20 世纪 80 年代初，中宣部制定了新闻工作者守则，《中国新闻工作者职业道德准则》则于 1991 年 1 月为中国记协正式公布。这些职业道德规范在维护新闻的真实性、报道的客观公正、确保廉洁公正的作风以及社会责任方面对媒介从业人员做了详细的规定。现摘录几条如下:

第二条 坚持正确舆论导向。要坚持团结稳定鼓劲、正面宣传为主，唱响主旋律，不断巩固和壮大积极健康向上的舆论。

第四条 发扬优良作风。要树立正确的世界观、人生观、价值观，加强品德修养，提高综合素质，抵制不良风气，接受社会监督。

第六条 遵纪守法。要增强法治观念，遵守宪法和法律法规，遵守党的新闻工作纪律，维护国家利益和安全，保守国家秘密。

这些道德规范成为行业的自律标准，媒介活动与媒介人的行为都在这样的自我规范中进行。

---

① 任者春:《公正:当代伦理的精神指向》，载《山东师范大学学报(人文社会科学版)》2004 年第 4 期。

② 陈文高:《论新闻专业主义及其本土化策略》，载《求索》2007 年第 2 期。

3. 建立行业内自律机制

道德规范的确立还需要行业内根据媒介活动的规律建立一定的组织，由一套完善的机制来监督把握媒介从业人员的职业行为，确保道德规范的贯彻实施。在西方国家，这样的行业组织一般是非政府、非营利性的。例如，美国的有职业记者协会、全国广播工作者协会、美国报纸主编协会等组织，它们肩负着审读报纸版面、接受读者的投诉、发表批评意见的职责。其中，美国职业新闻工作者协会(SPJ)是目前美国最庞大的新闻团体，涉及的领域包括所有印刷媒体、电子媒体和新闻学院，它的宗旨是"改进和保护新闻事业"，两大使命分别是"构建新闻道德"与"保护新闻自由"。[1] 而英国则有其著名的媒体自律组织：报业投诉委员会(PPC)，该组织由少量业界人员和大部分的社会人士组成，专门接收公众对任何一家英国报纸或杂志的投诉；同时，该委员会还负责制定和修改《报业行业准则》，在媒介行业内部实施自我监督。在我国，由中华全国新闻工作者协会(中国记协)牵头的我国媒介自律组织也在不断发展。

三、媒介从业人员的他律

尽管职业道德规范与自律机制在行业内很早就确立了，但是世界范围内的媒介工作人员道德失范的情况依旧存在。例如具有 168 年历史、750 万读者的《世界新闻报》在 2011 年也因陷入窃听丑闻而停刊。传媒的自律行为对传媒及从业人员行为的约束不是强制的，即使是职业伦理规范的制定者，也很难用强制的手段去制裁违反者。伦理规范一般是在道义上对传媒的行为施加影响，约束力有限，而且在很大程度上取决于传媒及从业者自身的素质和品格，真正落到实处的效果不是很明显，离开了监督的自律可以说是空中楼阁。[2] 如何将道德规范贯彻落实，使其在媒介人心中扎根，真正成为媒介活动的指导准则，还需要靠外界的监督。

1. 社会监督

媒介是肩负着社会责任，为公众利益服务的社会组织，其从业人员的职业行为与道德规范理应受到社会与公众的监督，这样的监督通常有两种。

一方面，政府监管是社会对媒介监督的一个重要手段。新闻自由与言论自由保证媒体享有自由传播信息的权利，但这样的自由是必须带有社会责任感与遵守职业道德的自由。在这样的情况下，政府运用社会权力进行一定程度上的监管就成为必要。每个国家政权对于各自的媒体都有不同程度的管理与介入，以此保障对社会影响重大的媒体能在既有的社会正常轨道中运行。

另一方面，社会舆论也对媒介从业人员行为起到监督作用。媒介活动直接作用于社会的各个领域，其中有从业人员违反道德规范一旦被曝光，人们就会根据一定的伦理价值进行道德评价与判断，这样的判断往往来自公众中的先进分子，在其"意见领袖"功能的作用下，针对媒介从业人员伦理问题的社会舆论就随之产生了。为此，一些国家已经形成了

---

① 辜晓进：《美国传媒体制》，南方日报出版社 2006 年版，第 314 页。

② 胡桂林：《正在倾斜的新闻职业道德天平》，载中国新闻研究中心(CDDC)网站 www.cddc.net，2005 年 8 月 15 日。

一套社会监督的机制，例如美国除了媒介行业的专业组织对媒体实行监督，还有一套活跃的社会监督机制，在此机制中，多种力量参与到对媒体活动的监督中来：大批高校的新闻传播研究学者、有组织的民间专业社团以及持批评建议态度的普通民众，其中的典型代表就是全国媒体观察组织FAIR。这个成立于1986年的媒体观察组织，是一个完全独立于政府和媒体之外的民间社会组织，其策划者们是一些有媒体经验的自由撰稿人，经费完全来自于社会募捐。① 这样一来，FAIR就可以从事相对独立的媒介批评，出版相应的刊物，制作媒介产品，分专题、有重点地监督媒体与媒体从业人员的媒介活动。而这些批评与监督很少受到利益团体与政府官方的影响，对美国传媒业影响巨大。关于该组织的宗旨与运作，我们可以从其创始人杰夫·科恩(Jeff Cohen)于1987年在FIAR的机关刊物《多余》(EXTRA)的声明窥见一斑：

> "我们主张推进报业的多元化，我们监视那些使大众利益、少数群体及不同意见者的观点边缘化的媒体行为，以此弘扬宪法《第一修正案》。作为一个反新闻审查的组织，我们揭示被忽略的新闻，同时为被封杀的记者辩护。作为一个进步组织，FAIR相信，为了打破媒介垄断者的支配，为了建立独立的公共广播电视，为了扩大强有力的非盈利性信息来源，结构性的改革势在必行。"②

2. 法律他律

法律是社会正义的最后屏障。法律他律是依靠法律的国家强制力对作为主体的人的行为加以约束和限制，使行为的选择合乎法律的规范。③ 法律往往与道德一起出现在社会规范中，而前者比后者具有更大的规范性与强制性，如果道德是人类社会最高的行事准则，那么法律就是人的行为合乎基本社会道德的最低保障。法律规定了人在社会活动中的权利与义务，要求人们按照规范行事。在媒介行业，一些有违新闻道德伦理的媒介活动有时造成了一定的物质与精神损失，道德上的谴责不足以起到规范作用，那么运用法律手段对媒介活动行为进行约束就十分有必要了。

要有效发挥法律在媒介活动中的他律作用，必须坚持建设完善的法制。在我国，目前还没有制定一部专门的《新闻法》，但是在已颁布的法律中，如民法通则、广告法、著作权法都对一些条款对媒介活动提出了规定，包括媒介从业人员权利的保障。一些有悖于新闻伦理道德的行为，对社会造成了一定损害的媒介从业人员都受到了法律的制裁。例如2008年山西霍宝干河煤矿"封口费"事件，多名记者甚至报纸收受发生矿难的煤矿负责人的"封口费"；收受"酬劳"写虚假报道的新快报记者陈永洲。而包括主持人芮成钢、《21世纪经济报》道总裁沈颢等传媒界著名人物也因受贿与新闻敲诈等经济问题被采取强制措

---

① 转引自孙有中：《媒体自律与社会监督——英、美新闻界的经验》，载《新闻大学》2004年第1期。

② 转引自孙有中：《媒体自律与社会监督——英、美新闻界的经验》，载《新闻大学》2004年第1期。

③ 何芳明：《新闻正义论》，中南大学2013年博士论文。

施。只有在法律的监督下，媒介人的媒体活动必须遵守有关的职业道德与法律规范，才能更好地扮演媒介的灵魂这一角色。

◎ 思考题：

1. 为什么媒介人被称为"媒介的灵魂"？

2. "把关人"是一个重要的传播学概念，请谈谈不同的媒介中有哪些媒介人扮演者"把关人"的角色？在新媒体时代，他们的"把关"作用有什么变化？

3. 近年来不少有名媒介人从媒体出走转型，有些十分成功，你认为原因是什么？请试从"媒体成就媒介人"与"媒介环境压力"两个角度对这些事件进行评析。

4. 试析媒介从业人员伦理道德问题产生的原因以及它们对社会产生的危害。

5. 媒介从业人员的自律与他律分别有哪些途径？

参 考 文 献

[1]《马克思恩格斯选集》(第一卷),人民出版社 1972 年版。

[2]宋希仁:《道德观通论》,高等教育出版社 2000 年版。

[3]郭庆光:《传播学教程》,中国人民大学出版社 1999 年版。

[4]朱贻庭:《伦理学小词典》,上海辞书出版社 2004 年版。

[5]李岭涛、李德刚等:《中国最具网络影响力的电视事件》,社会科学文献出版社 2008 年版。

[6]张建设、边卓、王勇、朱磊:《广告学概论》,北京大学出版社 2012 年版。

[7][美]谢丽·比亚吉:《大众传播媒介概论》,宋铁军译,中国人民大学出版社 2011 年版。

[8]黄瑚:《中国新闻事业发展史》,复旦大学出版社 2001 年版。

[9]方汉奇:《中国新闻事业通史》(第一卷),中国人民大学出版社 1992 年版。

[10]阂大洪:《传播科技纵横》,警官教育出版社 1998 年版。

[11][加]马歇尔·麦克卢汉:《理解媒介——论人的延伸》,何道宽译,商务印书馆 2000 年版。

[12]郭镇之:《中外广播电视史》,复旦大学出版社 2005 年版。

[13]钱穆:《中国文化史导论》,上海三联书店 1988 年版。

[14]王会昌:《中国文化地理》,华中师范大学出版社 2010 年版。

[15]郑思礼、郑宇:《现代新闻报道:理解与表达》,云南大学出版社 2004 年版。

[16][美]尼尔·波兹曼:《娱乐至死》,章艳译,广西师范大学出版社 2004 年版。

[17]史学东:《电视大片的真相》,东方出版社 2013 年版。

[18]李良荣:《新闻学概论》,复旦大学出版社 2001 年版。

[19][英]丹尼斯·麦奎尔、[瑞典]斯文·温德尔:《大众传播模式论》,祝建华、武伟译,上海译文出版社 1997 年版。

[20]张汝伦:《意义的探究》,辽宁人民出版社 1986 年版。

[21][日]《朝日现代用语》,朝日新闻社 1992 年版。

[22]邵培仁:《传播学教程》,高等教育出版社 2000 年版。

[23]刘德寰、刘向清等:《正在发生的未来:手机人的族群与趋势》,机械工业出版社 2012 年版。

[24]王正鹏:《报纸突围——数字时代传统媒体变身记》,中山大学出版社 2010 年版。

[25]陈国权:《报业转型新战略》,新华出版社 2014 年版。

[26][美]乔治·莫利斯:《从容面对媒体———让你的媒体亮相尽善尽美》,宋华勋等

译，中国轻工出版社 2005 年版。

[27] 王群、沈慧萍：《电视主持传播概论》，华东师范大学出版社 2008 年版。

[28] 朱海松：《微博的碎片化传播：网络传播的蝴蝶效应与路径依赖》，广东经济出版社 2013 年版。

[29] ［加］埃里克·麦克卢汉：《麦克卢汉精粹》，何道宽译，南京大学出版社 2000 年版。

[30] 周雨：《大公报史（1902—1949）》，江苏古籍出版社 1993 年版。

[31] ［美］迈克尔·埃默里等：《美国新闻史：大众传播媒介解释史》，展江、殷文主译，新华出版社 2001 年版。

[32] 李树喜：《以人制胜》，光明日报出版社 2003 年版。

[33] 蓝鸿文：《新闻伦理学简明教程》，中国人民大学出版社 2001 年版。

[34] 辜晓进：《美国传媒体制》，南方日报出版社 2006 年版。

后　记

　　《媒介与人生》一书在经历了三年多的构思、筹划和写作之后，我们怀着一颗忐忑不安的心将此书呈现给读者。

　　此书着力于媒介与人生的研究，对于媒介与人生之间的关系，媒介对于人生的重大作用，人生对媒介的重要影响等是我们研究的重点。本书通过对媒介与人生的研究，旨在揭示媒介的本质及媒介与人生的相互碰撞，让广大受众，尤其是当代青少年受众能够真正认识媒介、选择媒介、批判媒介和正确使用媒介，以期提高他们的媒介素养。

　　媒介与人生的探讨是一个值得大家研究的课题，但近年来，对此方面的研究却未能引起广泛的注意，研究此类的书籍和论文较少见诸世面，鉴于此，我们决定以媒介与人生作为切入点展开研究，并出版《媒介与人生》一书。

　　本书的编撰与出版，得到了社会各方的支持和鼓励。

　　首先，我们要感谢武汉大学新闻与传播学院教授罗以澄老先生的大力支持和帮助，先生在百忙之中还抽出时间为本书出谋划策，并欣然为本书作序。

　　感谢广西师范学院科研等有关部门对出版本书所给予的大力支持。

　　感谢广西师范学院新闻传播学院的领导和同事们对出版此书所给予的巨大帮助。

　　本书是广西师范学院新闻传播学院科研团队及研究生的研究成果。此书撰写分工如下：

第一章　概说(陈亚旭)；

第二章　媒介是人生的路标(陈亚旭)；

第三章　媒介是人生的道德标尺(周律)；

第四章　媒介与人的价值观(陈沭文)；

第五章　媒介影响人的文化修养(卢有泉)；

第六章　媒介记录人生的历史(梁颖涛)；

第七章　媒介技术使人生不断前行(陈羽峰)；

第八章　媒介成就多彩人生(梁颖涛)；

第九章　媒介对人生的负面影响(陈羽峰)；

第十章　媒介中的媒介人(周律)。

　　我们必须承认，由于水平有限，本书从构思到撰写过程，不免会存在这样或那样的问题，课题的研究还不够深入，有待于在今后的研究中不断探讨、不断完善。因此，真诚渴望界内外同仁对本书提出批评和建议，以便我们在此后的研究中，逐步完善和提高。

陈亚旭

2015 年 9 月 1 日，于广西绿城